복음 전하는 자의
아름다운 발

복음 전하는 자의
아름다운 발

인   쇄 | 2014년 12월 29일 초판 인쇄
발   행 | 2014년 12월 31일 초판 발행
　　　　 2023년 9월 15일 19쇄 발행
저   자 | 전영순
편   집 | 김호연 안은지 이재영
마 케 팅 | 박산솔 이아름
디 자 인 | 김미영
발 행 처 | (주)아이웰콘텐츠
주   소 | 120-808 서울특별시 서대문구 신촌로 205, 507(북아현동)
전   화 | 02)392-2849
팩   스 | 02)363-2849
이 메 일 | callace@iwellcontents.com
사 이 트 | www.iwellcontents.com
발 행 인 | 김성민
등록 번호 | 2007년 8월 23일 제312-2007-000038호
I S B N | 979-11-5557-270-2 03230
정   가 | 10,000원

발바닥 파열에도 멈출 수 없었던
29년의 전도 이야기

복음 전하는 자의
아름다운 발

전영순 지음

iWELL

Contents

추천사 1   • 8
추천사 2   • 10
추천사 3   • 12

PART1 주님과의 만남

1. 모태신앙의 종교생활기   • 17
2. 내 인생의 홍수   • 22
3. 진실로 회개하다   • 26
4. 기도하는 중에 나타난 환상   • 40

PART2 주님의 전도학교

1. 성경공부모임을 열다   • 49
2. 미찌꼬와 아이   • 52
3. 정확히 받은 기도 응답   • 62
4. 말씀을 자녀에게 가르치며   • 66
5. 유학생들을 전도하다   • 70
6. 섬김의 은사   • 78
7. 목숨을 건 기도   • 83

PART 3 선교의 소명

1. 기도로 선교에 동참하다 • 91
2. 하나님의 부르심 • 97
3. 브리스길라와 아굴라 • 100
4. 코스타에서 받은 은혜 • 104
5. 포도송이와 싱가포르 • 108
6. 사랑하는 교회를 떠나며 • 112

PART 4 싱가포르의 전도 열매들

1. 다시 시작된 성경공부모임 • 119
2. 장애우들을 섬기다 • 123
3. 상처 있는 가정들을 보듬다 • 138
4. 알코올 중독자를 새 사람으로 • 158
5. 한나의 기도를 이룬 가정들 • 168

Contents

PART 5 싱가포르의 브리스길라

1. 아마존 선교여행 • 181
2. 두 렙돈을 낸 과부처럼 • 188
3. 너를 위해 대사를 경영치 말라 • 198
4. 사랑하는 선교사님들과 함께 • 207
5. 영적 아버지들을 만나며 • 214
6. 싱가포르 사역을 마치다 • 225

PART 6 복음 전하는 자의 아름다운 발

1. 맹인들을 섬기며 • 231
2. 파열된 발바닥 • 246
3. 상한 마음에 말씀이 들어가니 • 260
4. 하나님이 주신 집 • 266
5. 한동대학교로 부르시다 • 272
6. 사랑하는 청년들을 위해 • 280

PART7 아직 남은 길을 걸으며

1. 병든 자들의 이웃이 되어 • 297
2. 내게 선물로 주신 암 • 329
3. 주님이 예비하신 깜짝 파티 • 341
4. 세상이 감당할 수 없는 자 • 350
5. 쉬지 말고 기도하라 • 359

글을 맺으며 • 366

코스타 운동 초기부터 알아온 전영순 집사님과 남편 김대식 교수님은 복음을 위해 삶을 모두 드린 분들이다. 더 나은 조건 대신에 동남아 선교를 위해 떠나는 두 분의 신실한 헌신이 참 소중하고 귀해서, 코스타는 이들 부부를 선교사로 파송했다. 그리고 두 분은 우리를 실망시키지 않았다. 이 부부의 주변에서는 언제나 새벽이슬 같은 제자들이 일어났다.

이런 귀한 열매를 맺을 수 있었던 데에는 책의 저자인 전영순 집사님의 헌신이 컸다고 생각한다. 이들 부부는 초대교회처럼 자신들의 집을 열고, 가정과 일터를 비롯한 삶의 마당에서 이웃들을 품고자 했다. 두 분은 평신도 선교의 참 좋은 롤모델이었다.

지금 한국 교회는 바로 그런 롤모델을 필요로 하고 있다. 몇 명의 영웅보다는 새벽이슬처럼 이웃의 영혼을 적시는 평신도, 서울역전이 아닌 가정과 일터에서 빛을 발하는 평신도 전도자들이 일어나야 하기 때문이다.

나는 두 분을 생각할 때마다 브리스길라와 아굴라 부부를 떠올린다. 그들은 평신도 전문인 선교사의 성경적인 모범이었다. 이제 우리 곁에도 그런 텐트 메이커들이 일어나야 할 때다. 그런 의미에서 이 책은 평신도 전문인 선교에 영감을 더하는 계기가 될 것이다.

세상 한복판에서 어떻게 하면 구체적으로 복음의 증인이 될 수 있는지 고민하는 모든 이들, 이 시대의 모든 텐트 메이커 후보생들에게 이 책을 강력하게 추천하고 싶다. 또 세상이 감당하기 어려운, 세상의 소금을 찾는 이들에게 이 책을 천거한다.

- 함께 복음의 증인 된 이동원 목사(지구촌교회 원로목사)

나는 예수님을 믿는 사람이지만, 종교꾼이 싫다. 명색이 선교사인데도 그렇다. 기차역이나 지하철, 저잣거리에서 고래고래 소리 지르는 행동을 우리는 언제부터 전도라는 숭고한 단어로 미화하게 되었을까? 복음은 말 그대로 복된 소식이어야 할 텐데, 믿지 않는 자는 물론이고 믿는 자의 얼굴까지 찌푸리게 하는 민폐가 되어서야 쓰겠는가? 복음의 내용이자 본질이셨던 우리 주님은 결코 입만 살아있는 말쟁이가 아니셨다. 그 분은 영원 전부터 계신 진리(로고스)셨는데도, 다짜고짜 소리지르지 않고 육신이 되어 우리 가운데 거하심으로 소통하셨다. 그리스도를 닮아내야 할 그리스도인의 전도도 그래야 하지 않을까?

먼저 진정한 예배자가 되어야 비로소 진실한 예배를 드릴 수 있듯, 전도 행위 이전에 건강한 전도인이 되는 것은 필수다. 그런 면에서 전영순 집사님의 전도는 의미가 깊다. 성경에서 정의하는 참된 전도인은 찾아보기 힘들고 회칠한 무덤 같은 전도꾼들이 판치는 이 시대에 숨겨진 보석 같은 전영순 집사님은, 선교사라는 내 직분을 부끄러운 마음으로 끊임없이 되돌아보며 옷깃을 여미게 한 하나님의 축복이었다. 단 한 번도 직접적으로 나를 꾸짖거나 가르치려 하신 적이 없지만 말과 행동, 고백과 삶이 일치하는 그 분은 번지르르한 말 몇 마디로 개인과 사회를 바꿀 수 있을 것으로 착각했던 내 전도의 허점을 여실히 일깨워주었다.

"빛은 소리내지 않고 그저 비출 뿐이다."라고 일갈한 19세기 부흥사 D.L.무디의 말이 떠오른다. 진정한 소통 없이 '예수천당, 불신지옥'이라 외친다고 세상이 변화되는 게 아니고, 불신자나 타종교를 능멸하는 무례한 십자군식 행보로 하나님의 나라가 넓혀지는 게 아니다. 그래서 우리네 교계와 선교계에는 빛과 소금으로 검증되는 참된 증인의 자격을 회복하는 일이 시급하다. 이런 때에 긴 가뭄에 한 줄기 빗방울 같은 이 소중한 책을 모든 그리스도인들에게 강력 추천한다.

– 정민영 선교사(국제 위클리프 Wycliffe Global Alliance 부대표)

이 책은 복음 전도와 선교적 제자도에 삶을 드린 전영순 집사님의 얘기다. 발바닥이 파열될 만큼 전천후로 복음과 동행한 전 집사님의 성품은 어쩜 이리도 천진무구한지! 나는 이렇게 깊은 감사와 송구함으로 다른 분의 자서전이나 간증집을 읽어본 적이 없다.

전 집사님은 20년이 넘도록 투철한 복음의 열정과 십자가 앞에서의 애통함을 보여주었다. 또한 기도로 숙성시킨 성경공부 과정 속에서 압도적인 주님의 임재와 보살피심을 알려주며 그 분의 신실하심, 성경 말씀의 권위, 골방기도의 능력을 입체적으로 증명해주었다.

지난 10여 년 동안 전 집사님이 미국, 싱가폴, 한동대 시절의 우여곡절을 거치면서 이제는 상한 심령들에게 복유을 먹이는 '영적 어미'가 되었음을 뒤늦게 알게 되었다. 나의 핵심 사역이 오지의 미전도 종족을 위한 성경책 번역인데, 전 집사님은 도시의 미전도 종족을 위한 전방위 성경 번역 사역을 하고 있었던 것이다. 그건 마치 단과반과 종합반의 차이와 같았다. 그래서 처음에는 이 책을 슬슬 읽기 시작했다가 마지막에는 주 앞에 무릎 꿇고 회개와 경배를 올릴 수밖에 없었다.

어찌 보면 전 집사님의 삶과 사역은 리즈 하워즈(중보기도), 브라더 앤드류(복음 순종), 바실레아 슐링크(성경공부)의 한국식 종합모델임에도 불구하고, 나는 그들의 책에서 이런 종류의 감격을 누리진 못했던 것 같다. 그건 전 집사님이 지난 29년간 전복죽과 빵과 헌금을 빈자와 병자들 적재적소에 분배하며 천국의 치유를 일으켰기 때문만은 아닐 것이다. 책 곳곳에 묻어있는 전 집사님과 하늘 아버지의 사랑 깊은 교제는 같은 주님을 모신 성도들과 거친 사역 환경에 지쳐가는 일꾼들의 심령에 천상의 행복과 교회의 영광을 맛보게 한다.

마지막으로, '이 세상이 감당치 못할' 단발머리 집사님을 기쁨으로 섬기는 아굴라, 남편 김대식 교수님의 성숙한 영성도 잊지 않고 챙기시길 바라며, 한국판 브리스길라인 저자가 행 20:24을 전제로 기록한 사도행전 29장의 세계를 정독해보시길 권한다.

— 정철화 선교사(호주/뉴질랜드 위클리프 한인 선교 동원가)

평화와 구원의 복된 소식,

이스라엘의 하나님이 통치하신다는

기쁜 소식을 전하는 사람들의

산을 넘는 발이

참으로 아름답구나!

(이사야 52:7, 현대인의 성경)

PART1
주님과의 만남

모태신앙의 종교생활기

나는 모태신앙이다.

충청남도 시골에서 태어난 나는 초등학교 5학년 때인 1965년, 의지의 한국인이었던 아버지를 따라 서울로 올라왔다. 배운 것은 짧아도 핍박 속에 믿음을 지키며, 성실하고 정직하게, 또 희생적으로 주님을 섬기시던 부모님은 우리 6남매에게 대학 공부를 시키겠다는 일념으로 논과 밭을 다 팔아 상경하셨다.

하지만 태어나서 단 한 번도 해보지 않은 사업을 남의 말만 듣고 어찌 성공할 수 있겠는가. 게다가 시골 사람이 눈 감으면 코 베어간다는 서울이었다. 몇 년 후 우리 집은 밥도 제대로 챙겨 먹지 못할 정도로 가난해졌다.

나는 머리가 나빴지만, 공부가 제일 큰 효도라고 생각해 학교 공부에 매진했다. 그러나 대학 입시 때 1차에서 원하던 대학에 낙방하게 되었다. 크게 낙심한 나는 죽고 싶었고, 하나님이 원망스러웠다. 엄마 뱃속에서부터 교회를 열심히 다녔건만, 내게는 공부가 하나님보다 늘 먼저였다.

결국 2차 때 내 뜻이 아닌 아버지의 결정을 따라 약학대학에 가게 되었다. 아버지의 생각에 약국은 당시에 소자본으로 가장 확실하게 돈을 많이 버는 방법이었다. 거기다 오빠가 약대를 졸업한 뒤 장교로 군대를 갔고, 언니도 약대를 다니고 있어서 책값을 줄일 수 있었다. 그러니까 나는 국민보건 증진을 위해서가 아니라, 오로지 가난에서 벗어나기 위해 약대에 간 것이었다.

대학에 입학한 후에도 가난한 생활은 계속 이어졌고, 나는 입주 가 정교사 등을 하며 어렵게 학업을 마쳤다. 그리고 졸업과 동시에 오빠 가 운영하던 약국에서 일하기 시작했다. 결혼한 뒤에는 오빠의 약국 을 인수해 아침부터 밤까지 부지런히 돈을 벌었는데, 재개발로 인해 약국이 헐리면서 여러 가지로 조건이 더 좋은 강남으로 약국을 이전 하게 되었다.

그때부터 나는 그동안 우리 집이 가난해서 잘 하지 못했던 헌금도 정성껏 많이 하고, 부흥회 때마다 강사님들을 일류 호텔에서 대접하 며 섬기는 등 나름대로 교회일에 열심을 냈다. 주일학교 교사와 성가 대로 섬기면서 구역장도 열심히 했다. 구역 식구들을 많이 모이게 하 려고 식사를 대접해, 52개 구역에서 2등을 한 적도 있다. 약국에서는 시간이 날 때마다 성경을 읽었다.(사실 태교에 좋다고도 하고, 주보에 구 역 보고를 해야 해서 의무적으로 읽었다.)

어렸을 때부터 착하다는 소리만 듣고 자랐고, 윗사람의 결정에 잘 따르는 모범생 성품이라 남편도 나를 배우자로 선택했다. 건강한 아들 둘을 낳고, 열심히 일해서 몇 년 후엔 좋은 아파트에서 살게 되었다. 나는 모든 일들이 내가 신앙생활을 잘하고, 충성스럽게 봉사해서 받는 축복인 줄 알았다. 하지만 그것이 '종교생활'에 그치고만 있는 줄은 꿈에도 몰랐다.

나는 약국이 잘될수록 예배에 조금씩 늦기 시작했다. 전도를 하라고 얘기하니까 약국에 오는 손님들에게 겨우 주보를 쥐어줬다. 어느 날, 손님 한 분이 내게 구원의 확신이 있느냐고 물었다. 속으로 괘씸하다고 생각했다.

'모태신앙에다가 주일예배를 거른 적도 없고, 헌금을 최상위권으로 하고 봉사도 얼마나 열심히 하는데. 그런 말이 나 같은 사람한테 할 얘기인가?'

나는 요즘 갑자기 예수 믿고 교만해져서 다른 사람에게 구원의 확신이 있느냐고 묻는 이들이 있다며, 약국 일을 돕던 자매에게도 저런 사람을 조심하라고 했다.

약국 수입이 계속 좋아지자, 나는 남편에게 미국 유학을 권했다. 남편은 29살에 대학 조교수 발령을 받았는데, 미국에서 박사 학위를 받는 게 나중에 더 좋을 것 같았다. 돈은 내가 계속해서 잘 벌 자신이 있었다. 나는 남편을 따라 바로 미국에 가고 싶었지만, 시어머님께서 남편만 가라고 하셨기 때문에 꼼짝 못하고 순종하며 약국에서 1년을 더 일했다.

1984년 6월 1일, 마침내 허락을 받아 두 아들과 함께 미국으로 가게 되었다. 뉴욕에 도착해 국내선으로 갈아타고 매사추세츠 주로 향하는데, 착륙을 위해 비행기가 저공비행할 때 아래를 보니 강가에 있는 집들이 모두 홍수로 물에 잠겨 지붕만 보였다. 그때까지만 해도 내 인생에 홍수가 날 줄은 꿈에도 몰랐다. 나는 그저 1년 만에 남편과 만난 것을 기뻐하며 매사추세츠 주립대학이 있는 앰허스트에 도착했다. 그리고 아이들과 함께 여기저기 여행을 다녔다.

뉴욕에 도착해 국내선으로 갈아타고
매사추세츠 주로 향하는데,
착륙을 위해 비행기가 저공비행할 때
아래를 보니 강가에 있는 집들이
모두 홍수로 물에 잠겨 지붕만 보였다.
그때까지만 해도
내 인생에 홍수가 날 줄은
꿈에도 몰랐다.

내 인생의 홍수

미국에 정착한 지 3개월이 채 못 되어 친정아버지로부터 편지가 왔다. 시아버님의 사업이 갑자기 부도가 나서 말할 수 없는 고통 중에 있으니, 강남에 있는 아파트를 팔아 도움을 드리라는 내용이었다.

편지를 본 나는 정신이 하나도 없고, 너무 속상해 눈물이 절로 흘러나왔다. 집이 가난해서 결혼할 때 시댁에 해간 게 별로 없어 시어머님이 나를 마음에 들어하지 않으셨고, 그래서 시집살이를 당했다고 억울해하던 차였다. 그런데 이른 새벽부터 밤까지 잠 못 자며 노력해서 사놓은 집을 시아버님의 빚 때문에 팔아야 한다고 생각하니 더 억울해졌다. 무엇보다 다시 가난해진다는 것이 싫었다. 만약 집을 팔아서 드리면 몇 년 후 한국에 돌아갔을 때 우리 가족이 살 곳이 없기 때문이었다.

'시댁은 망했고, 친정 부모님도 오빠가 모시고 사는데 우리 네 식구는 어디서 살지? 그때쯤이면 대학 동기들은 다 잘 살 텐데, 한국 가면 난 아무것도 없이 밑바닥부터 다시 시작해야 하는구나.'

그날부터 나는 온갖 불평을 했다.

"당신 부모님이 예수 안 믿고, 나같이 착한 며느리를 시집살이시켜서 벌 받은 거야."

그리고 남편의 가슴에 못 박는 말을 수없이 하기 시작했다. 화가 나면 자는 남편을 깨워 편지를 읽어보라고 했다.

"강남 집은 내가 벌어서 산 거야. 당신이 교수하면서 번 돈은 당신 동생들 데리고 살면서 생활비로 썼어. 내가 벌어서 산 집이니 내 마음대로 할 거야."

그렇게 말했지만, 사실 마음속은 지옥이었다.

나는 몇 달 동안 쉬지 않고 하나님과 시부모님을 원망했다. 어려서부터 착했고, 교회도 다니고, 헌금도 하고 봉사도 열심히 한 결과가 이거라니. 하나님 말씀, 선생님 말씀도 어기면 큰일나는 줄 알고 무조건 순종했는데. 또 속으로는 싫어도 부모님이나 시부모님께 늘 순종했는데 말이다. 이 세상에 나 같은 사람이 있으면 나와보라며, 내 의로움을 하나님 앞에서 따지고 억울함을 토로했다.

"하나님, 당신은 공의로우신 분이잖아요. 잘못한 사람만 벌 받게 하고 나같이 착하게 산 사람은 복 주시는 게 마땅한데, 왜 시아버님 때문에 나까지 망하게 하세요?"

나는 하나님이 살아계신 것을 믿을 수가 없었다. 그리고 마음은 날마다 지옥으로 변해갔다.

나는 하나님이 살아계신 것을
믿을 수가 없었다.
그리고 마음은
날마다 지옥으로 변해갔다.

3

진실로 회개하다

과거의 죄

그래도 붙잡을 것이 하나님밖에 없었다. 정말로 살아계신 게 맞다면 나를 만나주시라고, 아니면 지금까지 헌금한 것이 아깝지만 신앙생활을 끝내겠다고 말씀드리기로 마음먹었다. 일단 성경책을 들고 작은 방으로 들어갔다. 성경을 가지고 하나님께 따지려 했지만, 도무지 어디를 펴야 할지 몰랐다. 그래서 기도부터 먼저 해보기로 하고, 무릎을 꿇었다. (물론 이때 마음의 무릎은 꿇지 않았다.)

"하나님! 저는 죄가 별로 없는데 왜 당신을 믿지도 않는 시부모님의 죄 때문에 망하게 하세요?"

하나님을 원망하고 한참을 따지면서 기도했지만, 아무런 응답이 없었다. 그래서 도대체 내가 무슨 죄를 지었기에 이렇게까지 힘들게 하시냐며, 어려서부터 쌓아온 선행들을 다 말씀드렸다. 아담과 하와가 선악과를 먹어 죄를 지었으며 우리 역시 죄인이라고 목사님이 말씀하시니까 '나도 죄인인가 보다'라고 생각했던 나로서는, 남보다 더 지은 죄가 무엇인지 도무지 알 수 없었다.

그때 갑자기 '죄'라는 단어가 쇠망치로 내리치듯 내 뒤통수를 때렸다. 그리고 영화처럼 장면들이 하나씩 보이기 시작했다.

제일 처음으로 보인 장면은 배고팠던 초등학교 시절, 학교 친구들과 함께 '서리'를 해먹던 모습이었다. 난 하나님께 대들었다.

"그렇게 가난했던 시절에 서리 안 해먹고 산 시골 사람이 어디 있어요? 있으면 나와보라고 해요!"

나는 죄를 상대적인 개념으로 생각하고 있었기 때문에, 그래도 양심적으로 조금밖에 안 했다며 하나님께 감히 따졌다. 또 서리는 당시 한국 사회의 풍습이나 다름이 없는데 그게 무슨 죄냐고 주장했다. 주님은 아무 말씀 없이 다음 장면을 보여주셨다.

중학교 때 짝이었던 친구의 이름 석 자가 대문짝만 하게 보였다. 나는 깜짝 놀랐다. 시기나 질투 없이 착하게만 살았다고 생각했는데, 그 친구를 시기하며 공부로 이기려고 했던 것이 기억났다. 부잣집 딸인 데다 공부도 잘하고 예쁜 아이였는데, 나는 가난하고 예쁘지도 않았다. 또 아무리 노력해도 머리가 안 좋아서 1등을 할 수 없었다. 과외까지 받는 그 친구를 따라잡는 것은 너무 어려웠다. 그래서 열등감을 갖고 그 아이를 시기한 적이 있었던 것이다.

특히 그 아이에게는 약간의 결벽증이 있었는데, 책상을 반으로 나눠 내 쪽으로 먼지를 훅훅 불곤 해서 미워했었던 것도 생각났다. 그렇게 주님은 까맣게 잊고 있던 죄를 기억나게 해주셨다. 그때부터 나는 주님께 용서를 구하며, 마음 깊은 곳에서부터 엎드리게 되었다.

그 다음에 이어진 장면은 겉으로는 부모님께 착하고 순종하는 딸이었지만, 사실은 우리를 가난하게 만든 능력 없는 부모라며 부끄러워했던 모습이었다. 중·고등부 때는 수양회도 못 가게 하던 엄한 아버지를 고지식한 장로님으로 간주했다.

겉으로는 표현하지 않았지만, 싫은 게 있어 마음 깊이 순종하지 못한 것도 보여주셨다. 시어머니께 용돈은 꼬박꼬박 드렸지만, 무서웠기 때문에 순종한 것이었다. 시누이와 도련님을 데리고 함께 산 것도 진정으로 사랑해서 그런 것이 아니었다. 나는 착한 딸도, 착한 며느리도 아니었다.

장면은 계속해서 이어졌다. 약국을 운영할 때, 이미 돈을 잘 벌고 있는데도 세금을 적게 내려고 머리를 굴리던 모습이었다. 당시에는 영수증 제도가 잘 정착되지 않아 매입과 매출에 대한 정확한 자료가 없었다. 그래서 많은 가게들이 세금을 가능한 한 적게 내려고 했었는데, 나 역시 그렇게 하기 위해 노력했던 것이다. 주님께서는 세금을 정직하게 내라고 말씀하셨는데, 그걸 머리로만 알고 실제로는 지키지 않는 죄를 지은 것이었다.

"……그런즉 가이사의 것은 가이사에게,
하나님의 것은 하나님께 바치라 하시니(마 22:21)."

헌금은 많이 내면서도 세금은 적게 내려고 하고, 그렇게 해서 집을 사기 위한 저축을 늘려가던 부끄러운 모습. 주님은 나의 죄인된 모습을 그렇게 적나라하게 보여주셨다.

약국이 잘돼서 예배 시간에 점점 늦게 될 때의 일도 보여주셨다. 어느 날은 뒷줄에 앉아 예배를 드리는데, 나보다 두 줄 앞에 앉은 분이(아마 입은 옷으로 보아 막일을 하다 온 것 같았다.) 계속 우는 것이 아닌가. 죄를 지은 게 있으면 그때 바로 회개할 것이지, 왜 한 주 동안 죄를 쌓아 두었다가 주일에 저렇게 울어서 남들 조용히(?) 예배드리는데 방해하는가 싶었다. 그분의 마음을 잘 알지도 못 하면서 정죄하던, 악한 모습의 나였다.

장면이 계속될 때마다 죄인인 내 모습이 더 환히 드러났다. 나는 울면서 용서해달라고 정신없이 기도했다. 그때 만 30살이었는데, 그동안 살면서 어쩜 그렇게도 많은 죄를 지었던지! 계속 울고 통곡하며 회개했다. 그런데 아직 장면이 하나 더 남아 있었다.

마지막 장면은 가난 속에서 우리들을 키우려고 일하다가 지쳐 쓰러진 엄마의 모습이었다. 나는 엄마를 부르며 통곡했다. 누구보다 성실했던 엄마와 아버지! 서울에 올라와 가난 속에서 6남매를 키우느라 얼마나 고생하셨을까. 그 은혜를 까마득하게 잊고 있었다. 나는 하염없이 울며 주님께 용서를 구했다. 아마도 내가 살면서 지은 죄는 그 때 보여주신 장면보다 더 많았을 것이다. 그동안 지은 죄를 여기에 어떻게 다 기록할까!

주님 앞에 엎드려 나를 용서해달라고, 몇 시간 동안 울면서 기도했는지 모른다. 이 세상에서 내가 가장 죄인이었고, 자신을 죄인 중의 괴수라고 말한 사도 바울의 고백은 바로 내가 해야 할 참회였다. 교회에 다니면서도 세상 사람들이 짓고 사는 죄를 다 지었는데, 겉으로는 거룩한 기독교인인 척했으니 이중인격자에 가증한 인간이었다. 성경에 나오는 바리새인이 나와는 상관없는 줄 알았는데, 주님을 제대로 만나지 못하고 형식적인 신앙생활만 하던 내가 바로 그 바리새인이었다는 것을 깨달았다. 아니, 바리새인만도 못한 종교 껍데기였다. 나는 가슴이 찢어질 듯이 통곡하며, 모든 죄를 진실로 회개했다.

네가 나를 사랑하느냐

그렇게 통곡하며 용서를 구하고 있는데, 난생 처음 마음속 깊은 곳에서부터 주님의 음성이 들려왔다.

"네가 나를 사랑하느냐?"

나는 너무 놀랐다. 처음 들어본 주님의 음성이었다. 죄만 짓고 살아온 나에게 주님께서 사랑으로 찾아오신 것이다. 나는 두렵고 떨리는 마음으로 고백했다.

"지금까지 저는 주님보다는 이 세상의 헛된 것을 따라 살아왔습니다. 돈과 명예, 남편과 자녀까지 모든 것이 주님보다 더 사랑했던 우상들입니다. 이제 내가 사랑했던 모든 것들을 다 내려놓겠습니다. 오랫동안 가난하게 살았다고 하나님보다 재물을 더 사랑한 것을 용서해주세요. 그리고 강남의 아파트를 팔아서 시아버님의 빚을 갚는 데 쓰겠습니다."

아까워서 몇 달 동안 팔아서 드리지 못한 집이 어쩜 그리 하나도 아깝지 않던지! 미국에 공부하러 온 목적도 명예를 얻으려던 것이었기에, 주님께서 한국에 가라고 하시면 따를 것이며 이제부터 주님 뜻에 따라 순종하며 살아갈 것을 고백했다. 만약 공부를 계속 하라고 하시면 복음을 전하기 위한 통로로 쓰겠다고 다짐했다.

또 나는 모든 면에서 남편보다 부족했기 때문에 남편을 주님보다 더 사랑했고, 두 아들 역시 주님보다 더 사랑했다. 그러나 이제부터는 주님 앞에 가는 날까지 이 세상 그 어느 것도 주님보다 더 사랑하지 않겠노라 다짐하며, 모든 죄를 용서해달라고 기도드렸다.

그때, 또다시 주님의 음성이 들려왔다.

"네가 나를 사랑하느냐?"

나는 울면서 주님께 고백했다.

"주님! 지금까지 저는 종교 껍데기였습니다. 제 모든 죄를 용서해주세요. 이제 주님을 진실로 제 마음에 모시겠습니다. 주님이 제 속에 함께 하시지 않으면 저는 또 종교 껍데기로 살게 됩니다. 그러니 제

속에 들어오셔서 저와 함께 살아주시옵소서!"

그리고 그날, 주님을 진실로 영접했다.

그렇게 주님의 음성을 두 번 듣고 난 뒤, 나는 하나님께로 완전히 돌아섰다! 다시는 세상 길로 가지 않으리라 다짐하면서….

(주님은 베드로에게 세 번 물으셨지만, 나는 베드로가 아니라서 두 번만 물으신 것 같다.)

또 한 가지를 간곡하게 구했는데, 지옥 같던 내 마음속에 평강을 한 번만이라도 맛보게 해달라는 것이었다. 주님께서는 내가 기도를 하는 즉시 뱃속에서부터 찬양이 터져 나오게 하셨다.

"평화 평화로다. 하늘 위에서 내려오네.
  그 사랑의 물결이 영원토록 내 영혼을 덮으소서!"

정말 입을 다물 수 없을 정도로 찬송이 계속 터져 나왔다. 엎드려 울고 있던 나는 벌떡 일어나 두 손을 높이 들고, 뜨거운 눈물을 흘리며 하나님을 계속 찬양했다. 나 같은 죄인을 구원해주신 주님께 감격해서!

그때, 주님께 따지겠다며 갖고 들어왔던 성경책이 눈에 띄었다. 나는 주님께 물어보았다.

"저는 엄마 뱃속에서부터 교회를 다녔는데 왜 주님을 이제야 만나게 된 거죠? 무엇이 잘못됐던 걸까요? 왜 이제야 회개를 하게 된 걸까요?"

나는 잃어버린 30년이 너무 아까웠다. 그러자 주님은 내가 성경을 몰라서 그렇다고 마음속에 말씀해주셨다.

얼른 눈물을 닦고 성경을 폈다. 창세기부터 차례대로 읽고 싶었지만 레위기가 어려울 것 같아, 신약부터 읽겠다고 주님께 말씀드린 뒤 마태복음 1장을 폈다.

"아브라함과 다윗의 자손 예수 그리스도의 세계라(마 1:1)."

눈물이 앞을 가려서 더 읽을 수가 없었다. 나는 30년 만에 주님 나라의 가장 밑바닥에 들어갈 수 있게 된 것이다. 한없이 기뻐서, 울고 또 울었다. 그리고 다말, 기생이었던 라합, 이방인이었던 룻, 우리야의 아내가 예수님의 계보에 들어가 있음에 감격해서 울었다. 성경을 잘 모를 때에는 믿지 않는 친구들이 다말이 누구냐고 물으면 부끄러워서 대답도 못 했다. 하지만 지금은 나 같은 죄인도 구원하시기 위해 예수님의 계보에 이들이 있었다고 생각하니 얼마나 감사한지!

"아들을 낳으리니 이름을 예수라 하라. 이는 그가 자기 백성을
저희 죄에서 구원할 자이심이라 하니라(마 1:21)."

여기서 또 눈물이 빗물처럼 흘러내렸다. 전에 내가 죄가 별로 없다고 생각했을 때에는 그저 늘 듣던 말씀에 불과했다. 당연히 감격도 없고, 죄 많은 다른 사람들을 위해 쓰였다고 생각했다. 그런데 바로 나 같은 죄인을 구원하러 예수님이 오셨다니, 얼마나 놀라운 하나님의 사랑과 은혜인가!

"보라 처녀가 잉태하여 아들을 낳을 것이요

그 이름은 임마누엘이라 하리라 하셨으니

이를 번역한즉 하나님이 우리와 함께 계시다 함이라(마 1:23)."

나는 이 놀라운 말씀에 또 한 번 울었다. 오늘부터 나와 함께하시는 하나님! 영원토록 함께하실 나의 하나님! 펑펑 쏟아지는 눈물을 닦으며 말씀을 계속 읽어나갔다.

회개의 열매

마태복음을 계속 읽는데, 한 구절에서 또 멈췄다.

"그러므로 회개에 합당한 열매를 맺고(마 3;8)"

목에 뭐가 걸린 것 같아 더 읽을 수가 없었다. 이제 언제 죽더라도 내가 구원받은 것은 확신할 수 있는데, 회개에 합당한 열매를 맺으라니 이를 어찌해야 좋단 말인가!

할 수만 있다면 마음속으로 시기했던 친구를 찾아가 용서를 구하고 싶었다. 하지만 어디 사는지도 알 수 없고, 한국에 갈 수도 없었다. 그 많은 죄에 대해 일일이 회개의 열매를 맺으려면 어떻게 해야 할지 막막했다. 그래서 이런 나를 주님께서 불쌍히 여기시고, 내가 할 수 있는 일을 가르쳐주시기를 간구했다. 주님께서는 곧 내 마음속에 깨달음을 주셨다.

"지금 네가 할 수 있는 것부터 회개의 열매를 맺어라."

나는 즉시 눈물을 닦고, 너무 오래 울어 퉁퉁 부은 얼굴로 거실에 있던 두 아들에게 다가가 제일 먼저 용서를 구했다. 몇 달 동안 시댁 일로 속상해서 잘못한 것도 없는 아이들에게 괜히 소리를 지르고 화를 냈었다. 혼을 낼 때도 일부러 남편 들으라고, 너네는 할머니 닮으면 안 된다며 시어머니를 들먹였다. 그 정도로 시어머님이 싫었던 것이다. 두 아들은 내 모습에 놀랐고, 나는 아이들의 손을 잡고 회개기도를 드렸다.

저녁이 되어 학교 수업을 마치고 집에 돌아온 남편에게도 용서해 달라며 무릎을 꿇었다. 남편은 그런 나를 보고 깜짝 놀랐다. 내가 우울증 때문에 정신이 이상해진 줄 알고, 집을 팔지 않아도 되니 걱정 말고 정신 차리라고 했다. 나는 정신이 이상해진 게 아니라, 오늘 진실로 회개하고 주님을 만났다고 말했다. 그러자 남편이, 당신은 원래부터 착한데 자기가 죄인이라 그렇다고 했다. 나는 주님께서 보여주신 것들을 간증하며, 이제 진실로 회개해야 한다고 했다. 그러자 남편도 자신의 죄를 눈물로 회개했다.

남편은 원래부터 머리가 좋아 자신을 많이 의지했고, 야곱처럼 꾀가 많았다. 금요일에는 공부를 마치고 사람들과 어울려 맥주도 한잔하고, 카드 게임이나 운동을 하는 것을 매우 좋아했다. 그리고 아이들과 함께 여기저기 놀러 다녔다. 한 발은 세상에, 다른 한 발은 교회에 디디고 살았지만, 25살 때 최연소 집사이자 성가대원이 되었다. 남편과 나는 하나님을 섬긴다는 것이 무엇인지 전혀 몰랐던 것이다.

주님의 은혜로 남편은 그날 새사람이 되었다. 그리고 술과 담배와 모든 잡기를 끊고 주님을 충성스럽게 섬겼다. 우리 가족은 매일 말씀을 읽고 가정예배를 드리며, 아이들에게 성경을 가르치기 시작했다.

그날 밤, 나는 시어머님께 11장의 회개편지를 썼다. 제목은 "사랑하는 나의 어머님께"였다. 처음 10장은 그동안 겉으로만 효도했던 모든 것에 대해 말씀드리며 용서를 구했다.

친정아버지의 편지를 받고도 집을 빨리 팔지 못한 이유에 대해서도 적었다. 모든 것이 다 하나님 것인데, 내가 노력하고 열심히 벌어산 집이니 내 것이라고 생각해서 그랬다고 정직하게 고백했다. 성경에는 자기 능력과 권세로 바벨론 제국을 세웠다고 큰소리치다가 벌을 받은 느부갓네살 왕이 나오는데, 내가 그런 사람이었다고 설명했다. 그런데 오늘 회개하고 모든 것이 하나님 것임을 깨달은 뒤 드리는 것이니, 팔아서 빚을 갚으시라고 했다.

마지막 장에는 복음편지를 썼다. 나는 모태신앙이었지만 그동안 종교 껍데기이자 가짜였고, 오늘에야 진실로 예수님을 영접했음을 고백했다. 그러니 어머님도 꼭 성경을 읽으시고 예수님을 믿으셔야 한다고 썼다. 믿지 않고 살아온 지난 삶을 다 회개하고 예수님 영접하셔야 한다고, 또 아버님의 파산은 이 환난을 통해 구원의 길로 인도하시려는 하나님 아버지의 따뜻한 사랑의 손길이라고 말씀드렸다.

새벽에 5시간을 운전해 뉴욕 영사관에 갔다. 그리고 한국에서 집을 매매할 수 있도록 위임장에 서명을 해 친정아버지께 보내드렸다.

집문서와 약사 면허증을 친정아버지 금고 속에 넣어 뒀기 때문이었다. 일주일 후 시어머님은 친정아버지를 찾아가, 딸을 잘 키워 보내줘서 고맙다고 하시며 내 편지를 보여주셨단다. 친정아버지도 나의 결정을 기뻐하시며 곧 집을 처분하셨다.

시어머님은 그 후 새벽에 교회에 가서 눈물로 회개하며, 58년 만에 자신을 불러주신 주님께 감사하면서 돌아왔다고 하셨다. 그리고 내게 "아가 보아라."로 시작하는 편지를 보내셨다. 네가 믿는 예수라면 나도 믿겠다는 내용이었다. 이 얼마나 감격스러운 일이던가! 같이 살던 시누이도 어머님과 함께 새벽기도를 다니더니, 세례를 받은 후에는 다니는 교회의 3부 대예배 반주자로 섬기게 되었다.

그러던 중 미국 인디애나 음대로 먼저 유학을 와 있던 도련님이 학비가 없다고 해서, 내게 있는 것을 다 털어서 보내주고 등록을 하게 했다. 그러고 나니 통장에 돈이 없었다. 나는 당시 유학생 아내가 할 수 있는 일 중 하나인 베이비시터(남의 집 아기 돌보는 일) 면허증을 따서 거실에 걸어놓고, 이웃집 아기들을 돌보기 시작했다. 물질에 대한 욕심을 다 내려놓고 사니까 내게 있는 것을 다른 사람에게 다 주어도 아깝지 않고, 또 주는 것이 그렇게 기쁠 수가 없었다.

그런데 얼마 후, 도련님이 내게 전화를 걸어 소원이 무엇이냐고 물었다. 나는 도련님이 성경 읽고 예수를 믿게 되는 것이라고 했다. 그 후 도련님은 교회를 다니며 세례도 받고 반주자로 섬기더니, 후에는 성가대 지휘자 봉사까지 했다.

사업 부도로 집에 있지 못하시던 시아버님께도 복음편지를 드렸더니, 주님께 회개하고 돌아오셔서 성경을 얼마나 많이 읽으시는지! 시어머님께서 편지에 "너희 시아버지 나이가 62살이 넘었는데, 이 나이에 신학교 가게 생겼다. 네가 말려라."라고 하실 정도였다.

그리고 시아버님에게서 편지가 왔다. "아가야, 고맙다. 성경을 읽다 보니 룻기에 이런 말씀이 있구나. '일곱 아들보다 귀한 네 며느리(룻 4:15)'라고."

더 이상 무슨 말이 필요한가! 나의 회개로 인해 복음의 열매들이 하나씩 맺어지고 있었다. 나는 시댁 식구들을 구원의 길로 인도해주신 주님께 눈물로 감사드렸다.

눈물이 앞을 가려서
더 읽을 수가 없었다.
나는 30년 만에
주님 나라의 가장 밑바닥에
들어갈 수 있게 된 것이다.

한없이 기뻐서,
울고 또 울었다.

기도하는 중에 나타난 환상

송이 꿀보다 달콤한 말씀

주님 앞에 진실된 회개를 한 날부터, 나는 온 마음을 다해 성경을 읽고 주야로 묵상했다. 말씀이 너무 좋아서 암송도 시작했다. 송이 꿀보다 말씀이 더 달다는 이야기가 무슨 뜻인지 알 것 같았다. 그래서 매일 아기들을 돌보느라 육신이 힘들어도, 마음은 늘 천국이었다.

나는 여름성경학교를 하듯 아기들에게 찬송과 기도를 가르치고, 함께 예배를 드리면서 돌봤다. 또 놀이터에 데리고 갈 때면, 쪽지나 손바닥에 성경 구절을 써서 틈날 때마다 암송했다. 얼마나 성경을 사랑하며 외웠던지, 꿈에서도 성경을 읽고 암송했다. 꿈속에서 잘 외워지지 않으면 잠에서 깨어 말씀을 외운 뒤, 다시 잠에 들었다.

그리고 얼마나 눈물을 흘리며 읽었던지, 내 성경책은 눈물에 부풀고 낡아져서 새 걸로 다시 사야 했다. 매일 묵상한 말씀 중에서 한 구절이라도 암송하려고, 집안 곳곳 내 눈이 머무는 곳이라면 어디든 성경 구절을 써서 붙였다. 그리고 그 말씀을 완전히 암송해야 떼어냈다. 좋은 말씀들은 장별로 암송하기도 했다. 누가 시켜서 하는 암송이 아니라, 말씀이 좋아서 스스로 한 것이었다.

주야로 말씀을 묵상하자, 신기하게도 신약과 구약이 조금씩 연결되기 시작했다. 기도도 말씀에 근거해서 하게 되고, 가장 좋아하는 일은 어느새 말씀 묵상과 기도가 되어버렸다. 누가 취미가 무엇이냐고 물으면, 서슴없이 말씀 묵상과 기도라고 대답할 정도로 매일의 삶이 변했다. 학교 다닐 때는 취미나 특기가 없었고, 공부는 해야 하니까 억지로 했던 터였다. 그런데 성경 말씀은 왜 그렇게 좋던지! 하루 세 끼 밥을 먹는 것보다 더 좋았다.

"나의 가는 길을 오직 그가 아시나니
그가 나를 단련하신 후에는 내가 정금 같이 나오리라.
내 발이 그의 걸음을 바로 따랐으며
내가 그의 길을 지켜 치우치지 아니하였고
내가 그의 입술의 명령을 어기지 아니하고
일정한 음식보다 그 입의 말씀을
귀히 여겼구나(욥 23:10~12)."

몇 년 후 한국의 좋은 교회에서 잘 훈련받은 김덕수 형제(지금은 신학교 교수)가 유학을 왔다. 형제는 내가 말씀을 매우 사랑하는 것을 보고 이동원 목사님의 강해설교 테이프를 소개해주었다. 나는 즉시 그 테이프를 여러 개 구입해, 서너 번 반복해 들으면서 노트에 정리했다. 그리고 완전히 내 것이 될 때까지 집중하며 공부했다. 얼마나 좋았던지! 정말 꿀맛 같았다.

노트에 정리한 내용들은 잘 박힌 못처럼 내 가슴에 하나씩 기록되었다. 지금도 그 말씀들이 삶의 기준이 되어, 좌우로 치우치지 않고 정도(正道)만 걸으며 전도자의 삶을 살아갈 수 있도록 해주고 있다. 또한 그 형제가 제자훈련을 잘 시켜주어서, 남편 역시 바른 신앙으로 세워지는 계기가 되었다. 주님! 감사합니다!

예수님을 만나다

말씀 묵상, 암송과 더불어 나는 규칙적으로 개인기도하는 시간을 가졌다. 매일 낮에는 아기들을 돌보고, 저녁에는 두 아들에게 성경을 가르쳤다. 가정예배를 드리고 나서는 성경을 밤이 깊도록 묵상하고, 새벽마다 홀로 전심으로 기도하기 시작했다. 섬기는 교회를 위해, 또 모든 교인들의 가정과 주일학교 어린 자녀들의 이름을 부르며 그들을 위해, 기도노트에 빽빽이 쓴 선교사님들의 기도제목들을 위해, 믿지 않는 유학생들을 전도하기 위해 한 사람씩 이름을 부르며, 한국에 있는 시댁과 친정 식구들 그리고 친족들을 위해, 우리나라와 북한과 열방을 위해, 내가 할 수 있는 한 새벽에 2시간씩 기도로 모두를 섬겼다. "나는 너희를 위하여 기도하기를 쉬는 죄를 여호와 앞에 결단코 범치 아니하고 선하고 의로운 도로 너희를 가르칠 것인즉(삼상 12:23)"이란 말씀에 순종하며, 기도는 마땅히 내가 해야 할 사명이라고 생각했다.

1987년 3월 23일, 그날도 밤늦게까지 교회와 성도들을 위해 엎드려 울며 간절히 기도하고 있었는데, 갑자기 방언이 터졌다. 그리고 내 영이 빠져나와 엎드려 있는 내 몸을 보게 하셨고("……그가 몸 안에 있었는지 몸 밖에 있었는지 나는 모르거니와 하나님은 아시느니라(고후 12:2~3)") 곧 눈부시게 밝은 빛이 나타났다. 그 빛 가운데서 말씀이 나왔다. 너무 놀랐지만 즉시 하나님이심을 깨닫고 "하나님!" 하고 외치며 나도 모르게 가까이 가려고 했다. 그런데 순간, 빛이 그만큼 뒤로 물러갔다. 나는 곧 이 상황이 성경적인가를 생각하기 시작했다. 많은 분들이 뜨겁게 은사를 받고 기도하는 중에 환상도 보고, 신기한 체험을 했다가 이단이나 옆길로 갔다는 소리를 들었기 때문이었다.

"오직 그에게만 죽지 아니함이 있고
가까이 가지 못할 빛에 거하시고
아무 사람도 보지 못하였고
또 볼 수 없는 자시니……(딤전 6:16)"

이 말씀이 생각나자, 내가 가까이 가려 했을 때 왜 빛이 뒤로 갔는지를 깨달았다. 그래서 나는 얼른 하나님 앞에 엎드렸다. 그리고 날마다 눈물로 간절히 드리던 기도제목들을 하나씩 물었다. 하나님께서는 빛으로 하나하나 확답해주셨다. "너는 내게 부르짖으라. 내가 네게 응답하겠고 네가 알지 못하는 크고 비밀한 일을 네게 보이리라(렘 33:3)"는 말씀처럼, 내가 알지 못하던 크고 비밀한 일들을 보여주신 것이다.

마지막에는 한 가지 소원을 말씀드렸다. 나는 주님을 보지 않아도 믿지만, 꼭 한 번만 뵙고 싶다고. 그러자 갑자기 빛이 사라지고 앞이 깜깜해지면서 아무것도 보이지 않았다.

"아무것도 안 보입니다, 주님!"

그때 무슨 물체가 서서히 보이는 것 같은데, 너무 어두워 잘 안 보이길래 가만히 살펴보았다. 그건 가시 면류관을 써서 피가 줄줄 흐르고 있는 주님의 옆모습이었다. 해마저도 빛을 잃었던 그 날 그 모습! 나는 엉엉 울었다.

"주님! 주님! 나의 주님! 저를 한 번만 돌아봐주세요!"

주님은 내 쪽으로 천천히 고개를 돌리셨다. 그 큰 가시 면류관 아래로 온통 피범벅이 된 얼굴을 보자마자 나는 통곡하며 울었다. 그리고는 일어나 옆방으로 가서 밤새워 울며 기도를 드렸다. 나 같은 죄인을 위해 주님이 저렇게 고통을 당하시고 죽으셨던 것이다. 십자가 고통을 어느 정도 알고 있다고 생각했는데, 실제로 눈앞에서 보니 그 고통이 내 가슴을 찢어질 듯 아프게 했다.

그날, 나는 울면서 밤을 지새웠다. 꿈에서 영광 중에 계신 아름다운 모습의 주님을 보았다는 다른 사람들의 이야기는 가끔 들었는데, 나에게는 어째서 가장 비참했던 모습을 보여주셨을까.

새벽녘에 나는 주님께 울면서 편지를 썼다. 왜 내게 이런 모습을 보여주셨는지 지금은 미련해서 알지 못하지만, 언젠가는 꼭 알게 해달라고. 그리고는 결심했다. 나 같은 죄인을 살리시려고 가시 면류관과 십자가의 모진 고통을 당하며 피와 물을 다 쏟으신 주님을 위해, 나도 십자가의 좁은 길을 이 생명 다하는 날까지 걸어가겠다고. 내 힘으로 안 되는 일임을 잘 아시니, 주님이 손잡고 도와주셔서 이 길을 끝까지 걸어갈 수 있게 해달라고. 나는 눈물을 흘리며 이 결심들을 편지에 써내려갔다. 그리고 마지막 줄에 '주님의 종, 전영순'이라고 내 이름을 적었다.

그날 이후로 내 삶은 더 많이 변했다. 희생은 당연한 것이 되었고, 섬김의 기회를 주시는 주님께 늘 감사하며 모든 일을 기쁨으로 했다. 늘 자원해서 힘든 줄도 모르고 일을 했다. 복음을 위해 희생해야 할 때마다 주님은 내게 남들이 모르는 기쁨을 주셨다. 30년 가까이 이어지고 있는 이 전도생활 중에 핍박이나 어려움이 찾아올 때마다, 나는 그날 밤 보았던 주님의 모습과 내가 결심했던 것을 생각하며 다시 힘을 내고 있다.

새벽녘에 나는 주님께 울면서 편지를 썼다.

왜 내게 이런 모습을 보여주셨는지

지금은 미련해서 알지 못하지만,

언젠가는 꼭 알게 해달라고.

그리고는 결심했다.

나 같은 죄인을 살리시려고

가시 면류관과 십자가의 모진 고통을 당하며

피와 물을 다 쏟으신 주님을 위해,

나도 십자가의 좁은 길을

이 생명 다하는 날까지 걸어가겠다고.

PART 2

주님의 전도학교

성경공부모임을 열다

혼자 성경을 읽으며 좋아하던 어느 날, 주님께서 마음속에 성경을 가르치며 전도하라고 강하게 말씀하셨다.

"시댁 식구들은 전도했지만, 이곳에 공부하러 온 머리 좋은 사람들에게 어떻게 성경을 가르칠 수 있나요? 전 못 하겠어요. 몸으로 열심히 섬기는 일은 얼마든지 할 수 있어요. 저는 그냥 좋아서 성경을 읽은 것뿐이지, 신학 공부도 안 했는데 성경을 가르치는 건 어려워요."

그러나 주님께서는 3일에 걸쳐 계속 말씀하셨다. 나 역시 그때마다 못 하겠다고 떼를 썼다. 그런데 갑자기 목소리가 잘 나오지 않았다. 아기들을 돌보느라 잠을 많이 못 자고 피곤해서 그런 줄 알고 하루 이틀을 넘겼다.

그런데 다음 날이 되자 더 심해져서 이젠 아예 벙어리처럼 되었다. 나는 겁이 나서 주님께 굴복하고, 잘못을 인정했다. 그리고 주님의 뜻에 따르겠으니 목소리를 다시 달라고 간구했다. 또 내가 어떻게 성경을 가르치며 전도해야 하는지에 대해서도 여쭤보았다.

그때, 주님은 평생 잊을 수 없는 말씀을 주셨다.

"네가 나를 사랑하는 만큼만 전하고 가르치면 된다."

나는 즉각 그렇게 하겠다고 대답했다. 그리고 누구부터 시작할지 물었을 때 마음속에 떠올려주시는 사람들이 있어, 그들의 이름을 놓고 기도를 하기 시작했다. 며칠 후, 나는 기도하는 마음으로 그들에게 전화를 걸었다. 놀랍게도 5명 모두 내게 성경을 가르쳐달라고 먼저 말하는 것이 아닌가! 주님께서 미리 예비해놓으셨기 때문에, 주님의 명령에 순종만 하면 되는 거였다.

나는 매일 한 사람씩 성경을 가르쳤다. 그리고 온 정성을 다해 그들의 남편과 자녀, 부모를 위해 기도하고, 자다가도 일어나 기도할 정도로 최선을 다했다. 또한 매주 금요일 저녁이면 기숙사에 살고 있는 싱글 유학생들을 집으로 초대해, 식사를 대접하며 성경을 가르쳤다. 주님은 내가 남편이 유학 생활을 마칠 때까지 7년 동안 쉬지 않고 전도하며 성경을 가르치도록 인도하셨다.

그때, 주님은 평생 잊을 수 없는 말씀을 주셨다.

"네가 나를 사랑하는 만큼만
전하고 가르치면 된다."

미찌꼬와 아이

어느 날 미찌꼬라는 일본인이 전화를 해, 아이가 만으로 두 살인데 봐줄 수 있냐고 물었다. 나는 돌보는 것이 쉬울 거라고 생각하고 속으로 내심 좋아했다. 그런데 만 두 살이면 유아원에 보내도 되는데 왜 가정에 맡길까, 하는 생각이 들었다.

이상하기도 하고, 궁금하기도 해서 물으니 아이가 아파 유아원에 보내지 못하는데, 당신은 두 아들을 키우고 있는 엄마고 약사인 데다가 '크리스천'이라고 해서 연락했다는 것이다. 나는 거듭난 뒤에 아기들을 돌보는 자격 서류 신청을 하면서 거기에 '크리스천'이라고 썼었다.

나는 할 말을 잃었다. 그래도 일단 우리 집에 한번 와보라고 했다. 지금 돌보는 아기도 손이 많이 가는 어린애인데, 이젠 아픈 아이까지 보내시다니. 나는 주님께 약간 불평조로 말씀드렸다.

"주님! 지금 시간당 1불 50센트 받으며 매일 몸이 힘들어도 주님 때문에 기쁨으로 하고 있습니다. 그런데 아픈 아이까지 보내시면, 제가 의사도 아니고 어떻게 합니까? 저는 성경도 많이 읽고 싶고, 기도도 많이 드리고 싶은데 이 아이 돌보느라 몸이 너무 지치면 어떡합니까?"

그러자 주님께서 내 마음에 말씀하셨다.

"너 전도하고 싶지 않니? 내가 전도할 사람을 보내려는 건데 싫으냐? 네가 일본까지 가지 않아도 되게끔 너 앞으로 데리고 오는 건데도 싫으냐?"

나는 영어도 못 하고 일본어도 못 하지만 순종하겠으니 주님께서 책임지시라고 하며, 아이를 돌보기로 결정했다.

집에 찾아온 미찌꼬는 10개가 넘는 조건들이 적힌 종이를 보여주며, 내 조건은 무엇이냐고 물었다. 나는 2개밖에 없다고 했다. 첫째, 당신의 아들인 신짱을 위해 기도하며 찬양 속에서 예수님을 믿는 아이로 기를 것이다. 둘째, 이 아이가 기도로 병이 나으면 당신은 예수님을 믿어야 한다.

신짱은 알레르기가 매우 심해서, 2년 동안 계속 검사를 받으며 애를 써도 좀처럼 낫지 않았다고 했다. 그런 아이를 기도로 치유되게 해보겠다는 말에, 미찌꼬는 아주 좋아했다. 또 아이가 그렇게 되면 꼭 예수를 믿겠다고 약속했다.

그리고는 내게 작은 아이스박스를 내밀었다. 자기 젖을 짜서 얼린 것을 담아온 것이었다. 2시간마다 녹여서 먹이라고 하며, 다른 것은 일절 먹일 수 없다고 했다. 태어나면서부터 모든 것에 알레르기가 있었기 때문에 못 자랐고 너무 말랐으며, 아랫도리는 헐어서 눈을 뜨고 볼 수가 없었다. 게다가 계속 넘어지고 제대로 걷질 못했다.

'주님께서 나를 훈련시키시는구나.'

그날부터 돌보기 시작했는데, 잘 넘어지니까 계속 지켜보고 쫓아다니느라 정신이 없고 힘들었다. 그리고 다른 아이들이 먹는 걸 자기도 먹고 싶어서 칭얼대고, 울고, 보챘다.

'내가 이 아이 하나만 돌보는 것도 아닌데……'

몇 주 동안 신짱을 돌보다가 너무 힘들어서, 주님이 보내셨으니 책임지시라고 했다. 그리고 아이들과 함께 간절히 기도드린 뒤, 영양이 풍부한 삼계탕의 뽀얀 국물과 속에 들어있던 찹쌀죽을 먹였다. 신짱은 너무나 맛있게 받아먹었다. 정말 어쩌나 잘 먹던지. 그렇지만 혹여라도 밤에 미찌꼬에게서 아이의 알레르기가 심해졌다는 전화가 올까봐 거의 날을 새며 기도를 드렸다.

다음 날 아침, 미찌꼬는 아무 일도 없다는 듯이 아이를 맡겼다. 나는 그녀가 돌아간 후에 얼른 신짱의 몸을 살펴보았다. 전날과 똑같았다! 아이에게 더 이상 알레르기가 생기지 않았다!

그날도 나는 아이들과 함께 간절히 감사기도를 드린 후에, 기도하는 마음으로 삼계탕에서 고깃살을 으깨어 신짱에게 먹였다. 얼마나 맛있게 먹던지. 그 다음 날에는 잡채까지 쪼록쪼록 빨며 잘 먹었다. 나는 우리 아이들과 함께 신짱이 매일 건강해져서 알레르기가 없어지고, 아무거나 잘 먹고 잘 걷고 잘 크게 해달라고 간절히 기도드렸다.

며칠 후, 미찌꼬가 나한테 질문을 했다.

"이상해요. 원래 내 젖만 먹었던 애인데 자꾸 '엄마'(신짱은 나에게는 우리 아이들처럼 '엄마'라고 부르고 미찌꼬에게는 영어로 '마미' 하고 불렀다)가 주는 음식을 달라고 해요. 근데 도무지 무슨 소리인지 모르겠어요."

나는 거짓말을 할 수 없었다. 신짱이 몸이 약하기 때문에 늘 아프고 못 자라는 거 같아서 한국 음식 중에서도 영양이 풍부한 삼계탕과 잡채 등을 먹였다고 했다. 그러자 미찌꼬는 기절할 듯이 소리를 지르더니, 당장 검진을 해서 만약 이상이 발견되면 고소하겠다며 병원으로 향했다. 그녀가 떠나자 나는 돌보던 아이들과 함께 주님께 간절히 기도를 드렸다.

"주님, 미리 말하지 않은 것은 제 잘못입니다. 하지만 얘기를 했다면 절대로 먹이지 못하게 했을 거예요. 아픈 신짱이 다른 아이들이 먹는 것을 자기도 먹고 싶어서 날마다 보채는 건 너무 불쌍해서 볼 수가 없었어요."

나는 그렇게 주님께 내 잘못을 고하고, 나를 불쌍히 여겨주시길 기도하며 떨리는 마음으로 그녀를 기다렸다.

몇 시간 후 나타난 미찌꼬의 얼굴에는 웃음이 가득했다.

"예약을 안 하고 가서 기다린 데다가, 검진 결과를 받고 오느라 늦었어요. 신짱은 아무 이상이 없고, 많이 건강해져서 알레르기도 없어졌어요!"

할렐루야! 그녀는 감사하다는 말을 연거푸 하며, 오늘은 신짱을 안 봤어도 돌본 것으로 계산해주고 앞으로는 시간당 50센트씩 올려주겠다고 했다. 나는 주님께 진실로 감사드리면서, 기뻐하며 집에 가려고 돌아서는 미찌꼬를 불렀다.

"처음에 약속한 거 기억하죠? 아이가 나으면 예수님을 믿기로 했잖아요?"

그러자 예수님이 어떤 분인지도 잘 모르면서 말로만 "아, 믿을게요."라고 했다. 그래서 잘 못하는 영어지만, 단어를 나열해가며 열심히 예수님을 전했다. 그리고 그날 바로 서점에 가 일본어 성경을 사서 신약부터 읽으라고 했다. 미찌꼬는 그렇게 하겠다고 대답했다.

다음 날, 미찌꼬가 성경책을 사서 읽고 있다고 했다. 나는 미안하지만 영어 성경도 하나 더 사라고 했다. 내가 일본말을 전혀 할 줄 몰라 예수님을 정확하게 전할 수 없었기 때문이다. 그리고 성경을 읽다가 이해가 안 되는 게 있으면 물어보라고 했다. 일주일에 두 구절씩 암송도 시켰다. 그때처럼 내가 영어를 못 하는 것이 안타까운 적은 없었다.

미국에 왔으니 영어를 배워보려고 했는데, 회개한 이후로 모든 것을 끊고 한글 성경만 주야로 읽었기 때문이었다. 나는 주님을 마음껏 전하지 못해 매우 답답했다. 그래서 주님께 복음을 전할 수 있도록 영어를 가르쳐 줄 사람을 만나게 해달라고 매일 기도드렸다. 미찌꼬가 신짱을 찾으러 일찍 오는 날이면 성경에 대해 묻고 싶어 하는데, 한국말처럼 전할 수 없으니 속이 탔던 것이었다.

그러던 어느 날, 오후에 어린이 한글 찬송을 부르며 아이들을 데리고 놀이터로 가는 길이었다. 1층에 새로 이사온 미국 남자분이 갑자기 거실 문을 열고 쫓아오더니 내게 물었다.

"Are you a born-again christian?"

당신이 그리스도인이냐고 물어도 반가웠을 텐데, 하물며 "거듭난 성도냐?"라니! 나는 이 분도 거듭난 성도구나 싶어 너무 기뻐서 대답했다.

"Sure!"

그는 그런 것 같다면서, 지금 한국 찬송을 부른 것이냐고 했다. 나는 대낮에 남자가 집에서 나오는 것이 이상해 그의 직업을 물어보았다. 그는 선교사이자 목사라고 했다. 나는 얼른 신짱을 가리키며 서툰 영어로 말했다.

"이 아이의 엄마가 일본 사람이고, 전도를 해야 해요. 그런데 제 영어가 짧아서 잘 못 하고 있어요. 제가 전도를 할 수 있도록 목사님의 사모님께 영어를 좀 배울 수 있을까요?"

목사님은 아내에게 물어보겠다며, 아마 가능할 거라고 하셨다. 그리고 우리 집에서 항상 찬송 소리가 들리는 것을 보니, 많은 사람들을 섬기는 것 같다며 좋아하셨다. 알고 보니 몇 달 후에 러시아로 선교를 하러 갈 예정인데, 아직 선교비가 채워지지 않아 잠시 캠퍼스 선교를 하며 기다리는 중이셨다. 운전도 못 하고 시간도 없는 내 사정을 주님께서 아시고, 바로 아랫집에 영어로 복음을 확실하게 가르쳐줄 분을 보내주신 것에 대해 감사를 드렸다.

마침 멀리 학회에 갔던 남편이 밤에 전화를 했길래 이 기쁜 소식을 전했다. 그리고 빨리 돌아와 이 목사님을 만나고 이야기를 좀 잘해서, 복음을 전할 영어를 배우게 해달라고 했다. 이틀 후 남편은 집에 오자마자 아랫집에 내려갔다 오더니, 사모님이 좋아하시면서 전도하고 싶은 마음을 잘 아니 염려 말고 편한 시간에 오라고 했다는 더 기쁜 소식을 전해왔다.

나는 마음의 준비를 하고, 드디어 아랫집으로 내려갔다. 서로 인사하고 기도를 하고 나니, 영어로 된 CCC 사영리 전도 소책자를 주는 것이 아닌가. 한국어라면 눈을 감고도 외우는 말씀들인데 따라 읽으라고 했다. 영어를 읽을 줄은 아는데 말을 못 한다고 하니까 사모님은 이해를 못 하겠다는 표정이었다.

아무튼 발음 교정을 받으면서 몇 번을 따라 읽고 잠시 교제를 나눈 뒤, 기도하고 마쳤다. 그리고 다음 주에 다시 만나기로 했다. 집에 돌아온 나는 그때부터 사영리를 영어로 외우기 시작했다. 이런 간단한 방법이 있었는데 미처 생각도 못했던 것이었다.

'하나님의 말씀인데, 말을 못 하면 당연히 외워서라도 해야지!'

나는 열심을 내어 자다가도 일어나 사영리를 암송하곤 했다.

한 주가 지나고 다시 사모님과 만났다. 이번에도 읽어보라고 해서, 나는 읽는 것보다 외우는 것이 나을 것 같다고 했더니 놀라면서 그럼 외워보라고 했다. 나는 기도를 드린 뒤, 좋지 않은 발음이지만 천천히 끝까지 암송하고 눈을 떴다. 사모님이 울고 계셨다.

"나는 선교사로 헌신해서 갈 사람인데도 처음부터 끝까지 못 외워요. 한 명을 전도하기 위해 그렇게 노력하는 것을 보니, 아마 미찌꼬는 자매 속에 계신 주님을 벌써 보았을 거예요. 미찌꼬는 좋은 그리스도인이 될 거예요. 전도 영어는 이 정도면 충분해요."

그리고 나서 사모님은 내 손을 잡고 기도를 해주셨다. 영어 수업은 그렇게 두 번 만에 끝났다.

내가 영어로 복음을 전할 만반의 준비를 갖추고 기다리던 어느 날, 드디어 미찌꼬가 손에 성경을 들고 한 시간 정도 일찍 왔다. 나는 아이들에게 미찌꼬를 전도해야 하니, 방에 가서 신짱을 왕자님처럼 잘 돌보라고 했다. 그리고 한영 성경과 영문으로 된 CCC 사영리를 펴놓고 그녀와 마주앉았다.

마음속으로 기도하면서 복음을 제대로 설명했다. 마지막에 영접기도를 하는데, 무릎을 꿇고 기도하던 미찌꼬가 울기 시작했다. 나도 너무 기뻐서 같이 울었다. 그녀는 내가 영어를 잘 못 했어도 무슨 말인지 벌써 알아들었다고 했다. 그리고 이미 내 속에 계신 예수님을 봤고, 내 속에 있는 평강도 느꼈다고 고백했다. 무엇보다 미찌꼬는 그날 진실로 주님을 영접했다! 할렐루야!

나는 영어를 못 해도 전도할 수 있다는 것이 굉장히 놀라웠다. 미찌꼬는 미국인인 자신의 남편을 전도해달라고 내게 부탁했다. 나는 미국인에게 내 엉터리 발음으로 전하는 것보다 미찌꼬가 하는 것이 더 나을 거라며, 직접 복음을 전할 것을 권했다. 그리고 가족 구원은 자기가 책임져야 하니 꼭 전도를 하라고 하고, 대신 내가 기도를 해주겠다고 약속했다.

미찌꼬는 신짱 때문에 아기를 더는 안 가지려 했는데, 둘째는 건강하게 낳을 수 있을지 걱정이 된다는 이야기도 털어놓았다. 나는 그녀가 암송하고 있는 성경 말씀을 믿어야 함을 일러주고, 그것을 위해서도 기도하겠다고 약속했다. 그날 밤, 너무 기뻐서 잠이 오질 않았다.

미찌꼬는 말씀과 기도로 잘 성장했고 몇 달 후 캘리포니아로 이사를 갔다. 마침 그 곳에 일본인 교회가 있어서, 교회를 잘 다니고 있고 둘째도 임신했다는 반가운 소식을 전해왔다. 그녀는 둘째 아들을 낳자마자 사진을 보내면서, 나를 닮아 둥글넓적하다며 기뻐했다. 그리고 그 아이가 백일쯤 되었을 때, 온 가족이 예수님을 믿고 교회를 다니고 있다는 편지를 보내왔다.

좋으신 우리 하나님 아버지께 감사! 나는 끊임없이 주님께 감사를 드렸다. 아직도 영어라면 두려워서 입을 다물고 뒤로 숨어버리는 부족한 나에게, 하나님은 영어로 전도의 열매를 맺게 하셨던 것이다.

나는 기도를 드린 뒤, 좋지 않은 발음이지만
천천히 끝까지 암송하고 눈을 떴다.
사모님이 울고 계셨다.

"한 명을 전도하기 위해 그렇게 노력하는 것을 보니,
아마 미찌꼬는 자매 속에 계신 주님을 벌써 보았을 거예요.
미찌꼬는 좋은 그리스도인이 될 거예요."

3

정확히 받은 기도 응답

나는 해마다 가을 학기가 시작되면 신입생들을 초대해 전도를 했다. 한 해는 학교에서 나오던 장학금이 여름방학 내내 나오지 않았다. '은행 잔고가 거의 없는데, 신입생 초대를 어떻게 하지?'

그래서 기도를 하고 있었는데, 마침 주일예배 후 한 집사님이 이웃 이민교회에서 하는 교회대항 성경퀴즈대회에 나갈 것을 권했다. 1등에게 큰 트로피를 준다는데, 나는 집도 좁고 트로피 같은 건 필요없다며 거절했다. 그런데 그 다음 주에도 다시 이야기를 꺼내면서 1등에게 트로피뿐 아니라 상금 100불도 주니 한번 생각해보라고 했다. 그럼 2등 상금은 50불쯤 될 거라 짐작하고 남편과 함께 참가해, 150불을 타서 손님 30명을 대접하자고 결심했다. 날짜를 물으니 바로 3일 후란다. 본문은 사도행전과 로마서. 나는 이 성경퀴즈대회가 우리를 위해 주님께서 예비한 것임을 확신하고 감사기도를 드렸다. 그리고 이미 150불의 상금을 받은 것처럼 초대할 손님들에게 전화를 돌렸다.

그날부터 남편은 사도행전을 요점정리해서 독파하고, 나는 로마서의 구절들을 가능한 한 많이 외웠다. 성경퀴즈대회가 열리는 교회에 도착해서야, 6개 교회가 두 달 전부터 이 대회를 준비했다는 사실을 알게 되었다. 그리고 TV에 나오는 장학퀴즈 대회처럼 벨이 올려져 있었고, 각자 노트에 정리한 것을 외우고 있었다. 그걸 보니, 남편과 내가 되려 우리 교회 망신만 시킬 것 같았다. 그래서 인사말에, 3일 전에야 소식을 들어 준비를 많이 못 했으니 죄송하다고 했다. 그리고 그냥 평소 실력으로 할 테니 못 하더라도 이해해달라고 했다. 상금을 타서 손님 대접하려고 왔다가 망신만 당하게 생겨서 남편도 얼굴이 하얗게 질려 있었다.

우리는 부부니까 조를 다르게 배정해달라고 했다. 내가 첫 조로 나갔는데, 운동신경이 좋지 않아 벨을 빨리 못 눌러서 떨어질 줄 알았다. 그런데 감사하게도 이미 암송을 하고 있는 구절들만 문제로 나와서 15문제 중에 13개를 먼저 맞혀 1등을 했다. 암송 문제들만 나왔다 보니, 암송을 준비하지 못한 남편의 얼굴이 많이 굳어 있었다.

그런데 남편이 올라간 조에서는 이상하게도 남편이 준비를 잘한 사도행전에서만 문제가 나왔다. 남편은 수많은 인명과 지명을 거의 다 외운 데다 운동신경도 빨라서, 역시 1등을 했다. 다시 2차전을 하는데 내가 나가면 이상하게 암송 문제만 나와서 가볍게 또 1등, 남편이 올라가면 사도행전에서만 문제가 나와서 또 1등이었다.

결승이 시작되었다. 남편과 한 청년의 벨 누르는 속도가 어찌나 빠른지, 나는 벨에 손도 못 대다가 가끔 암송 문제가 나오면 겨우 하나씩 맞혔다. 마지막 몇 문제를 남기고 나와 남편과 그 청년이 동점이 되었다. 나는 출제자에게 왜 결승인데 로마서는 안 물어보냐고 물었다. 그러자 죄송하다며 문제를 다시 섞더니, 로마서와 사도행전 암송 문제가 나와 결국 내가 정답을 맞혔다. 그리고 나는 남편에게 열심히 준비한 그 청년에게 2등을 양보하라고 눈짓을 했다.

결국 우리 부부는 1등과 3등을 했다. 2등이 50불이면 3등 상금은 아마도 25불 정도 될 걸로 추측하고, 조금 부족하긴 하지만 그것을 손님 대접에 사용하리라 마음먹었다. 그런데 시상식 때 놀라운 일이 일어났다. 2등 상금이 75불, 3등 상금이 50불이었던 것이다.

상금을 받으면서 우리 부부는 눈물을 흘렸다. 30명을 대접해야 하니 150불을 달라고 기도했는데, 주님께서 정확히 150불을 주신 것이다. (우리는 시상식이 끝나고 집으로 오는 길에 1, 2등을 하게 해달라고 기도했으면 더 좋았을 거라는 농담을 주고받았다.) 우리 부부에게 정확한 기도 응답을 주시는 주님을 체험했던 귀중한 사건이었다.

상금을 받으면서 우리 부부는 눈물을 흘렸다.
30명을 대접해야 하니 150불을 달라고 기도했는데,
주님께서 정확히 150불을 주신 것이다.

우리 부부에게
정확한 기도 응답을 주시는 주님을 체험했던
귀중한 사건이었다.

말씀을 자녀에게 가르치며

성경퀴즈대회가 끝나고, 우리 부부가 받은 큰 트로피 두 개를 어린 두 아들이 하나씩 손에 들고 오며, "나중에 커서 우리도 성경퀴즈대회에 나가 이렇게 상을 받고 싶어요!" 라고 했다. 그래서 나는 평소에 성경을 많이 읽고 암송해야 한다고 했다.

그때 나는 우리 가족에게 아침에 성경을 읽지 않으면 밥을 주지 않았다. 아이들이 어렸던 데다 순종을 잘해서, 약간 율법적이긴 했지만 그래도 잘 받아들여졌다. 그리고 아침과 저녁으로 성경을 읽으면서 성경읽기표에 기록하고, 성경을 일독할 때마다 선물을 주었다. 덕분에 큰 아이는 초등학교를 졸업할 때 8독을 했고 작은 아이는 10독을 하게 되었다. 또한 매일 가정예배를 드리고 말씀을 가르쳤다. 우리 가정은 그 어느 것보다 말씀 묵상과 예배에 우선순위를 두었다.

"이스라엘아 들으라.

우리 하나님 여호와는

오직 하나인 여호와시니,

너는 마음을 다하고 성품을 다하고 힘을 다하여

네 하나님 여호와를 사랑하라.

오늘날 내가 네게 명하는 이 말씀을

너는 마음에 새기고,

네 자녀에게 부지런히 가르치며

집에 앉았을 때에든지 길에 행할 때에든지

누웠을 때에든지 일어날 때에든지

이 말씀을 강론할 것이며,

너는 또 그것을 네 손목에 매어 기호를 삼으며

네 미간에 붙여 표를 삼고,

또 네 집 문설주와 바깥문에 기록할지니라."(신 6:4~9)

우리 가족은 이 말씀대로 살기 위해 부단히 기도하고 노력했다.

또 "형제가 연합하여 동거함이 어찌 그리 선하고 아름다운고!"(시 133:1)라는 말씀의 모습대로 살아가고 성령의 9가지 열매가 맺어지는 성품이 되게 해달라고 매일 기도했다. 개구쟁이였던 연년생 두 아들이 딱 한 번밖에 싸우지 않았으니, 우리 가정은 그야말로 천국이었다. 큰아들의 좋은 성품과 둘째 아들의 깊은 생각은 주님이 주신 특별한 선물이었다. 때로 동생이 귀찮게 굴어도 무조건 희생하며 다 받아주는 큰아들의 너그러운 성품 탓에, 성인이 된 지금까지도 그렇게 사이가 좋다. 이 역시 주님께서 확실하게 기도 응답을 해주신 것이다.

큰아들은 이런 성품과 믿음을 갖고 자라나, 세상의 가치관이 아닌 오직 하나님의 마음과 눈으로만 자신의 배우자를 선택했다. 또 매일 가정예배를 드리며, 복되고 아름답게 믿음으로 살아가고 있다.

둘째 아들도 아름다운 믿음과 사랑의 가정을 이루었고, 지금 우리 부부와 한 집에 살고 있다. 그리고 나는 세 손주를 둔 행복한 할머니가 되었다.

우리 가정은 그 어느 것보다
말씀 묵상과 예배에 우선순위를 두었다.

또 "형제가 연합하여 동거함이
어찌 그리 선하고 아름다운고!"라는
말씀의 모습대로 살아가고
성령의 9가지 열매가 맺어지는 성품이 되게 해달라고
매일 기도했다.

유학생들을 전도하다

나는 매주 금요일마다 기숙사에 살고 있는 형제자매들에게 식사를 대접하며 구역예배를 드렸다. 새로 기숙사에 온 안 믿는 형제자매들에게도 와서 식사만 하고 가라며 초대했다. 그렇게 우리 집에 온 믿지 않는 학생들은 식사를 한 뒤 다시 공부를 하러 자연스럽게 학교로 갔고, 남아있는 사람들은 나와 함께 성경공부를 했다.

몇 주 후, 한 형제가 무슨 공부인가 궁금했던지 남아서 성경공부에 참여했다. 그런데 내가 말씀 암송을 시키는 걸 보고 불쾌해하는 것이 아닌가! 밥 한 끼 먹이고는 성경을 세뇌시킨다고 생각한 것 같았다. 성경공부를 하는 학생들도 다 지성인들인데. 나는 웃으면서 그 형제에게 말했다.

"형제님은 아직 예수님을 안 믿어서 하나님의 말씀이 이해되지 않으니까, 그건 당연한 생각이에요. 그렇지만 내게는 생명보다 귀해서 이렇게 하는 거예요. 형제님은 외우지 않으셔도 돼요."

무사히(?) 성경공부를 마치고 다들 돌아간 후에, 나는 그 형제가 혹시라도 마음이 상해 다음 주에 오지 않을까 봐 밤늦게까지 간절히 기도를 드렸다. 감사하게도 형제는 계속 몇 주 동안 성경공부에 참석하면서 이것저것 물어보았다. 나와 구역 식구들은 최선을 다해 답해주며, 형제에게 말씀이 믿어지기를 기도드렸다.

그런데 어느 날, 본인도 암송을 하겠다는 것이 아닌가! 우리 구역 식구들은 깜짝 놀랐다. 모두가 함께 기도한 결과였다. 말씀이 그 형제 속에서 싹이 나 믿어지기 시작한 것이다. 할렐루야!!

그날 밤, 나는 기쁜 마음에 잠 못 이루며 기도하고 있었다. 그런데 뜻밖에도 형제에게서 밤늦게 전화가 왔다. 다른 사람들도 일대일로 성경을 배운다고 들었다면서, 자기에게도 일대일로 제자훈련을 해달라는 것이었다.

'아니, 이럴 수가 있나?'

나는 믿기지 않아서 다시 물었는데, 틀림없는 사실이었다. 제자훈련은 암송을 더 해야 하고, 성경을 더 읽어야 하며, 지금보다 시간을 더 많이 내야 하는데도 그러겠다는 것이었다. 참으로 기이한 일이었다. 나는 이미 많이 바빴지만, 기쁜 마음으로 그 형제에게 제자훈련을 해주기로 약속했다. 그날 밤에 기뻐서 얼마나 울었는지 모른다.

형제는 본래 강한 성품을 갖고 있었고, 열심을 내서 믿음이 잘 성장했다. 그 후로는 내 전도의 동역자가 되어, 기숙사에 사는 사람들을 책임지고 우리 집에 데려왔다.

하루는 그 형제가 방학 때 한국에 가서 결혼을 해야 하니, 믿음 좋고 착한 자매를 만날 수 있도록 기도를 부탁해왔다. 그런데 기도를 했건만, 결혼을 못 하고 돌아왔다. 비행기 표만 날렸다고 하며, 겨울방학에도 나갈 예정인데 그때도 못 하고 돌아오면 기도를 적게 한 내 책임이란다. 그래서 주님께 제발 그 형제의 기도제목대로 이루어지게 해달라고 기도드렸다.

형제는 드디어 겨울방학 때 한국에 나간 지 며칠 만에 믿음이 좋고 착하며, 순종하는 성품을 가진 배필을 만나 결혼을 하고 돌아왔다. 비자를 받느라 3월 초에 미국에 들어온 자매는 시차 적응에 힘들어하고 몸도 약했다. 그런데 임신한 줄도 모르고 기숙사에 사는 형제자매들을 섬기느라 무리를 했다가, 새벽에 갑자기 하혈을 하고 결국 태아를 유산했다. 나는 차라리 내가 아픈 것이 훨씬 낫다고 생각하며 많이 울었다. 두 사람 다 얼마나 사랑하는 형제자매인데. 애타는 마음으로 자매가 잘 회복되기를 온 성도들이 다같이 간절히 기도했다.

몸조리 후, 결혼을 했으니 함께 성경공부를 해달라고 해서 매주 제자훈련을 했다. 그리고 몇 달 뒤, 다시 임신이 되어 두 사람이 얼마나 기뻐했는지 모른다.

그런데 태아가 3개월쯤 되었을 때였다. 새벽에 형제가 지금 병원이라며 긴급 전화를 했다. 자매가 또 하혈을 해 병원에 왔는데, 알고 보니 자궁외 임신이고 너무 위험해서 자궁 한쪽을 수술해야 하니 기도해달라는 것이었다. 아직 아기를 낳아보지도 않았는데, 한쪽을 수술해버리면 아기 낳을 확률이 반으로 줄어드는 걸 넘어 아예 힘들어질 것 같아 나 역시 울면서 말했다.

"형제님! 예수님을 확실히 믿지요? 그렇다면 요한복음 11장에 나오는 '네가 믿으면 하나님의 영광을 보리라.'는 말씀을 믿습니까?"

형제는 믿는다고 대답했다.

"나도 그 말씀을 믿으니, 함께 기도합시다."

그리고 내 기도터를 향해 울면서 달려나갔다.

'차라리 내가 병들고 수술하는 것이 낫지, 이게 어찌된 일입니까?'

자매를 위해 땅바닥에 엎드려 통곡하며 기도하고 있는데, 갑자기 뱃속에서부터 기쁨이 터져 나왔다. "지금까지는 너희가 내 이름으로 아무것도 구하지 아니 했으나 구하라 그리하면 받으리니 너희 기쁨이 충만하리라."(요16:24)는 말씀과 함께!

내가 이미 받아보았던 기도 응답의 사인이 아닌가! 벌떡 일어나 주님께 감사하다고 외치며 집으로 달려왔다. 대문을 열자마자 전화벨이 울렸다. 당연히 형제의 목소리였다.

"집사님, 기적이 일어났어요!"

복도에서 무릎 꿇고 울면서 기도하고 있는데, 그 사이 아내의 배가 심하게 아파오더니 수술을 하기도 전에 피가 펑펑 쏟아진 것이었다. 원래는 의사가 수술을 해서 빼내야 했던 것인데, 손도 대지 않고 깨끗하게 다 쏟아져 나온 것이었다. 그래서 링거 주사만 맞고 있단다. 할렐루야!!

그 후 우리 가정이 싱가포르에 선교를 하러 갔을 때까지도 아기가 안 생겨서 아픈 마음으로 늘 기도드렸다. 그랬더니 기도에 응답하시는 신실한 주님께서 우리 가정처럼 건강한 아들을 둘이나 선물로 주셨다. 그 소식을 들었을 때, 나는 내가 아기를 낳았을 때보다 더 기뻐서 울었다. 지금도 그 형제와 자매는 아름다운 믿음으로 주님의 제자의 길을 걷고 있다.

어느 날, 남편의 후배가 박사 학위를 취득하고 떠나면서 자신의 후배를 부탁했다. 곧 공부를 하러 이곳에 올 건데, 사람은 아주 착하지만 예수님을 안 믿으니 전도 좀 해달라고. 이미 우리 집 주소를 주었으니, 연락이 곧 올 거라고 했다. 그래서 나는 그날부터 기도하며 기다렸다.

드디어 후배라는 그 형제가 미국에 왔다. 우리 집에 몇 번 초대해 식사도 대접했는데, 인사치레로 교회에 몇 번 나오고는 공부 핑계를 대며 영 나타나질 않았다. 주님이 내게 끈질긴 성품을 주셔서 나는 그 형제를 위해 1년 9개월째 기도하고 있었다. 그런데 마켓에서라도 만나면 전도를 당할까 봐(?) 나를 피해 다니는 것이었다. 얼마 안 있으면 남편이 졸업을 해 이곳을 떠나야 하는데, 그가 늘 나를 피해 다녀서 전도할 기회가 없었다. (그 당시 어떤 형제는 내가 '전염병' 같아서 가까이 가면 전도되니까 조심해야 한다는 농담을 하곤 했었다.)

그러던 어느 날, 한인 학생회 야유회가 있다는 소식을 들었다. 만나야 전도를 할 수 있으니까 제발 그 형제가 야유회에 참석하게 해달라고 새벽마다 간곡히 집중 기도를 드렸다.

"하나님, 그 형제가 축구를 좋아하니 꼭 참석하게 해주세요. 그리고 제가 전도하기 위해 데이트 좀 하자고 할 때 흔쾌히 그렇게 하겠다고 대답하게 해주세요."

야유회 날이 되었다. 공원에서 함께 점심식사를 마친 뒤, 남자들은 운동복을 입고 축구를 하러 갔다. 그런데도 그 형제가 나타나지 않아 애타게 기도하고 있었다. 잠시 후, 공원 입구 쪽 멀리에서 그가 나타났다. 나는 이때다 싶어 기도 동역자들에게 눈짓으로 기도 부탁을 했다. 그리고 그 형제가 식사를 할 수 있게끔 잘 차린 후에, 바로 축구를 하러 갈까 봐 얼른 물었다.

"혹시 오늘 저와 데이트 좀 할 수 있을까요?"

그러자 그 형제가 흔쾌히 그렇게 하겠다는 것이 아닌가! 내가 자신을 위해 오랫동안 기도한 것을 잘 알고 있다면서 말이다.

나는 참으로 감격해 주님께 감사기도를 드린 후, 형제와 함께 먼 벤치를 찾아가 무려 2시간 동안 복음의 필요성을 설명하고 내가 만난 주님에 대해 간증했다. 그리고 나서 성경을 함께 공부해보자고 하니까, 2주 후에 박사 학위 자격 시험을 치고 나서 시작하겠다고 약속했다. 나는 시험에 합격할 수 있도록 기도해주겠다고 한 뒤, 집에 돌아와 주님께 감사기도를 드렸다. 그리고 이 기회를 놓치지 않게 해달라고 계속 기도했다.

정확히 2주 후, 약속한 시간에 형제가 우리 집에 찾아왔다. 그의 질문에 하나씩 대답하며 주님을 전했지만, 잘 안 믿어지는 눈치였다. 그래도 실망하지 않고 다음 주에 또 만나기로 한 것에 감사드렸다. 그리고 동역자들에게 기도를 부탁하고 나 역시 더 열심히 기도했다.

두 번째 시간이 되자 믿어보고는 싶은데, 확신이 없는 듯했다. 더 애가 타서 기도를 드렸더니 세 번째로 성경공부를 하는 도중에 형제가 예수님을 영접했다! 그 후로 그는 매주 성경을 함께 공부했고, 주님의 은혜로 잘 성장했다.

나와 구역 식구들은 최선을 다해
형제에게 말씀이 믿어지기를 기도드렸다.
그런데 어느 날,
본인도 암송을 하겠다는 것이 아닌가!

말씀이 그 형제 속에서 싹이 나
믿어지기 시작한 것이다.
할렐루야!

섬김의 은사

거듭난 후 로마서 12장을 읽다가, 우리에게 주신 은혜대로 받은 은사가 각각 다르다는 부분을 보게 되었다. "혹 섬기는 일이면 섬기는 일로(롬 12:7)"라고 말씀하셨는데, 다른 많은 은사보다 그게 나에게 제일 좋은 것 같아 섬김의 은사를 달라고 간절히 기도했다.

그리고는 전도 이전에 먼저 섬기는 마음으로 7년 반 동안 이웃집 아기들을 돌봤다. 또 새로 유학 온 형제자매들을 공항에서부터 마중해 우리 집에서 식사를 대접하고, 며칠씩 함께 지냈다. 거기다 저녁마다 성경을 가르치고, 특별히 금요일 저녁에는 유학생들에게 식사를 대접하며 성경을 가르쳤다. 이런 나의 삶을 보고 교회에 가겠다는 형제자매들이 저절로 생기기 시작했다.

나는 주님을 제대로 알지 못해 30년을 낭비했으므로, 하루하루 최선을 다해 살기 위해 잠을 줄였다. 새 학기가 되면 믿든지 안 믿든지,

새로 유학 온 모든 사람들을 초대해 식사를 대접했다. 그 자리에 우리 교회 집사님들도 초대해 자연스럽게 접촉하며 친해지게 하고, 부탁할 것이 있으면 언제든 도와주겠다고 했더니 당연히 연락이 오곤 했다. 그리고 남편은 토요일을 거의 유학생들의 중고차를 고쳐주는 일을 하며 보냈다. (당시에는 가난한 유학생들이 많아 거의 대부분 값싼 중고차를 구입했었다.)

이렇게 안과 밖으로 섬기며 전도하느라, 우리 통장에는 잔고가 거의 없다시피 했다. 그래도 어려운 곳에서 선교편지가 오면 기도하며 무조건 헌금을 보냈고, 한 푼이라도 전도에 쓰려고 아이들과 나는 의료보험도 들지 않았다. 둘째가 학교에서 운동하다가 눈동자가 다친 적도 있고 심한 두드러기가 난 적도 있었지만, 의료보험이 없으니 밤을 새워 기도해서 낫게도 했다. 우리 식구들 옷은 대부분 가난한 사람을 위해 헌옷을 기증하는 곳(Surviving center)에서 공짜로 가져와 세탁한 것이었다. 그렇게 아껴서 모은 돈은 식사 대접에 쓰거나, 좋은 성경책을 구입해 전도한 사람들에게 선물했다. 복음 전도를 위해서라면 물질과 몸을 아끼지 않고 정말 고집스럽게 살았다.

또 전도할 사람들의 이름을 부르며 새벽마다 열심히 기도했고, 최선을 다해 그들을 섬기고자 애를 썼다. 어린아이 한 명 한 명의 이름을 부르며 기도하다가, 한국에 있을 때 거듭나지도 못한 자가 주일학교 어린이들을 가르친 것이 생각나 회개했다. 그래서 교회 목사님을 찾아가 회개의 열매를 맺을 수 있게 주일학교를 맡아 봉사하겠다고 했다(아이들은 많았지만 너무 어려서 주일학교가 없었다).

목사님은 좋아하셨지만, 어떻게 혼자서 많은 아기들을 돌볼 수 있겠냐고 하셨다. 나는 아기 엄마들 중에서 한 사람씩 돌아가며 보조만 해주면 된다고 했고, 결국 목사님께서는 이를 허락해주셨다. 미국 교회의 건물을 빌려 예배를 드리고 있어 대예배와 주일학교 예배 시간이 같다 보니 나는 대예배를 드릴 수가 없었다. 하지만 회개하는 마음으로 주일학교를 섬겼다.

아이들을 잘 섬기면 그 부모까지 전도가 된다. 그래서 유학 생활 중에 아기를 출산하는 가정이 있으면 음식으로 섬기며, 백일과 돌을 달력에 다 기록해놓았다. 아기들 백일에는 색색으로 경단을 정성껏 만들어 선물했고, 돌에는 시루떡을 만들어서 축하해주었다. 그래서 우리 집 별명이 베들레헴('떡집'이라는 뜻)이었다.

나는 음식 솜씨도 부족하고 충청도 사람(?)이라 그런지 일도 느려서, 음식을 준비할 때 다른 사람보다 시간이 훨씬 오래 걸렸다. 그래도 요리책을 펴놓고 정성을 다해서 만들었다. 떡 만드는 시루가 없었는데, 전기 오븐에다 팥 시루떡을 잘도 만들어서 온 교인들에게 대접했다. 친정엄마를 닮아 식혜를 잘 만들기 때문에, 이것도 대접했다. 떡과 식혜도 만들 때 시간은 많이 걸렸지만, 나는 기쁨과 정성을 다해일했다. 성도들이 맛있게 먹을 걸 생각하면 피곤한 줄도 몰랐다.

설날에는 온 교인이 우리 집에 모여 식사하고 윷놀이를 하며 즐거운 시간들을 보냈다. 그리고 추석에는 우리 집 근처에 소나무가 많아, 솔잎을 따다가 송편을 만들어 교인들에게 대접했다. 교인들이 우리 집에 모일 때마다 시끄러워서 혹시라도 이웃집에 방해가 될까 봐, 이웃들에게 맛있는 한국 음식을 미리 대접하며 양해를 구하기도 했다.

전도는 주님과 이웃을 사랑하는 마음 때문에 무조건 섬기고 희생하고 마음을 다해 기도하면서 복음을 전해야 하는 것이라고 생각했다. 주님께서 나 같은 죄인을 위해 값비싼 핏값을 치르셨기 때문에, 나는 주님처럼은 못 하더라도 희생할 각오로 전도를 했다. 한 생명을 구원의 길로 인도하는 일이라면 밤잠을 못 이루며 기도하다 보니, 사도 바울의 마음이 조금씩 깨달아졌다.

"오히려 날마다 내 속에 눌리는 일이 있으니
곧 모든 교회를 위하여 염려하는 것이라.
누가 약하면 내가 약하지 아니하며
누가 실족하게 되면
내가 애타하지 않더냐."(고후 11:28~29)

주님께서는 이렇게 내게 영혼을 사랑하는 마음을 부어주셨고, 나는 섬길 기회를 주신 주님께 감사드렸다. 기쁨으로 섬기니까 전도의 열매들이 점점 더 풍성하게 맺어졌다.

전도는
주님과 이웃을 사랑하는 마음 때문에
무조건 섬기고 희생하며
마음을 다해 기도하면서
복음을 전해야 하는 것이라고 생각했다.

주님께서 나 같은 죄인을 위해
값비싼 핏값을 치르셨기 때문에,
나는 주님처럼은 못 하더라도
희생할 각오로 전도를 했다.

목숨을 건 기도

어느 날 한국에 계신 시어머님에게서 전화가 왔다. 친정아버님이 뇌출혈로 쓰러지셔서 병원에 입원하셨는데, 위독하시니까 빨리 기도하라고 하셨다. 그동안 부모님께 효도도 못 했는데, 이게 어찌된 일인가 싶었다. (친정 식구들은 정신이 없어서 연락을 못 한 것 같았다.) 알아보니, 막내 동생의 결혼 문제 때문이었다.

아버지는 일류 대학을 나오고 인물도 좋은 데다 박사 학위까지 받은 막내에게 집도 사주고 병원도 차려줄 수 있는 부잣집 딸을 만나라고 하셨다. 그런데 막내는 아버지의 뜻을 거역하고, 교회 주일학교에서 같이 봉사하던 자매와 결혼을 하겠다고 했다. 화가 난 아버지는 집에 늦게 들어온 막내를 혼내려다가 타일 바닥에 넘어지셨고, 그래서 뇌출혈이 발생한 것이었다. 온 집안이 난리였다.

"주님, 아버지는 그동안 정직하고 성실하셨던 데다가 자녀들을 위해 평생 희생만 하면서 사셨어요. 그리고 우리에게 예수님 잘 믿으라고 하신 분이었는데 이게 어찌된 일인지요?"

나는 울며 주님께 부르짖었다. 먼저 가난했기 때문에 물질에 시험이 든 아버지를 위해 대신 회개기도를 드리며, 아버지를 살려달라고 간구했다.

돈이 없어 아이들과 함께 한국에 들어갈 형편도 못 되었기에, "저가 그 말씀을 보내어 저희를 고치시사 위경에서 건지시는도다."(시 107:20)라는 말씀에 의지해, 아버지께 하나님의 말씀을 담아 간곡히 쓴 편지를 보내드렸다. 그리고 아버지는 다 훌륭하지만 자녀를 하나님보다 더 사랑한 것과 물질에 잠시나마 시험 든 것을 하나님 앞에 반드시 회개하셔야 한다고 썼다.

이어서 가족 모두가 함께 읽을 편지를 하나 더 썼다. 비록 아버지가 하나님께 잘못한 것이 있지만 회개만 하면 모든 것이 회복되니, 극한 가난에서 우리를 키우느라 너무 고생하신 아버지를 위해 돌아가며 금식기도를 드리자고 했다. 나도 여기 미국에서 금식하며 기도드리겠다고. 얼마 지나지 않아 편지를 받은 아버지가 눈물로 회개하셨고, 온 형제자매들도 회개하며 가족 부흥회를 했다는 연락이 왔다.

나는 이사야 38장을 펴놓고 히스기야 왕에게 은혜를 베풀어 주신 것처럼, 우리 아버지의 생명을 연장시켜달라고 통곡하며 기도드렸다. 할 수만 있다면 내 생명과 바꾸어서라도 아버지의 생명을 살려달라고 목숨 걸고 기도했다. 며칠을 울며 기도드리는데 주님의 음성이 들려왔다.

"네 아버지를 살려주겠노라."

나는 기뻐 뛰며 감사기도를 드렸다. 그리고 아버지는 3주 만에 기적처럼 회복해 퇴원하셨다. 감사해서 얼마나 울었던지! 그때 기도드리며 몇 년을 더 살려주실 것인지를 물었는데, 거기에는 답이 없었다. 내가 교만해질까 봐 대답해주지 않으셨던 것 같다.

한국으로 귀국해, 포항에서 전도하고 살던 어느 날 아침이었다. 말씀을 묵상하며 기도를 드리는데, 84세이신 아버지가 주님의 부르심을 받을 것 같은 예감이 들어 전화를 드렸다. 그랬더니 엄마가 아버지는 괜찮으시니 멀리서 오지 말라고 했다. 하지만 주님께서 주신 예감이 있어서, 학교에 있는 남편에게 전화를 걸어 아무래도 친정아버지가 천국에 가실 것 같으니 서울에 가봐야 되겠다고 했다. 그리고 며칠 집을 비울 생각으로 정리를 한 뒤, 고속버스를 타고 중간쯤 왔는데 큰올케에게서 전화가 왔다. 아버지가 방금 소천하셨다고.

나는 쏟아지는 눈물을 흘리며 주님께 서운하다고 했다. 많은 환자들을 돌보며 그중 전도한 사람들의 임종예배도 드렸는데, 정작 아버지의 임종을 내가 예배하며 보내드리지 못했기 때문이다. 그런데 주님께서 놀라운 말씀을 하셨다.

"내가 네 기도를 듣고 15년을 연장해주었는데 무엇이 서운하냐?"

나는 깜짝 놀라 미국에서 아버지를 위해 기도했던 그때를 기억하고 계산해보았다. 아버지는 정말 히스기야 왕처럼 정확히 15년을 더 사셨다! 나는 매우 놀랐고, 주님께 감사기도를 드렸다. 생명을 건 기도에 이렇게 정확하게 응답해주셨는데, 임종예배를 내가 못 드렸다고 주님께 투정한 것이었다. 그리고 아침에 사인을 주셨지만, 며칠 집을 비운답시고 이것저것 정리하다가 버스를 늦게 타고 간 내 잘못도 있었다.

나는 주님의 놀라우신 은혜에 감사드리며 엄마께 전화를 드렸다. 아버지는 엄마의 찬송 가운데에서 천국에 가셨다고 했다. 주님, 감사합니다! 사랑하는 아내의 품에서 천국에 가신 것이니 얼마나 감사한 일인가! 주님은 항상 내가 생각하는 것보다 더 좋은 것으로 기도에 응답해주셨다.

"우리 가운데서 역사하시는 능력대로
우리가 구하거나 생각하는 모든 것에
더 넘치도록 능히 하실 이에게"(엡 3:20)

"내가 네 기도를 듣고
15년을 연장해주었는데
무엇이 서운하냐?"

나는 깜짝 놀라 미국에서 아버지를 위해
기도했던 그때를 기억하고 계산해보았다.
아버지는 정말 히스기야 왕처럼
정확히 15년을 더 사셨다!

생명을 건 기도에
이렇게 정확히 응답해주셨는데
임종예배를 내가 못 드렸다고
주님께 투정한 것이었다.

PART 3

선교의 소명을 받다

기도로 선교에 동참하다

　교회에서 선교부를 맡으며, 1988년 한인 선교사대회 책자를 이웃 교회 장로님으로부터 받아 오지에 계신 선교사님 60여 분께 편지를 띄웠다. 유학생 교회라 재정 후원은 못 하지만 기도로 도울 수 있으니, 기도제목을 보내주시면 기도해드리겠다고. 그랬더니 스물여섯 분의 선교사님으로부터 답장이 왔다. 나는 편지가 오는 대로 간절히 기도를 드렸다. 그리고 성경을 가르친 형제자매들과 선교기도회를 만들었다. 우리는 한 달에 한 번씩 모여서 복사한 선교사님들의 기도 편지를 함께 보며 서너 시간씩 중보기도를 드렸다. 매 주일예배를 드리기 전에도 두세 분의 선교편지를 복사해 전교인이 합심해서 기도했다.

　그때 만나게 된 여러 선교사님 중 한 분이, 〈과포레 계곡의 새벽〉이란 선교 수기를 쓰시고 아마존에서 40년 넘게 선교를 하고 아프셔서 4년 전 귀국하신 81세의 김성준 선교사님이다. 내 편지를 받으신 선교사님께서는, 헌금은 안 보내줘도 좋으니 기도만 해주면 좋겠다고 하셨다. 그리고 이런 솔직한 편지를 보낸 사람이라면 주님을 만난 것 같은데, 혹시 주님을 만난 간증편지를 보내줄 수 있느냐고 하셔서 곧바로 간증편지를 드렸다. 그랬더니 답장을 주시며, 시카고 한인 선교사대회를 마치고 우리 교회에 방문하시겠다고 했다. 그러면 공항으로 모시러 가겠다고 했더니 극구 사양하셨다. 아마존 정글에도 혼자 찾아가는데 염려하지 말라고, 학교에 도착하면 전화를 주시겠단다. 할 수 없이 전화만 기다리며 식사 준비를 하는데, 저녁 늦게 도착하셨다고 연락이 왔다. 그 날 밤늦게까지 교제하는데, '세상에, 이렇게 선교하시는 분도 계시는구나!' 하며 얼마나 큰 도전을 받았던지!

주일예배 설교 말씀이 너무 좋아서, 기도를 드린 후 남편과 상의하고 사렙다 과부의 심정으로 160불의 은행 잔고를 다 털었다. 그 돈으로 교인들을 우리 집으로 초대해 식사를 대접하며, 한 번이라도 선교사님이 전하는 선교 현장의 말씀을 더 듣게 했다.

선교사님은 우리 집 안방에서 이틀을 주무시고, 선교헌금도 받지 않고 떠나셨다. 그런데 밤에 자려고 침대에 눕는데 발에 뭔가 닿아서 보니, 편지 봉투였다. 안에는 20불짜리 지폐 8장이 들어 있었고, 겉에 간단한 메모가 적혀 있었다.

"없는 중에도 기쁨으로 성도들을 섬기는 모습이…
　주 안에서 김성준 형제"

나는 눈물이 쏟아졌다. 우리가 돈이 없는 걸 모르실 거라고 생각했는데 도대체 어떻게 아셨을까. 감동이 밀려왔다.

더 감동이 된 것은 우리 부부가 기도하며 다 털어서 교인들과 선교사님을 대접한 금액이 선교사님이 주신 금액과 정확히 일치한 것이다. 더 많았다고 해도 이렇게 감격하지 않았으리라! 주님은 이렇게 그분의 놀라우신 손길을 자꾸만 알아가게 하셨고, 내가 앞으로 살아가면서 이웃을 어떻게 섬겨야 하는지를 깨닫게 해주셨다.

그 후에도 선교사님께서는 어느 교회가 보내준 헌금 수표 이면에 사인을 해서 보내주시기도 했다.

"정글에서는 돈 없어도 삽니다. 이 수표를 놓고 기도하는데 주님께서 형제자매에게 보내라고 하셨습니다."

사실 그때는 우리 가족이 가장 돈 없이 살던 시기였지만, 아무도 우리가 돈이 없는 것을 모를 정도로 줄기차게 기도하며 섬겼었다. 역시 깊이 기도하는 분이라서 주님께 사인을 받으신 것 같다.

선교사님으로부터 받은 사랑과 은혜를 갚기 위해, 남편이 싱가포르대학의 교수로 재직할 때 우리 가족은 선교사님이 계신 아마존에 3주 넘게 두 번 단기선교를 다녀왔다. 그리고 외로우신 사모님을 싱가포르에서 4개월 동안 모셨다.

답장을 보내온 또 다른 선교사님은 당시 인도네시아 이리안자야에서 성경번역 사역을 하고 있던 정민영 선교사님(현재 세계 성경번역선교회 국제본부 부대표)이었다. 마침 말라리아를 앓고 계셨는데, 기도해드리겠다는 편지에 답장을 주셨다. 우리 선교기도회 팀은 선교사님께 자녀들 이름까지 보내달라고 해, 이름을 외우며 아픈 마음으로 열심히 기도드렸다.

그 후 안식년 때 우리 교회에 방문하신 선교사님은 주일예배 시간에 "주를 섬겨 금식할 때에 성령이 가라사대 내가 불러 시키는 일을 위하여 바나바와 사울을 따로 세우라 하시니 이에 금식하며 기도하고 두 사람에게 안수하여 보내니라."(행 13:1~3)는 말씀을 전하셨다. 하나님께서는 그때 우리 부부를 부르시는 음성을 듣게 하셨고, 선교에 대한 놀라운 도전을 주셨다. 우리 성도들은 늘 선교사님과 아이들을 위해 기도하고 있었으므로, 만나자마자 선교사님 아이들의 이름을 부르며 반겼다. 선교사님께서는 어떻게 세 아이들의 이름까지 다 아느냐며 놀라셨다.

마른 막대기보다 못한 나 같은 자도 선교의 소명을 받고 준비하던 때인지라 거의 밤을 새워 깊은 교제를 했고, 지금도 주님 안에서 교제하며 기도드리고 있다. 그 밖에도 많은 선교사님들의 기도편지에 일일이 답장을 하며 우리 선교기도회는 물 한 모금 없이 서너 시간씩 열심히 기도를 더해갔다.

북한선교를 하시는 한 선교사님을 후원하고자 아기를 더 돌보며 돈을 벌었고, 선교음악회를 준비해 이웃 이민교회 성도님들을 초청했다. 이웃 교회들과 좋은 관계였으므로(이웃 교회들의 창립 기념행사 때마다 내가 떡과 식혜를 많이 해가며 섬겼다), 많은 분들이 참석해주셨다. 끝난 뒤 많은 분들이 성령과 은혜가 충만한 선교음악회였다고 감탄했다. 그 헌금을 북한선교를 위해 보낼 때 얼마나 눈물이 나며 기쁘던지. 어찌 그 가치를 액수와 비교하랴!

우리 성가대를 비롯해 기도로 준비한 온 성도들의 땀과 정성, 헌신의 산물이었다. 자그마한 유학생 교회라서 재정은 넉넉지 못했어도 우리 교회는 이렇게 힘을 다해 선교에 동참했다.

많은 선교사님들의 기도편지에 일일이 답장을 하며
우리 선교기도회는
물 한 모금 없이 서너 시간씩
열심히 기도를 더해갔다.

하나님의 부르심

1988년 어느 날, 에스겔 3장을 읽다가 나는 펑펑 울고 말았다. 선교로 헌신하고 싶었지만 영어를 못 하므로(거듭난 후 TV 등을 끊고 오직 한글 성경만 읽었기 때문이었다), 나 같은 사람은 선교를 할 수 없다고 생각했다. 그런데 4~6절을 읽는 중에 내 심령이 뜨거워지며, 하나님의 부르심 앞에 엎드려 울게 되었다.

"그가 또 내게 이르시되 인자야

이스라엘 족속에게 가서 내 말로 그들에게 고하라.

너를 방언이 다르거나 말이 어려운 백성에게 보내는 것이 아니요

이스라엘 족속에게 보내는 것이라.

너를 방언이 다르거나 말이 어려워

네가 알아듣지 못할 열국에 보내는 것이 아니니라.

내가 너를 그들에게 보냈다면 그들은 정녕 네 말을 들었으리라."

놀라운 하나님의 음성이었다. 나 같은 사람도 갈 수 있다니. 그것도 확실하게 '이방에 있는 내 동족'에게로 보내신단다. 나는 뜨거운 눈물을 흘리며 주님께 감사를 드렸다. 어느 나라라고 말씀해주시지는 않았지만 확실한 소명을 받은 것이었다. 그래서 더 열심히 말씀을 묵상하고 기도에 전념했다.

어느 날은 꿈에 내가 가서 살 집이라며, 거실이 크고 깨끗한 매우 좋은 집을 보여주셨다. 나는 주님께 말씀드렸다.

"우리는 돈이 없어서 이런 집에 못 살아요."

그랬더니 이번엔 안방으로 데려가셔서 내 이불도 보여주셨다. 그리고 옆 동에 있는 아파트까지 보이셨다. 우린 돈도 없고, 또 선교할 사람인데 어떻게 이런 집에서 살겠느냐고 물었더니 재미난 말씀을 하셨다.

"이거 rent(임대)다."

월세라니? 우리는 그때 싱가포르로 가게 될 줄은 상상도 못하고 있었다. 4년 후 싱가포르에 처음 갔을 때도 월세를 냈지만 꿈에서 본 그 집이 아니었다. 그런데 그로부터 4년이 더 지난 후에 새로 건축한 교수 아파트 단지에 들어가게 되었는데, 8년 전 꿈에서 봤던 바로 그 집이었다. 내가 손님 대접하는 것을 좋아하니까 거실이 넓은 큰 집을 주셨던 것이다. 월세였다.

우린 돈도 없고, 또 선교할 사람인데
어떻게 이런 집에서 살겠느냐고 물었더니
재미난 말씀을 하셨다.

"이거 rent(임대)다."

8년 후 살게 된 집은
꿈에서 봤던 바로 그 집이었다.
월세였다.

3

브리스길라와 아굴라

성경에서 우리 부부가 가장 닮고 싶은 사람은 사도행전에 나오는 브리스길라와 아굴라 부부였다. 자신들도 이사 온 지 얼마 안 되었는데 바울 일행을 집에 모시고 함께 살았던, 사도 바울의 헌신적인 동역자들이었다.

> "······바울이 그들에게 가매
> 업이 같으므로 함께 거하여 일을 하니
> 그 업은 장막을 만드는 것이더라."(행 18:1~3)

시간이 지나면서 단골이 생기고 이들 부부의 사업도 점차 안정되어 갔을 텐데, 그들은 복음을 위해 자신들의 사업터를 과감히 버리고 바울을 따라 에베소로 갔다. 그렇지만 단순히 자신이 좋아하는 영적 지도자를 따라다닌 것은 아니었다. 바울이 에베소를 떠나고 난 뒤, 이들 부부는 오히려 에베소에 남아 교회를 섬겼다. 그들은 에베소 교회를 위해 주님께서 특별히 예비하시고 불러 세우신 부부였다.

"바울은 더 여러 날 유하다가
형제들을 작별하고 배타고 수리아로 떠나갈 새
브리스길라와 아굴라도 함께하더라.……
에베소에 와서 저희를 거기 머물러 두고……
배를 타고 에베소를 떠나"(행 18:18~21)

이들 부부는 평신도였으나 복음을 확실하게 알았기에, 학문이 많고 성경에 능한 아볼로를 데려다가 하나님의 도를 더 자세히 풀어 알게 했다.

"……그가 회당에서 담대히 말하기 시작하거늘
브리스길라와 아굴라가 듣고 데려다가
하나님의 도를 더 정확하게 풀어 이르더라."(행 18:24~26)

그리고 사도 바울을 위해서라면 목숨도 아끼지 않았고, 모든 이방인 교회들을 섬겼다.

"너희가 그리스도 예수 안에서
나의 동역자들인 브리스가와 아굴라에게 문안하라.
저희는 내 목숨을 위하여 자기의 목이라도 내어놓았나니
나뿐 아니라 이방인의 모든 교회도 저희에게 감사하느니라."(롬 16:3~4)

또한 자신들의 집을 교회로 사용했다.

"아시아의 교회들이 너희에게 문안하고
아굴라와 브리스가와 및 그 집에 있는 교회가
주 안에서 너희에게 간절히 문안하고"(고전 16:19)

이처럼 평신도였으나 복음만을 위해서 살았고, 더군다나 부부의 이름이 성경에 나란히 기록된 것은 매우 아름다운 모습이었다. 나는 주님께 우리 부부가 이렇게 섬기며 전도하게 해달라고 기도드렸다.

그래서 우리는 유학생 시절에도 선교사님들과 목사님들을 집에 모셔 안방을 내어드리며 섬겼다. 또 싱가포르에서 전도에 힘쓰면서, 그곳을 방문한 선교사님들을 섬기기 위해 교수 아파트를 거의 선교관처럼 사용했다. 수많은 선교사님들을 며칠씩, 몇 주씩, 몇 달씩 섬기며 함께 살았다. 그리고 우리 집을 다녀간 분께는 기도와 물질로 동역했다.

나를 알고 있는 많은 목회자 분들이 내게 신학교에 가서 목회를 하는 것이 어떻겠냐고 권해주셨다. 그렇지만 나는 지금도 그때 주님께 기도드린 대로 브리스길라와 아굴라를 생각하며, 평생 평신도로 섬기면서 복음을 전하는 이 전도자의 길이 좋다. 정말, 더 이상 바랄 게 없다.

나는 지금도
그때 주님께 기도드린 대로
브리스길라와 아굴라를 생각하며,
평생 평신도로 섬기면서
복음을 전하는 이 전도자의 길이 좋다.

정말,
더 이상 바랄 게 없다.

4

코스타에서 받은 은혜

앰허스트에서 함께 공부하며 신앙생활을 하던 형제자매가 1986년 제1회 북미 유학생 하기수양회(KOSTA, 이하 코스타로 통일)가 있다고 알려주었다. 이동원 목사님(당시 미국 지구촌교회 담임목사)과 홍정길 목사님(당시 남서울교회 담임목사)이 주축이 되어 유학생들을 위해 특별히 마련한 집회였다. 그런데 본인은 박사 학위 자격 시험 때문에 못 간다며, 유명 강사님들이 오시니 무조건 가보라고 했다.

이동원 목사님의 강해설교 테이프를 열심히 틀으며 노트정리를 할 때였기에, 그 소식을 듣자마자 기도로 준비하며 여러 사람에게 권했다. 그러나 다들 학업이 바쁘고 너무 멀다고 했다. 그래도 남편의 선배 가족이 곧 한국으로 떠나는데 좋은 말씀을 듣게 해주고 싶어서 강권해 함께 가기로 했다.

우리는 무려 11시간을 운전해 집회에 참석했다. 말씀에 갈급하고 헌신된 유학생들이 얼마나 많이 모였던지, 보고 깜짝 놀랐다. 한 주 동안 말씀 속에 푹 빠져 기쁨이 충만했다.

마지막 밤에는 선교에 헌신할 사람들을 초청했는데, 그땐 선교를 생각하지도 못 할 때였다. 그래서 선교를 위해 기도하겠다는 사람을 초청할 때에야 겨우 일어섰다. 집회를 마친 뒤 워싱턴 D.C. 구경도 시켜주고, 어느 집사님 댁에서 잠까지 잘 수 있게 해주어 1회 때 참석한 유학생들은 영육 간에 많은 혜택을 누렸다.

말씀이 너무 좋았기 때문에 2회 때에는 더 많은 형제자매들에게 권면했다. 그래서 여러 대의 차가 함께 11시간을 운전해서 집회에 참석했다. 모두들 얼마나 은혜를 받았는지 모른다. 우리 부부는 남편이 전공을 바꾼 관계로 졸업이 늦어져 무려 7회까지 참석하게 되었다.

1988년, 우리 부부가 주님의 부르심을 받아 평신도 선교로 헌신해 싱가포르에 가게 되었다는 것을 두 분 목사님도 알게 되었다. 그래서 그 해(7회) 코스타의 마지막날 밤에 파송기도를 받게 되는 영광을 누리게 되었다. 남편이 간증을 했는데, 나도 나오라고 해서 할 수 없이 단에 올라갔다. 하지만 감히 서있을 수가 없어, 남편이 간증할 때 무릎을 꿇고 눈물로 기도를 드리며 감사했다.

우리 부부는 이렇게 코스타 7회 때 파송기도를 받고, 1992년에 싱가포르대학교로 가서 남편은 싱가포르 대학생들을 섬기고 나는 동서남북을 다니며 한인들을 전도했다. 몇 년 후에는 남편이 코스타 강사로 후배들을 섬길 기회를 주셨다.

7년 동안 우리 부부는 그 집회에서 얼마나 많은 은혜와 도전을 받았는지 모른다. 우리 부부가 해외에 오래 있었기 때문에 가까이 교제하지는 못 했지만, 지금도 이동원 목사님과 홍정길 목사님 그리고 그때 은혜를 받았던 많은 목사님들에게 깊이 감사드리는 마음뿐이다. 특히 아버지 같은 홍 목사님은 미국 집회를 마치고 오셔서 시차적응도 안 된 바로 다음 날, 우리가 귀국했을 때 잠시 했던 벤처 회사의 개업예배를 인도해주셨다. 얼마나 감사했던지.

　　"주님! 제가 말씀이 갈급했을 때 두 분 목사님과 여러 목사님들께 받은 말씀의 은혜를 알기에, 말씀에 갈급해하는 이들에게 열심히 전하며 전도하는 일로 갚고 살겠습니다!"

"주님! 제가 말씀이 갈급했을 때
두 분 목사님과 여러 목사님들께 받은
말씀의 은혜를 알기에,
말씀에 갈급해하는 이들에게
열심히 전하며
전도하는 일로 갚고 살겠습니다!"

5

포도송이와 싱가포르

공학을 2년 공부하다가 경영학으로 전공을 바꾸어 석 · 박사 과정을 마치느라 남편은 무려 9년이나 공부를 했다. 드디어 졸업 때가 되어 우리는 선교를 갈 나라를 놓고 새벽마다 기도했다. 나는 한 번밖에 살지 못할 인생인데 김성준 선교사님이 사역하는 아마존으로 가서 선교하며 살다가 죽자는 심정이었고, 남편은 아이들이 다닐 학교라도 있는 곳으로 가자고 했다. 선교사님께 6개월 전부터 서류를 보내 놓고 간절히 기도드려도 아무 연락이 안 오더니, 드디어 편지가 왔다.

"아무리 기도해도 평안이 없고 형제자매의 은사와 달란트와는 맞지 않는 것 같으니, 이 오지에 와서 동역하겠다는 뜻은 고맙지만 다시 세계지도 펴놓고 기도해보십시오."

그래서 나는 6개월 동안 기도한 뜻을 접고, 백지 상태에서 다시 기도하기 시작했다. 그렇게 매일 간절히 기도하고 있는데, 어느 날 남편이 지도교수로부터 싱가포르대학교에서 본인의 전공에 꼭 맞는 분야의 교수를 뽑는다는 이야기를 들었다며 함께 기도해보자고 했다. 그때 나는 무식해서 싱가포르가 깨끗하고 잘사는 나라인 줄 모르고, 그저 말레이시아 옆에 위치한 열대 정글인 줄 알았다. 아이들도 그런 줄 알고 좋아하면서, 자기들이 타잔처럼 정글 사이를 누비게 될 것으로 알고 신이 났다.

며칠 동안 새벽마다 간절히 기도드리고 오는데, 갑자기 주님께서 어두컴컴한 하늘에 아름다운 큰 포도송이가 형형색색의 빛을 발하며 퍼져가는 환상을 보여주셨다. 나는 이것이 기도응답임을 바로 확신하고 주님께 감사드렸다.

"제가 싱가포르에 가면 저렇게 아름다운 전도의 열매를 주시겠습니까?"

나의 물음에 주님은 넘치는 기쁨으로 응답해주셨다!

곧장 남편을 찾아 싱가포르에 가겠다고 말했다. 그리고 인터뷰할 수 있는 날짜를 물으니, 우리의 없는 형편을 아시는 주님께서 마침 싱가포르대학교의 학장님을 학회 참석차 코넬대학교로 보내셨다. 몇 시간만 차로 운전해서 가면 되는 거리였다. 그래도 아이들만 집에 남기고 갈 수 없었다.

그런데 인터뷰 날, 학교에 벌레가 나와서 약을 뿌린다고 아이들을 보내지 말라는 통지문이 왔다. 아이들은 학교를 안 가도 되니 신이 나서 아빠를 따라가겠다고 했고, 나도 모처럼 아기들을 돌보는 일을 쉬고 함께 가기로 했다.

그날 새벽에 하나님은 말씀을 주시며, 우리를 거두는 자로 보내신다는 확신을 주셨다.

"······너희 눈을 들어 밭을 보라 희어져 추수하게 되었도다.
거두는 자가 이미 삯도 받고 영생에 이르는 열매를 모으나니
이는 뿌리는 자와 거두는 자가 함께 즐거워하게 하려 함이라.
······내가 너희로 노력하지 아니한 것을 거두러 보내었노니
다른 사람들은 노력하였고
너희는 그들이 노력한 것에 참여하였느니라."(요 4:35~38)

남편이 인터뷰를 하러 들어가자, 나는 학교 정원을 걸으며 간절히 기도드렸다.

"주님의 뜻이면 모든 것이 순적하게 해주세요. 주님께서 이미 해놓으신 일에 거두는 자로 겸손히 가겠습니다."

잠시 후 남편이 인터뷰를 마치고 학장님과 함께 나왔다. 학장님은 내게 싱가포르는 날씨가 무척 덥고 습한데 살 수 있겠냐고 물었다. 원래는 아마존에 가려고 했었던 데다가, 그리스도인이 전도하러 가는데 날씨가 무슨 상관이겠는가. 내가 살 수 있다고 힘주어 말하니까 그 자리에서 악수하며 "See you in Singapore."라고 했다. 날씨 때문에 한국의 대학교에 채용이 되면 계약을 파기하고 떠난 한국 교수들이 있어서였다. 우리는 싱가포르대학교에 가기 위한 모든 준비를 단 2개월 만에 다 마쳤다.

갑자기 주님께서 어두컴컴한 하늘에
아름다운 큰 포도송이가 형형색색의 빛을 발하며
퍼져가는 환상을 보여주셨다.
나는 이것이 기도 응답임을 바로 확신하고
주님께 감사드렸다.

"제가 싱가포르에 가면
저렇게 아름다운 전도의 열매를 주시겠습니까?"

나의 물음에 주님은 넘치는 기쁨으로 응답해주셨다!

사랑하는 교회를 떠나며

　사랑하던 교회를 떠나며, 우리가 섬기던 빈자리를 채우기 위해 무엇을 해야 할지를 놓고 기도했다.

　일단 성경을 가르쳤던 형제자매들에게 내가 갖고 있던 것들(교인들 식사 대접할 때 썼던 20인분 밥솥 2개, 성가대 연습용 키보드 등)을 나누어 주었다. 세탁기가 필요한 집에는 500불짜리 포터블 세탁기를 새로 사 선물하며, 내가 떠난 후에 교회를 잘 섬겨달라고 부탁했다. 그동안 남편이 일했던 입학사무처에서 6개월 전부터 주급을 올려 주었는데(아마 우리 식구 비행기 표값을 하라고 주신 게 아닐까?), 나는 그것까지도 형제자매들과 교회를 위해 다 쓰고 헌금하자고 했다. 전도하러 갈 때 전대나 주머니를 갖지 말라는 말씀대로 행하고 싶었다.

　　"저희에게 이르시되
　　내가 너희를 전대와 주머니와 신도 없이 보내었을 때

복음 전하는 자의 아름다운 발

부족한 것이 있더냐?

가로되 없었나이다."(눅 22:35)

하지만 남편의 생각은 달랐다.

"아이들도 둘인데 공항에 도착해서 돈 한 푼 없이 어떻게 하려고 그래요?"

"아마존에 가는 걸 포기하고 기도하며 당신 뜻에 따랐으니, 이번에는 당신이 기도해보세요. 만약 주님의 뜻이라면 내 생각을 따라줘요. 그리고 이때가 아니면 언제 또 주님이 주시는 만나를 먹어볼 수 있겠어요? 나는 이 시대에도 하나님께서 만나를 내려주신다고 믿어요."

나의 말을 들은 남편은 방에 들어가 기도를 했다. 그리고 방을 나와 모든 돈을 사랑하는 교회와 형제자매들을 위해 다 쓴 뒤 남은 1,200불도 헌금하고 가기로 결단했다.

그리고 싱가포르대학교에 우리 가족의 비행기 표를 문의했더니, 한국에 들리지 않고 곧장 오면 학교에서 항공권을 보내준다고 했다. 만약 한국에 들릴 계획이면 일단 우리 돈으로 먼저 비행기표를 사고, 싱가포르에 도착하면 그쪽에서 비용을 지불해주겠다고 했다. 그러나 우리는 돈의 사용처를 이미 결정했기 때문에 당연히 항공권을 보내달라고 했고, 미국에서 드리는 마지막 주일예배 때 결단했던 1,200불 전액을 헌금했다.

예배 후, 우리 가족을 환송하기 위해 온 교인이 모여 공원에서 저녁식사를 준비하고 있었다. 내가 성경을 가르쳤던 자매들 중 가장 나이가 많았던 자매가, 돈 한 푼 없이 떠날 사람인 줄 잘 안다면서 내게 봉투를 내밀었다. 형제자매들이 잔돈까지 얼마나 많이 모았던지 봉투가 두꺼웠다. 모두의 사랑에 눈물이 흘렀다. 집에 와서 열어보니 1,250불이었다.

또 코스타 집회에서 만난 형제자매가 100불을 보내왔다. 주님께서 우리가 싱가포르에 도착하기도 전에 만나를 내려주신 것이었다. 그리고 그날부터 떠나는 날까지 밥을 할 필요가 없었다. 형제자매들이 매일 당번을 짜서 점심과 저녁을 대접해주었던 것이다.

미국을 떠나는 날, 많은 형제자매들이 공항까지 나와 배웅해주며 울었다. 나는 울지 않고 꾹 참았는데, 비행기가 출발하자마자 눈물이 빗물처럼 쏟아졌다. 젖 나는 암소가 송아지를 떼어놓고 벧세메스 길로 향하던 것처럼("암소가 벧세메스 길로 바로 행하여 대로로 가며 갈 때에 울고 좌우로 치우치지 아니하였고…… "(삼상 6:12)), 내가 얼마나 사랑하고 정성을 다해 기도했던 형제자매들이었던가! 나는 무려 두 시간 동안 울었고, 사랑하는 형제자매들과 주일학교 학생들, 주님의 몸 된 교회를 주님께 모두 의탁드렸다. 그리고 비행기를 두 번 갈아타며 26시간 만에 싱가포르에 도착했다.

내가 얼마나 사랑하고
정성을 다해 기도했던
형제자매들이었던가!

나는 무려 두 시간 동안 울었고,
사랑하는 형제자매들과
주일학교 학생들,
주님의 몸된 교회를
주님께 모두 의탁드렸다.

PART 4

싱가포르의 전도 열매들

다시 시작된 성경공부모임

1992년 6월 28일 새벽 1시쯤이었다. 싱가포르 공항에 도착해 밖으로 나오니, 정말 날씨가 습하고 너무 더워서 마치 사우나탕 안으로 들어가는 느낌이었다. 땀이 많은 큰아들과 나는 땀을 줄줄 흘리며 택시를 타고 학교에서 마련해준 호텔로 향했다. 고층 건물의 불빛이 아름답게 비치고, 도시가 너무 깨끗해서 도무지 선교지라는 생각이 안 들었다. 뭔가 잘못된 것 같았다. 가나안 땅으로 가라고 하셨는데 하란에 온 것 같았다. 이게 무슨 선교지인가 싶어서 맥이 빠져버렸다.

'그래도 주님께서 보내셨으니 분명 할 일이 있겠지.'

호텔에 도착하자마자 우리 가족은 감사예배를 드린 뒤 싱가포르에서의 첫 밤을 보냈다.

우리가 도착했던 날은 주일이었다. 아침에 일찍 일어나 싱가포르 안내 책자를 펴서, 한인교회 전화번호를 찾았다. 그리고 오랜 비행에 지치고 잠도 몇 시간 자지 못한 아이들을 깨워 먼저 가정예배부터 드렸다.

주님이 예비해두신 사람을 만나게 해달라고 기도하면서 택시를 타고 한인교회에 찾아갔다. 예배를 드린 뒤, 큰 교회는 이미 일할 사람이 많으니까 작은 교회에 찾아가려고 했다. 그때 마침 미국에서부터 알고 지낸 이은무 선교사님을 만나 꿀맛 같은 김치를 얻어먹고, 선교사님의 소개로 작은 교회를 섬기고 계신 목사님을 만났다.

새벽까지 주님을 만나고 그간 살아온 것을 나누었더니, 그 자리에서 여전도회 헌신예배 강사로 서줄 것을 부탁하셨다. 간증집회는 안 해봐서 거절했는데도, 2주를 금식기도하면서 부탁하셨다. 나는 하나님께 여쭤보았다.

"한 번도 안 해본 간증 집회를 감히 떨려서 어떻게 하나요?"

"성령께서 말하게 하심을 따라서 해라."

그래서 기도를 드리며 싱가포르에서의 첫 전도집회를 인도하게 되었다. 집회 후 목사님은 나를 성경공부 인도자로 임명하시며, 성도들에게 성경공부를 가르쳐달라고 부탁하셨다. 이렇게 해서 나는 자연스럽게 제자훈련 성경공부 팀을 날마다 인도하게 되었다.

그 후로 소문(?)을 듣고 성경공부 요청이 계속 들어와서, 한 주에 10팀을 가르치게 되었다. 그런데 시간이 갈수록 점점 늘어나 매주 13팀 이상을 가르치며 전도하느라, 8년 동안 밤낮없이 땀 흘리며 싱가포르 동서남북을 뛰어다니게 되었다.

주님께서 미리 보여주셨던 포도송이의 기도 응답처럼, 그때 만나 성경을 함께 공부한 형제자매들이 지금 세계 곳곳에서 주님을 잘 섬기며, 전도에 힘쓰는 주님의 제자의 길을 걸어가고 있다. 생각만 해도 기쁘고 감사한 일이다. 주님! 정말 감사합니다!

주님께서 미리 보여주셨던 포도송이의 기도 응답처럼,
그때 만나 성경을 함께 공부한 형제자매들이
지금 세계 곳곳에서 주님을 잘 섬기며,
전도에 힘쓰는 주님의 제자의 길을 걸어가고 있다.
생각만 해도 기쁘고 감사한 일이다.

주님,
정말 감사합니다!

2

장애우들을 섬기다

하나님의 아이들

어느 날 함께 성경공부를 하던 집사님이 자신과 같은 아파트에 사는 이웃집 엄마를 안타까워하며 말했다.

"아이가 고등학교 2학년인데, 뇌를 다친 장애우예요. 이 아이에게도 성경을 가르쳐 주실 수 있나요?"

나는 아이의 부모가 허락한다면 기도하며 가르쳐보겠다고 했다. 얼마 지나지 않아 아이 엄마로부터 전화가 왔다.

"저희 아들은 5년 전에 태국에서 댕기모기에 물렸어요. 심한 고열로 아주 오래 앓았는데, 그때 뇌세포가 많이 손상되었어요. 그 후론 심한 경기를 일으켜서 약도 많이 먹고 있고, 장애우 학교에 다니고 있지만 아파서 못 갈 때가 많아요. 제 아들을 도와주시면 좋겠는데, 배운 걸 기억조차 못하는 애가 어떻게 성경공부를 할 수 있을까요?"

나는 먼저, 이 무거운 짐을 지고 가려면 엄마부터 말씀으로 무장해야 된다고 했다. 아이 엄마는 기꺼이 본인부터 성경공부를 하겠다고 했다. 그래서 그 아파트에 사는 한국인 몇 분과 함께 성경공부를 시작했다.

그런데 성경공부 첫날, 옆방에서 아이가 심하게 경기를 하는 것이 아닌가. 나는 성경공부를 멈추고 옆방으로 가서 아이를 붙들고 땀을 흘리며 눈물로 기도했다. 그런데 아이는 무려 한 시간이 넘도록 경기를 하다 말다를 반복했다. 이렇게 심한 현상은 본 적이 없었다. 그동안 주님 앞에 눈물로 기도를 드린 적이 많았지만, 이렇게 땀범벅이 되도록 기도한 것도 처음 있는 일이었다. 그날 얼마나 마음이 아팠는지 모른다.

기도를 마치고 돌아오는 택시 안에서도 눈물이 계속 흘렀다. 집에 와 보니 성경공부 잘 다녀오라고 인사했던 둘째 아들이 거실 바닥에 누워 있는데, 열이 펄펄 나고 있었다. 나는 댕기열인가 해서, 다리가 얼룩얼룩한 댕기모기에 물렸냐고 하니까 잘 모른다고 했다. 안아서 침대에 누이고는, 방금 만나고 온 뇌를 다친 형의 이야기를 잠시 해 줬다. 그런데 둘째 아들이 갑자기 벌떡 일어나더니 "엄마, 우리 그 형을 위해 함께 기도해요!" 하면서 침대 밑에 무릎을 꿇는 것이었다. 열이 펄펄 끓을 정도로 아프면서 자기보다 더 아픈 사람을 위해 무릎을 꿇는 둘째 아들을 보고, 나는 놀랍기도 하고 그런 마음을 주신 주님께 감사해서 울었다.

둘째는 그 아픈 형을 위해 정말 온 마음을 다해서 간절히 기도했다. 그때 주님께서는 내 마음에 조용히 말씀해주셨다. 내 몸이 많은 성경공부와 환자들 심방으로 지치고 힘들어도, 그 아이를 사랑으로 돌봐야 한다고.

그 후 나는 일주일에 두세 번씩 아이를 찾아가 성경 이야기를 들려줬다. 이틀 전에 가르친 것을 하나도 기억 못 하지만, 그래도 계속 만나 성경 이야기를 해주며 예배를 드렸다.

그동안 많은 분들이 기도를 해줬어도 워낙 경기가 계속되고 심하니까, 그 속에 귀신이 많이 들어 있어서 경기를 계속하는 것이라는 이야기도 들었다고 했다. 그래서 나는 모든 질병이 귀신 들린 것은 아니라는 하나님의 말씀을 상기시켰다.

> "예수께서 온 갈릴리에 두루 다니사
> 그들의 회당에서 가르치시며
> 천국 복음을 전파하시며
> 백성 중의 모든 병과 모든 약한 것을 고치시니
> 그의 소문이 온 수리아에 퍼진지라.
> 사람들이 모든 앓는 자
> 곧 각종 병에 걸려서 고통당하는 자,
> 귀신 들린 자, 간질 하는 자, 중풍병자들을 데려오니
> 그들을 고치시더라." (마 4:23~24)

말씀에 나온 것처럼 간질을 한다고 무조건 귀신 들렸다고 말하는 것은 잘못된 것이며, 너는 단지 질병으로 뇌를 다쳐 경기를 하는 것이라고 말했다. 그리고 누구나 회개하고 예수님을 영접하면 하나님의

자녀가 된다는 것을 가르쳤다.

"영접하는 자
곧 그 이름을 믿는 자들에게는
하나님의 자녀가 되는 권세를 주셨으니" (요 1:12)

뇌를 다쳐 기억력이 없는 아이가 어찌 암송을 할 수 있을까 했지만, 나는 3개월 동안 끈질기게 아이가 그 한 구절을 암송하고 마음속에 새기게 했다. 그 생명의 한 구절을 암송하던 날, 아이 어머니도 울고 나도 울었다.

그 후에도 아이가 싱가포르를 떠날 때까지 1년 7개월 동안 끈질기게 성경을 가르치고 암송시켰다. 성경공부를 하면서 그렇게 심하던 경기는 조금씩 나아졌고, 약도 조금씩 줄이게 되었다. 그리고 무려 서른일곱 구절을 암송했다. 할렐루야!! 비록 장애를 가졌지만, 귀신 들린 것이 아닐뿐더러 아이 역시 하나님의 자녀였던 것이다. 아이를 통해 믿지 않았던 아버지도 주님께 돌아와, 지금은 온 가족이 주님을 잘 섬기고 있다.

이 아이를 가르친다는 소문을 듣고, 한 집사님에게서 휠체어를 타는 초등학교 2학년 어린이에게도 성경을 가르쳐 줄 수 있느냐는 연락이 왔다. 머리는 총명한데, 3살 때 간 여행에서 열이 많이 나더니 원인을 알 수 없는 하반신 마비가 왔다고 했다. 외국의 좋은 병원에도 가봤지만 치료가 안 되었다. 머리가 명석하다고 해서, 아이에게 사춘

기가 일찍 올까 봐 나는 주님께 기도를 드리며 가르치기로 했다.

집으로 찾아간 첫날, 성경을 가르치려고 방에 들어갔더니 몇 마디 하다가 갑자기 죽고 싶다고 했다. 깜짝 놀라서 이유를 물어봤다.

"저는 평생 휠체어만 탈 텐데, 살아서 뭐하겠어요?"

순간, 나는 주님께서 왜 나를 이 아이에게 보내셨는지 깨달았다. 그래서 스스로 목숨을 끊는 것은 죄이며, 예수님을 믿으면 얼마나 기쁘고 행복한가를 간증하며 성경을 가르쳐 주었다. 또 요한계시록 21장과 22장에 보면 아름다운 천국이 있고, 그곳에서는 휠체어를 타지 않는다는 것을 알려주었다. 그러자 얼굴이 밝아지면서 자기도 그곳에 가고 싶다고 했다.

"그러면 잠시라도 죽고 싶다고 한 나쁜 생각과 불평을 다 예수님 앞에 회개하고, 이제부터 예수님을 믿으면 돼! 예수님께서는 네게도 좋은 것들을 은사로 많이 주셨단다."

내가 이렇게 격려해주었더니, 예배를 마치고 신이 나서 거실로 나가 자신의 엄마에게 말했다.

"엄마, 나 안 죽을래요. 성경 선생님이 예수님만 믿으면 천국에서는 나도 예쁜 모습으로 변하고 휠체어 안 탄대요. 나 예수님 잘 믿을 거예요!"

총명한 아이라서 성경을 가르치는 대로 적용하고, 믿음이 쑥쑥 자랐다. 성경공부와 함께 매주 한 구절씩 암송도 했다. 예수님께서 살아계심을 마음으로 확신할 수 있게 되자 아이는 멀리 서울에 계신, 예수님을 안 믿는 외할머니와 외할아버지가 걱정이 되었던지, 내게 그분들을 어떻게 전도해야 하는지 가르쳐달라고 했다. 나는 미국에 살면서 한국에 계신 시댁 식구들을 전도했던 방법을 알려주며, 두 분을 위해 기도하며 편지를 쓰라고 했더니 그대로 했다.

다음은 그 때 아이가 보낸 전도편지 내용을 그대로 옮긴 것이다. (너무도 정확하게 복음을 깨닫고 쓴 글이라, 지금도 나는 이 편지의 복사본을 갖고 있다).

"외할아버지, 예수님 믿으세요. 저는 외할아버지가 예수님 믿는 게 좋아요. 저는 예수님이 있어서 참 편해요. 우리 천국에서 같이 만나요. 성경 선생님도 외할아버지가 예수님 믿기를 원한대요. 천국에서도 만나구요. 할아버지가 예수님을 믿으면 저는 아주 기쁠 거예요. 예수님은 우리 모두를 사랑하셔서 이 땅에 내려와 우리 죄 때문에 십자가에 못박혀 죽으셔서 3일 만에 다시 살아나셨어요. 그래서 저는 좋아요. 할아버지, 제발 싱가포르에서 예수님 믿고 가셔요. 그래야 제 마음이 풀려요. 만약에 외할아버지가 예수님을 안 믿는다면 나는 천국에 가고 외할아버지는 지옥에 가서 영영 못 볼지도 몰라요. 그러면 제가 외할아버지가 없어서 슬프잖아요. 그러니까 제발 믿으세요. 제가 그토록 외할아버지와 외할머니를 사랑하는데 외할아버지는 안 믿잖아요. 네? 제발 믿으세요. 알았죠. 안 믿으면 안 돼요. 알았죠?"
1994년 1월 20일 금
-외할아버지와 외할머니를 제일 사랑하는 OO 이가-

이 놀라운 편지를 받으신 두 분께서는 사랑하는 외손녀가 있는 싱가포르에 와 예수님을 믿기로 작정하고 가셨다. 아래는 그 뒤에 아이가 보낸 두 번째 편지이다.

"안녕하세요? 저 00 이에요. 할아버지가 교회에 나간다는 말을 듣고 저는 너무 기뻤어요. 이제 우리는 다 예수님을 믿는 거예요. 아니면 안 믿는 사람이 더 있어요? 만약에 안 믿는 사람이 있으면 한번 할아버지가 전도해보세요. 그리고 전도는 마구 하는 게 아니라 우선 하나님께 잘하게 해달라고 기도를 드린 다음에 하는 거예요. 저도 맨 처음에 할아버지가 오시기 전에 편지를 써서 기도하고 할아버지께 드리니까 할아버지가 믿은 거예요. 제 말이 맞긴 맞죠? 그리고 할아버지, 할머니 또 싱가포르에 놀러 오세요. 너무 보고 싶어요. 할머니, 할아버지도 저 보고 싶으시죠? 할머니, 할아버지 놀러 오셨을 때는 더욱 오래 계시고 가요. 그러면 더 재미있게 놀 수도 있잖아요. 그리고 외할아버지 예수님 잘 믿으세요. 그게 제 소원이니까요. 그럼 고만 쓸게요.

안녕히 계세요!
-00 드림-

이 전도편지는 아이의 외할아버지가 출석하던 교회에서 복사해 책받침으로 만들었다고 한다. 나는 이 어린 학생 한 명을 찾아가 가르쳤는데, 이 아이는 자신의 친가와 외가를 다 전도했다. 할렐루야!!

나는 장애우의 부모들도 섬기기 시작했다. 뇌성마비로 태어난 자녀를 둔 엄마들에게 성경을 가르치며 도왔고, 여러 장애우 엄마들의 고통을 조금이라도 나누고자 내게 주신 은사대로 찾아다니고 섬기며 말씀으로 위로하고 격려했다. 그러자 힘들고 닫혀있던 마음들이 열리면서 복음을 잘 받아들였다. 그래서 과로로 몸이 아파도 몸살약을 먹으며 나보다 더 고통 속에 있는 가정들을 찾아다니고, 생명과 소망이 되시는 하나님의 말씀을 전했다.

장애아를 고쳐주시다

어느 날 싱가포르인 남편과 사는 한 자매가 자기 친구인 진자매가 성경을 꼭 배우고 싶어 한다고 했다. 그녀의 남편도 싱가포르 사람이며 경제적으로는 잘 살고 임신 5개월째인데, 성경공부를 꼭 부탁했다고. 만약 내가 너무 바빠 시간이 없으면 자기의 성경공부 시간을 그 자매에게 내어줄 수 있다고까지 했다.

'경제적인 어려움 없이 잘 사는 데다가, 임신 5개월이면 몸도 무거운데 성경을 열심히 배울까?'

나는 임신 중에는 오래 앉아있으면 힘드니 아기를 낳은 후 백일쯤 지나 산모의 몸이 회복되면 가르쳐주겠다고 약속했다. 그런데 몇 주 후 자매가 내게 직접 전화를 해 성경을 배우고 싶다고 했다. 임신부는 배가 점점 불러오면 힘들고, 내 성경공부는 암송을 해야 하며, 암송 시험까지 볼 정도로 힘든데 대충 하게 될 것 같다며 이번에도 정중하게(?) 거절했다. 아이를 낳은 후에는 꼭 해주겠다고 했더니, 알았다며 전화를 끊었다.

그런데 몇 주 후에 또 전화해 성경공부를 부탁했다. 세 번째 부탁을 받으면서, 나는 사무엘을 부르시던 하나님의 음성이 생각났다. 그래서 얼른 주님께 내 좁은 생각으로 거절하며 미뤘던 잘못을 고백했다. 그리고 자매에게 집 주소를 묻고, 찾아가겠다고 약속했다.

자매의 집은 주택이라 찾기가 어려워서 택시를 탔다. 그런데 가는 날이 장날이라고 열대 소나기가 퍼부어서 앞이 잘 안 보이고, 길도 공사 중이라 주소를 주어도 기사 분이 집을 못 찾았다. 나중에는 내가 찾아가는 집의 전화번호를 달라더니 차를 골목에 세워두고, 빗속을 뚫고 달려가 공중전화로 통화하고는 알았다며 나를 그 집 대문 앞까지 데려다주었다.

나는 너무 고마워서, 못하는 영어로 짧은 시간이었지만 기사 분에게 얼른 복음을 전했다. 손에 들고 있던 성경책을 보이면서 전했지만, 아저씨는 바쁘니까 알았다며 대충 대답했다. 나는 내려야 하는 것도 잊은 채 정말 천국이 있으며, 아저씨 같이 착한 분도 믿지 않은 죄를 회개하고 예수님을 믿어야 함을 강조하고 내렸다.

대문에서 뜰을 지나 거실로 들어가는 짧은 시간에도 비에 옷이 흠뻑 젖었다. 자매가 준 수건으로 빗물을 닦고 마주 앉아 내 간증을 했다. 그리고 예수님이 확실히 살아계심을 믿어야 한다고 하니까, 어렸을 때 엄마를 따라 새벽기도에 간 적이 있다고 했다. 지금은 교회를 못 다니고 있는데, 이제부터는 주님을 믿으며 살고 싶다고 해서 함께 기도를 드렸다.

비록 고생을 하면서 왔지만 두 시간 만에 한 명을 전도하게 된 것에 감사를 드리며, 다음 주부터 성경을 기초부터 가르쳐주겠다고 하고 일어섰다. 그런데 자매가 나를 붙잡고 기도를 어떻게 해야 되는지 가르쳐달라고 했다. 나는 구원의 확신, 기도 응답의 확신, 이렇게 순서대로 공부하자고 했다. 자매는 그게 아니라 급한 기도제목이 있다면서 울었다. 태아에게 장애가 있다는 것이었다. 아기가 장애를 가졌다는 소리를 병원에서 처음 듣고도 부부가 출산하기로 결정했는데, 배가 불러오면서 밤에 잠이 안 온다고 했다.

'아니, 이럴 수가 있단 말인가! 믿음이 없던 자매가 이렇게 생명을 소중히 여겼다니!'

나는 자매 앞에 무릎을 꿇고 주님께 울며 회개했다. 자매가 이렇게 생명을 사랑하는데, 함께 기도할 수 있는 2개월을 나의 영적 무지함으로 잃어버렸기 때문이었다. 정말 이 죄를 어찌 할꼬, 하며 울었다. 그리고 자매에게 종이 한 장을 달라고 해, 암송하던 말씀들을 써내려갔다. 구원의 확신(요 5: 24, 요일 5:11~13), 기도(요 15:7, 빌 4:6~7), 기도응답의 확신(렘 33:3, 요 16:24), 승리의 확신(고전 10:13, 15:57), 평안(사 26:3, 벧전 5:7), 믿음(히 11:6, 롬 4:20~21) 등 자매에게 필요한 말씀들을 적었다.

"밤에 잠을 잘 자야 태아에게 좋아요. 잠이 안 올 때마다 여기 있는 말씀들을 암송하고, 말씀에 의지해서 기도하면 주님께서 평안한 마음을 주실 거예요. 나도 회개하는 마음으로 최선을 다해 기도로 도울 테니, 매주 함께 기도하며 성경공부해요. 물론 우리가 최선을 다해 기도하겠지만, 모든 일에는 주님의 뜻이 있어요. 우리가 간절히 기도해도 아기가 장애를 갖고 태어날 수도 있어요."

그러고 나는 이어서 헬렌 켈러와 송명희 시인 등 하나님의 영광을 위해 놀랍게 쓰임 받은 분들에 대해 알려주고, 일단 낙심하지 말고 기도를 하자고 권했다.

돌아오는 택시 안에서 성령님의 음성에 민감하지 못했던 내 죄를 회개하며 울었다. 그렇지만 한편으론 주님께 투정도 했다.

'주님, 제가 지금 돌보고 있는 장애우가 4명이고, 그 아이들이 다 낫지도 않았는데 이젠 뱃속에서부터 장애를 가진 아기까지 맡기시다니요. 저는 의사도 아니고, 단지 복음을 전해서 어찌하든지 한 생명이라도 더 건지려고 동서남북 찾아다니는 것 외에는 능력이 없는 것을 주님께서 아시잖아요.'

집에 돌아온 나는 일단 가족들에게 기도제목을 나눴다. 자매가 싱가포르 사람들에게는 말하지 말아달라고 해서, 날마다 쉬지 않고 기도를 하시는 서울에 계신 내 친정어머니에게만 기도를 부탁드렸다.

우리 가족은 매일 간절한 기도로 도왔다. 성경공부를 하며 '기도'에 관한 것을 가르칠 때 내 마음은 우는 심정이었고, 2주마다 받는 검진 결과도 달라지지 않아 주님의 도우심을 바랄 뿐이었다. 그렇지만 감사하게도 자매가 말씀을 읽고 암송하면서, 하나님을 신뢰하고 온전히 의탁하는 아름다운 믿음으로 잘 성장했다. 자매는 아기가 장애를 갖고 태어나도 감사히 받아서 키우겠으니, 염려 말라고 나를 위로해주었다. 자매 덕분에 오히려 내가 힘이 났다.

그런데 예정일이 한참 지나도 아이가 나오지 않았다. 답답해서 새벽마다 말씀을 묵상하며 간절히 기도드리는데, 갑자기 주님께서 내 죄를 지적해주셨다. 매일 간절히 기도했지만, 내 목숨을 걸고 기도하지 않았다는 것이었다.

그건 사실이었다. 가끔씩 기도 중에 '친정아버지 때처럼 기도해야 되는데……' 라는 생각이 스쳤지만, 태어나서 사도 바울처럼 된다는 보장도 없는 아기를 위해 내 목숨을 건다는 것은 전도하는 면에서 조금 손해를 보는 것 같았다. (내가 전도를 열심히 하고 있다는 교만이 아닌가!) 나에게 그 아기가 태어나 전도자가 된다는 확신이 없었기 때문에, 목숨까지 건 기도는 하지 못한 것이었다.

나는 주님 앞에 내가 얼마나 교만하고 사랑이 없는 자인지 생각하며 통곡했다. 전도는 내가 하는 것이 아니고 하나님께서 하시는 일이며, 오히려 이 전도 생활은 나를 변화시키시고 훈련시키시는 하나님의 사랑임을 알고 있었는데도 이런 교만한 죄를 범한 것이었다.

나는 실수와 허물을 깨닫게 해주신 하나님의 은혜와 사랑에 감복해 엉엉 울었다. 그러자 하나님께서 지금 태아에게 친히 일을 행하시고 있다는 생각이 강하게 들었다. 바로 2주 전까지도 의사는 태아의 장애가 여전하다고 했었지만, 나는 떨리는 마음으로 주님께 울며 물었다.

"주님! 그럼 지금 주께서 일을 행하시고 계셔서 태아가 2주 동안이나 안 나오는 것입니까?"

그때 내 마음 깊은 곳에서부터 기쁨이 솟구쳤다. 주님께서 일을 행하셨다!!

나는 자매에게 전화를 하고 싶었지만, 너무 새벽이라 할 수 없었다.

그래서 두세 시간 기다렸다가 전화를 해서 진통이 시작되면 아무 염려 말고 가서 힘있게 아기를 낳으라고 했다. 내가 날마다 기도해줬기 때문에, 그날도 변함없이 자매는 나를 위로하면서 장애아라도 기쁘게 받을 테니 염려 말라고 했다. 자매가 나보다 믿음이 더 좋았다. 나는 그동안 자매의 믿음이 성장한 것에 감사하다고 말하며, 태아를 위한 기도 중에 기쁨이 넘쳤음을 고백했다.

이틀 뒤 전도를 다녀와서 전화를 걸었더니 받질 않았다. 그래서 아기를 낳으러 간 줄 알고, 그때부터 엎드려 기도하기 시작했다. 몇 시간 후에 병원에서 전화가 왔다. 자매가 기뻐 울면서 내게 말했다.

"의사가 기적이래요! 아기가 정상으로 태어났어요! 집사님, 감사해요! 정말 감사해요!"

나는 할렐루야를 외치며 자매에게 말했다.

"나에게 감사하지 말고 오직 하나님께만 감사해야 해요! 이건 전적으로 하나님의 은혜예요. 그리고 평생 동안 아이를 보면서 이 은혜를 잊으면 안 돼요!(눅 17:11~19에 주님의 은혜로 고침 받은 10명의 나병환자 중 1명만 주님께 돌아와서 영광과 감사를 드림으로 구원에 이르렀고, 나머지 9명은 치유를 받고도 세상으로 돌아간 것을 보면 안타깝기 그지없기에.)"

자매는 너무 기뻐서, 그날 밤에 나더러 와서 아기를 보라고 했다. 나는 너무 기쁘고 감사할 때에는 기도를 해야 된다고 하고, 내일 아침에 가겠다고 말했다. 그러고 나서 함께 기도해준 친정어머니와 거실에 있던 두 아들에게 이 기쁜 소식을 알렸다. 아이들은 손을 들고 할렐루야를 외치며 나와 함께 거실을 돌았다. 넘치는 기쁨으로 눈물이 빗물처럼 쏟아졌다. 두 달 반 동안의 기도 씨름이었던 데다가, 주님께서 내 영혼까지 고쳐주셨기 때문이다.

나는 다시 책상에 앉아 성경을 펴고 자매를 처음 만났던 날부터 두 달 반 동안 묵상하며 기도드린 곳들을 찾았다. 그리고 그 옆에 일일이 T.P.라고 썼다. (D. L. 무디 목사님이 자신의 성경에 수없이 기록하신 것처럼, 이 성경 구절을 내 삶에 테스트(Test)했더니 증명(Prove)이 되었다는 뜻의 약자다.)

그날 밤을 감격의 눈물로 지새운 뒤, 다음 날 아침에 전복죽을 사 가지고 갔다. 자매의 남편은 나를 반갑게 맞으면서 'Bible Teacher' 가 왔다고 했다. 그리고 'Thanks'를 연발하며 아기 이름을 무엇으로 하면 좋겠느냐고 물었다. 나는 '사무엘'이라는 이름을 추천했는데, 그렇게 짓겠다고 했다. 아기는 아주 건강하게 잘 자랐다. 그리고 아기의 돌잔치 때, 자매는 성도들 앞에서 하나님께서 아기에게 베풀어주신 크신 은혜를 간증했다.

"주님! 그럼 지금 주께서 일을 행하시고 계셔서
태아가 2주 동안이나 안 나오는 것입니까?"

그때 내 마음 깊은 곳에서부터 기쁨이 솟구쳤다.
주님께서 일을 행하셨다!!

몇 시간 후에 병원에서 전화가 왔다.
자매가 기뻐 울면서 내게 말했다.
"의사가 기적이래요!
아기가 정상으로 태어났어요!
집사님, 감사해요! 정말 감사해요!"

상처 있는 가정들을 보듬다

우울증과 맞서다

저녁 식사를 하고 있을 때였다. 한 집사님이 같은 아파트 8층에 사는 한국 분이 우울증으로 뛰어내리려고 한다는 연락이 왔다. 지금 여러 명이 그 자매님을 붙들고 있는데, 빨리 와서 예배를 드려달라고 했다. 나는 밥 먹던 숟가락을 놓고, 기도를 드리며 택시를 타고 그곳으로 달려갔다. 그리고 자매에게 꼭 필요한 말씀이 생각나게 해달라고 기도하며 아파트 입구까지 갔다. 그러나 그때까지 전해야 할 말씀을 주시지 않아서, 들어가지 못하고 서성이며 기도했다. 나는 주님께 다시 말씀드렸다.

"들어가서 찬송 부를 때까지 말씀을 안 주시면 저는 예배를 못 드립니다. 제가 전할 말씀을 알려주세요!"

정말, 그때처럼 어느 말씀을 전해야 할지 생각나지 않은 때도 없었다. 답답한 마음으로 일단 안에 들어갔더니, 자매가 거실에 벌러덩 누워 있고 집사님들이 팔다리를 붙들고 있었다. 나는 속으로 계속 말씀을 달라고 기도하며, 함께 찬송을 부르기 시작했다. 가사가 그 자매의 가슴속에 새겨지기를 기도하는 마음으로 몇 곡을 간절히 부르고 있을 때, 드디어 하나님이 말씀을 주셨다.

"그가 찔림은 우리의 허물을 인함이요
그가 상함은 우리의 죄악을 인함이라
그가 징계를 받음으로 우리가 평화를 누리고
그가 채찍에 맞음으로 우리가 나음을 입었도다.
우리는 다 양 같아서
그릇 행하여 각기 제 길로 갔거늘
여호와께서는 우리 모두의 죄악을
그에게 담당시키셨도다."(사 53:5~6)

아멘!! 나는 속으로 할렐루야를 외쳤다. 그리고 그 말씀에서 시작해, 진실로 회개하고 복음을 믿으면 우리의 죄와 허물을 대신해 죽으신 주님께서 우리의 영혼뿐만 아니라 육신의 약함도 치유해주신다고 선포했다.

주님께서 나 같은 죄인도 용서하셨고, 그분 안에서 새 생명으로 살아가게 하셨으며, 어떻게 기도에 응답해주셨는지 간증했더니, 자매가 울며 자신의 죄를 고백하고 주님을 믿겠다고 했다. 우리는 모두 합심해서 기도를 드렸다.

자매는 물 한 모금 먹지 못하고 모든 것을 다 토하며 약을 먹어도 토하기 때문에, 의사가 제대로 준 약인지 의심이 되며 무섭다고 했다. 그리고 내게 약을 보여주었다. 다행히 내가 한국에서 약국을 할 때 판매하던 약이라, 염려하지 말고 먹어도 된다고 확신시켰다. (주님은 이렇게 가끔 환자들을 만날 때 내가 약사였던 것이 도움이 되는 은혜가 종종 있게 해주셨다.)

또 두려워서 잠을 못 잔다고 하길래, 쓸데없이 밤새우며 숫자를 세지 말고 성경을 암송하라며 내 특기인 '신약'과 '구약'을 처방해주었다. 종이 한 장을 달라고 해 그 자매에게 필요한 성경 말씀(회개, 구원, 믿음, 기도응답의 확신, 평안, 소망, 능력 등에 관한 것)을 처방전처럼 써주고는, 잠이 올 때까지 계속 읽다 보면 저절로 암송되어 자매에게 가장 확실한 약이 될 거라고 했다. 그래도 자매가 잠도 못 자고 무서우니 매일 밤마다 와서 예배를 드려달라고 부탁하기에, 그렇게 하겠다며 안심시킨 뒤 기도해주고 돌아왔다.

다음 날 아침, 자매에게서 연락이 왔다. 어젯밤에 암송을 하다가 단잠을 잤으며, 며칠 만에 죽을 먹었다는 반가운 소식이었다. 약도 전혀 토하지 않았다고 했다. 나는 약속대로 매일 밤 자매를 찾아가 예배를 드렸다.

일주일 만에 나는 더 이상 밤에 그 집으로 갈 필요가 없어졌고, 자매는 그 아파트에서 하던 성경공부 팀에 합류해도 될 정도로 회복되었다. 그리 오래되지 않은 우울증이었으므로, 약을 먹지 않고 '신약'과 '구약'만으로도 온전히 회복되었다. 그런 주님의 은혜에 나는 감사드릴 뿐이었다.

어느 날, 매주 함께 모이는 선교 기도모임 때문에 잘 알고 지내던 윤 목사님이 전화를 하셨다. 우울증이 아주 오래된 한 자매를 며칠 전에 만났는데, 같은 여자니까 내가 깊은 상담을 하며 성경을 가르쳐주면 좋을 것 같다며 돌봐달라는 부탁이었다. 이미 성경공부를 많이 하고 있었고, 환자들을 돌보는 일로 바빴지만 목사님께서 부탁하시니 거절할 수 없었다. 그래서 기도를 드린 후 그 자매의 집으로 찾아갔다. 두 명의 어린 자녀가 있다기에 아이들이 먹을 간식도 준비했다.

목사님의 소개로 왔다고 말한 뒤, 자매와 대화를 시작했다. 그녀는 감수성이 무척 풍부해서, 창밖에 흘러가는 구름을 보고 어느 시인이 쓴 시가 생각나지 않느냐고 내게 물었다. 그러면서 나는 기억나지도 않는 시들을 줄줄 읊었다. 그러더니 소녀 시절 꽃밭에 숨어 있었던 일부터 시작해 끝없이 과거의 이야기를 했다. 어렸을 때 가정에서 받은 상처가 얼마나 크고 깊었던지, 자신은 남편의 사랑을 받지 못하고 산다는 생각도 하고 있었다. 자매는 아이가 옆에서 보채도 아랑곳하지 않고 계속해서 내게 하소연을 했다. 나는 속으로 기도했다.
"주님! 저에게도 5분만 말씀을 전할 기회 좀 주세요."

점심때가 지나 내 뱃속에서 꼬르륵 소리가 나도 이야기는 멈추지 않았다. 중간에 내가 틈을 내서 말을 좀 하려 해도, 도무지 기회를 주지 않고 했던 얘기를 계속했다. 다행히 나는 주님이 주신 참을성이 좀 있어서, 힘든 기색을 안 보이려고 애쓰며 그녀가 몇 번이고 되풀이하는 인생 여정을 다 들어주었다. 어느 정도 이야기가 진행되다가 드디어 내가 말을 할 수 있는 타이밍이 왔다.

"자매님, 제가 나가서 식사를 대접할게요. 우리 밥이라도 먹고 이야기해요. 아이에게도 밥을 먹여야죠."

그러고 난 뒤 겨우 5분쯤 복음을 전하고, 자매가 또 이야기를 시작할까 봐 얼른 기도로 마무리했다.

자매에게 내가 그 동네를 잘 모르니, 알아서 맛있는 집에 데려가 달라고 했다. 그런데 유명 제과점으로 가서는 빵은 별로 안 먹고, 진한 커피만 먹는 것이었다. 커피 이름도 모르는 게 없었다. 그리고 국문과 출신도 아닌데 옛날에 배운 시를 줄줄 외웠다. 너무 똑똑한 사람이 상처가 깊어서 우울증이 온 것 같았다.

'그동안 얼마나 이야기할 사람이 없었으면 처음 만난 나에게 무려 5시간이 넘도록 얘기를 할까.'

그런 생각이 드니 마음이 아파왔다. 자매와 헤어져 버스를 타고 집에 돌아오는데, 눈물이 흘렀다. 사람이 사랑을 못 받으면 저렇게 되는구나 싶어서 마음이 아팠고, 가난했지만 그래도 부모님과 남편의 사랑을 듬뿍 받고 살게 해주신 주님의 은혜에 감사해서 울었다. 그리고 집에서 주님께 기도했다.

"주님이 부어주시는 성령의 사랑으로 자매를 섬기겠습니다. 그런데 주님, 다음 주는 나도 제발 말씀 좀 전할 수 있게 기회를 주세요. 시를 좋아하는 자매이니까, 시편을 함께 묵상하게 해주세요."

다음 주에 자매를 찾아가 성경에 관한 짤막한 소책자를 선물했더니 좋아했다. 나는 자매가 또 이야기를 시작하기 전에 얼른 기도로 밀고 나갔다. 그리고 이 세상에서 가장 아름다운 시를 함께 묵상하자고 말하며 시편을 폈다.

"자매님, 지금 얼떨결에 성경공부를 하게 되었지만 나는 자매의 삶에도 반드시 주님이 함께해주실 것을 믿어요. 나도 예전에 시댁이 파산했다는 소식을 듣고 몇 달 동안 우울증 환자처럼 살았어요. 그땐 소망이 없었고 그렇게 된 내 인생이 실패처럼 느껴졌는데, 주님 만나고 나서는 이렇게 전도가방 하나만 메고 다녀도 내 마음이 천국이에요."

나도 어려움이 있었다는 이야기를 듣고 자매는 마음의 문을 활짝 열었다. 그리고 자신이 가진 상처의 근본적인 원인을 토해냈다. 나는 너무나 가슴이 아팠고, 자매를 만나게 해주신 주님께 감사를 드렸다. 우리는 서로를 사랑하게 되었고, 자매는 내가 선물하는 성경에 관한 소책자들을 아주 좋아했다.

우리는 잠언 31장을 묵상하고 '경건한 여인'에 관한 소책자를 보며 아내로서 어떻게 남편의 사랑을 받고 섬겨야 하는지에 대해 함께 공부했다. 나는 그 집에 갈 때마다 아이들 간식과 필요한 것을 준비했다. 자매는 성경을 읽으면서 점점 밝아지고 삶이 변해갔다. 어떤 날은 김치를 맛있게 담가서 주더니, 아이들도 잘 돌보고 남편도 잘 섬겨서 집안이 날로 바뀌어갔다.

그런데 어느 날 자매가 엉엉 울면서 전화를 했다. 나는 무슨 큰일이 생긴 줄 알고 깜짝 놀라 전화를 받았다.

"집사님, 제가 43세에 주님을 만났어요. 거듭났어요! 이젠 집사님의 마음을 알 것 같아요. 이렇게 기쁘고 행복한 삶이 있는 줄 모르고 살았어요."

자매의 말을 듣고, 나도 자매처럼 말할 수 없이 기뻐서 울었다.

'주님! 감사합니다! 오늘 또 천국에서 잔치가 벌어지겠죠?'

그 후 자매의 남편도 교회에 다니기 시작하더니, 네 식구가 신앙생활을 잘 하면서 성장해갔다.

기도와 말씀으로 이룬 가정들

남편이 외국 회사의 높은 지위에 있어 좋은 집에서 잘 살고 있고, 초등학교 자녀 둘을 둔 어느 자매의 자살 소동이 벌어졌다. 그 자매와 같은 동네에 살던, 함께 성경공부하는 집사님이 급히 전화를 해 이혼 직전 상태에 있는 것 같다며 그녀를 택시에 태워 우리 집으로 보내겠다고 했다.

그날은 감리교회에서 여는 전도 간증집회의 마지막 시간인 수요일 저녁 예배를 인도하는 날이라 기도로 준비하고 있었는데, 연락이 온 시간은 오후 4시쯤이었다. 8시에 집회를 인도하려면 늦어도 7시에는 집에서 출발해야 하고, 마침 또 둘째 아들 생일이라 저녁에 생일 케이크라도 놓고 축하해준 뒤 교회에 가려고 했던 참이었다. 집사님께 상황을 말씀드리고 어떻게 해야 하나고 했더니, 오늘이 아니면 안 된다고 했다. 내일이면 비행기를 타고 싱가포르를 떠날지도 모른다며, 간절하게 부탁했다. 그럼 내가 저녁집회 때문에 시간이 없으니 최대한 빨리 우리 집에 보내라고 하고, 기도하면서 기다렸다. 잠시 후에 자매는 정신 나간 모습으로 내 앞에 나타났다.

자매는 처음부터 자기 남편을 욕하면서, 절대 용서하지 않겠다며 온갖 불평을 늘어놓고 억울함을 호소했다. 나는 상황을 조용히 다 듣고 난 뒤, 우리 모두가 하나님 앞에서 얼마나 죄인인지에 대해 말했다. 남편과 동일한 죄는 짓지 않았어도 지금 자매의 가슴속에 있는 분노, 남편의 잘못을 알게 된 후 4개월 동안 그와 수없이 싸운 것, 세상에 빠져 하나님 없이 살아온 모든 날이 다 죄임을 지적해주었다. 그러나 내 말이 귀에 들어가지도 않는 것 같았다.

그래서 진솔하게 내 간증을 하며, 내가 얼마나 죄를 많이 지었던 죄인이었는지 고백했다. 그리고 주님께서 내 죄를 보여주신 것을 말했더니 점차 수그러들었다. 자매가 물었다.

"그럼 제가 회개하고 주님을 믿어 남편을 용서하면, 남편이 다시는 그런 죄를 안 짓고 산다는 보장이 있나요?"

"자매가 진실로 회개하고 주님을 믿어 남편을 진실로 용서하면, 남편도 회개하고 거듭나게 될 거예요. 그리고 성령님이 도우셔서 다시는 그런 죄를 짓지 않을 겁니다."

놀랍게도 성령님의 감동하심이 있어, 자매가 울며 회개하기 시작했다. 그리고 남편처럼 죄를 짓진 않았지만 자신도 죄를 많이 짓고 살았다고 고백했다. 성령님께서 자매의 마음을 녹여 주신 것이다. 회개하고 주님을 영접한 뒤에 자매의 얼굴이 밝아졌다. 그리고 "마음이 참 평안해요!"하며 웃으면서 우리 집을 떠났다.

시간을 보니 벌써 7시가 넘어가고 있었다. 둘째 아들에게 생일 케이크는커녕 저녁 식사를 해줄 시간조차 없었다.

"형하고 둘이 피자라도 먹고 있어. 엄마가 집회가 있어서 교회에 가야 해. 정말 미안하다."

"아니에요! 엄마가 성령충만해서 집회를 잘 인도하시는 게 제일 큰 생일선물이에요!"

전혀 예상치 못한 둘째 아들의 대답은 내게 힘을 주었다. 나는 남편과 함께 저녁 식사도 하지 못하고 교회로 달려갔다. 가는 동안 성령께서 인도하심에 따라 말하게 해달라고 간절히 기도드렸다. 목사님께서는 마지막 집회이니 시간에 제한받지 말고, 마음껏 간증하라고 하셨다.

그날 밤, 성령님이 역사하셨다. 나는 어디서 그렇게 힘이 났는지 밤 11시가 넘도록 집회를 인도했고, 그날 참석한 모든 사람들은 큰 도전이 되었다며 기뻐했다.

다음 날 아침, 누가 대문 벨을 눌러서 나가보니 그 자매가 남편과 같이 와 있었다. 왕자와 공주처럼 옷을 입힌 아들과 딸, 그리고 손에 든 큰 수박 덩이와 함께였다. 남편이 감사하다고 크게 인사를 하며, 4개월 만에 처음으로 잠을 제대로 잤으며 아내가 자기를 용서해주었다고 했다. 나는 주님께서 자매를 변화시키셨으며, 이건 사람의 힘으로 되는 것이 아니라고 대답했다. 그랬더니 자기 부부에게 성경공부를 가르쳐달라고 부탁해서, 일주일에 한 번 2시간씩 성경공부를 했다. 부부는 몇 주 동안 성경공부를 열심히 잘 해나갔다.

그러던 어느 날 그 남편이 회사일로 바빠 며칠을 늦게 들어오자, 자매가 다시 의심을 하고 화가 나서 아이들만 남기고 사라져버렸다. 저녁 늦게 자매의 남편에게서 전화가 왔는데, 공항에 함께 가서 자매를 찾는 것을 도와달라고 했다. 한국으로 가는 비행기가 밤늦게 있었기 때문에, 자매의 딸을 데리고 함께 가서 1청사를 돌아다니며 출국하는 사람마다 살펴보았다. 그 남편도 아들과 함께 2청사를 살폈는데, 새벽 1시까지 아무리 찾아다녀도 자매는 없었다. 혹시나 해서 그날 출국하는 명단을 물어보니, 법적으로 대답해줄 수 없다는 답변이 돌아왔다.

결국 자매를 찾는 것을 포기하고 돌아오는 차 안에서 남편 분이, 너무 늦어서 죄송하지만 자기 집에 함께 가서 예배를 드려줄 수 있냐는 부탁을 해왔다. 그분 말마따나 너무 늦기도 했고 공항을 뒤지느라 다리도 아프고 지쳤기 때문에, 나는 성경책을 안 들고 왔다는 핑계를 댔다. 그랬더니 자기 집에 성경이 있으니까 예배를 드려달라는 것이었다. 나는 할 수 없이 알았다고 하고, 이 상황에 무슨 말씀을 해야 하느냐고 주님께 물었다. 이분에게 꼭 필요한 말씀이 빨리 생각나게 해달라며 기도를 드리자, 창세기 32장에 나오는 야곱의 끈질긴 기도가 떠올랐다. 주님께 감사를 드리며 그 집에 도착했다.

식탁에 앉아, 나는 예전에 형을 속였던 일 때문에 형을 만나기가 두려웠던 야곱 이야기를 했다. 더 이상 자기 꾀나 뇌물로 안 될 것 같아서 모든 것을 내려놓은 야곱은, 얍복 강가에서 홀로 천사와 씨름하며 환도뼈가 부러지기까지 기도했다고. 그랬더니 다음 장에서 형이 먼저 달려와 서로 안고 입 맞추며 울게 된 것을 상기시켰다.
인간관계에서 아무리 어렵게 꼬인 문제라도 진실로 모든 죄를 회개하고 야곱이 가졌던 심정으로 기도하면 된다면서, 야곱처럼 기도하겠냐고 물었다. 그 남편은 그렇게 하겠다고 했다. 나는 전심으로 기도하면 아무리 어렵게 얽힌 인간관계 문제도 주님께서 반드시 풀어주실 것이니, 일단 여기저기 전화를 하거나 자매를 찾지 말라고 했다. 그리고 걱정하실 테니 장모님께도 전화를 드리지 말고, 오직 하나님께만 전심으로 아뢴 뒤 하나님께서 어떻게 역사하시는지를 보라고 덧붙였다. 그리고 기도해주겠다는 약속을 하고 돌아왔다.

우리의 기도를 들으신 주님께서는 자매의 마음을 움직여주셨다. 자매는 2주 후 자기 발로 돌아와 남편에게 잘못했다고 했다. 그리고 이 가정은 전보다 더 아름답게 회복되었다. 할렐루야!! 이후로는 다시 그런 일 없이 말씀 안에서 부부가 잘 성장했고, 자매는 헌신적으로 교회를 섬기는 자가 되어 전도도 열심히 하고 선교사님들도 정성껏 섬기는 그리스도의 일꾼이 되었다.

얼마 후 역시 가정불화 때문에 죽으려 해서 병원에 실려 갔다가, 응급치료만 받고 나온 어느 자매를 알게 되었다. 함께 성경공부를 하던 송 집사님이 내게 전화를 해서, 가정 문제이니 아무도 모르게 가서 예배를 드려달라고 한 것이다.

아파트 주소와 전화번호를 받은 뒤 자매가 먹을 전복죽과, 자매의 어린 두 아들을 먹일 햄버거를 사서 택시를 타고 달려갔다. 자매는 아무런 소망이 없는 모습으로 거실 바닥에 누워 있었다. 아이들은 밥도 먹지 못한 채로 있다가, 내가 햄버거를 주니 정신없이 맛있게 먹었다. 안타까운 마음에 자매를 일으켜 죽을 먹게 했다. 자매는 교회를 다니고 남편은 안 다닌다기에, 남편이 아무리 잘못했어도 거기에는 남편을 잘못 섬긴 아내의 책임도 많이 있다고 했다. 그리고 에베소서와 베드로전서를 펴서 함께 말씀을 나누었다.

"아내들이여 자기 남편에게 복종하기를
주께 하듯 하라.
이는 남편이 아내의 머리됨이
그리스도께서 교회의 머리됨과 같음이니
그가 친히 몸의 구주시니라
그러나 교회가 그리스도에게 하듯
아내들도 범사에 그 남편에게 복종할지니라."(엡 5:22~24)

"아내 된 자들아 이와 같이 자기 남편에게 순복하라
이는 혹 도를 순종치 않는 자라도
말로 말미암지 않고
그 아내의 행위로 말미암아 구원을 얻게 하려 함이니
너희의 두려워하며 정결한 행위를 봄이라.
너희 단장은 머리를 꾸미고 금을 차고
아름다운 옷을 입는 외모로 하지 말고
오직 마음에 숨은 사람을
온유하고 안정한 심령의 썩지 아니할 것으로 하라.
이는 하나님 앞에 값진 것이니라.
전에 하나님께 소망을 두었던 거룩한 부녀들도
이와 같이 자기 남편에게 순복함으로 자기를 단장하였나니
사라가 아브라함을 주라 칭하여 복종한 것 같이
너희가 선을 행하고

아무 두려운 일에도 놀라지 아니함으로

그의 딸이 되었느니라."(벧전 3;1~6)

기록된 말씀대로, 자매가 먼저 남편을 잘못 섬겨온 것들에 대해 회개하고 주님의 말씀에 순종해 기도하면 반드시 가정을 회복시켜주신다고 했다. 그랬더니 자매는 자신이 그동안 억울하고 분했던 것들을 말하면서 울었다. 그리고 자기 힘으로는 안 되니 도와달라고 했다. 나는 가정이 회복될 때까지 말씀으로 돕겠다고 한 뒤, 며칠에 한 번씩 전복죽과 아이들 먹을 것을 사서 찾아가 예배를 드렸다. 그리고 위로와 격려를 해주며 고통의 짐을 나누어 졌다.

그렇게 어려운 시험을 몇 번 통과하며 자매의 신앙은 몇 달 만에 회복되었고, 자매에게 상처를 주던 남편도 주님의 통치하심 아래 가정으로 돌아왔다.

자매의 남편이 한국으로 발령이 나서 싱가포르를 떠나게 되자, 마지막 성경공부 날에 자매는 200불을 내밀며 자기처럼 고통 속에서 밥 못 먹고 아파하는 사람들을 위해 꼭 써달라고 했다. 나는 항상 기쁨으로 형제자매들을 섬기기 때문에 돈이 필요 없다고 해도 막무가내였다. 자신이 아무것도 못 먹고 죽을 것 같았을 때, 말씀뿐 아니라 죽을 계속 사다주며 아이들도 돌봐준 것이 너무나 고마웠다면서.

자매의 가정은 귀국 뒤 서로를 사랑하는 아주 좋은 믿음의 가정으로 세워졌고, 지금은 복음을 전하는 전도자로 행복하게 살아가고 있다. 할렐루야!!

이렇게 남편들의 문제로 깨질 위기에 처한 여러 가정들이 계속해서 내게 연결되었다. 더운 나라에서 진이 빠지게 죽을 사들고 찾아다니며, 주님께서 주신 은사대로 말씀을 전했더니 가정들 모두가 말씀 안에서 회복되어갔다.

그 얘기를 듣고 다른 팀에서 함께 성경공부를 하던 한 집사님이 호주에 사는 자기 친언니를 도와달라고 했다. 내가 성경공부만 해준다면 비행기 표를 보내서라도 오게 하겠다며 간절히 부탁했다. 주님께 기도를 드렸더니 내가 할 일인 것 같아서, 비록 능력은 없지만 주님을 의지하고 그 언니를 맡아 성경을 가르치기로 했다.

집사님의 언니는 심신에 상처가 너무 커서 혼자 힘으로는 싱가포르에 올 수조차 없었다. 그래서 대학에 입학한 그녀의 딸이 함께 왔고, 친정어머니까지 딸을 위해 서울에서 싱가포르까지 미리 오셔서 기다렸다.

드디어 집사님의 언니가 공항에 도착한 날, 우리 집에 모두가 모였다. 나는 내가 정말 큰 죄인이었음에도 불구하고 용서해주신 주님을 간증했다. 그리고 죄를 지은 남편이나, 죽어도 용서하지 않겠다는 아내나 지금까지 주님 없이 살아온 삶을 봤을 때 모두 하나님 앞에서 죄인임을 말했다. 그리고 나 역시 생각지도 못한 과거의 죄까지 주님께서 보여주셨을 때 살면서 지었던 모든 죄를 자복하고 통곡하며 회개했다고 했다. 그러자 생각지도 않게 권사님이셨던 그 친정어머님이 울며 회개를 하셨다. 그런데도 그 언니는 마음의 문을 조금도 열지 않았다.

나는 이 자매의 정신적 상태가 심각한 것을 깨닫고, 오전에 하던 모든 성경공부를 취소했다. 그리고 자매가 회개하고 주님을 인격적으로 만나도록 간절히 기도하며, 며칠 동안 매일 오전마다 집중적으로 말씀을 가르쳤다. 그러나 토요일 오전까지 말씀은 들을 때뿐이고, 회개할 마음은 조금도 없이 남편을 계속 정죄하는 것이었다. 전심으로 말씀을 전해도 자매가 변하지 않자, 토요일 밤에는 내가 지쳐서 주님께 하소연했다.

"호주에 전도하는 사람이 없어서 저렇게 변하지 않는 사람을 제게 보내셨나요? 이곳에서 전도하고 성경 가르치며 아픈 사람들을 섬기는 일로도 바쁜데, 이렇게 밥도 제대로 못 먹고 기도하고 전심을 다하는데 자매가 회개조차 안 합니다. 제가 어떻게 합니까?"

나는 그렇게 탄식하다가 잠이 들었다. 그런데 꿈에 주님께서 말씀을 주셨다. 놀라서 벌떡 일어났다.

"날마다 우리 짐을 지시는 주
  곧 우리의 구원이신 하나님을 찬송할지로다." (시 68:19)

시편에 있는 말씀이라고 생각되어 찾아보았다. 나는 엉엉 울며 회개했다. 주님께서는 날마다 우리 짐을 지고 가시는데, 나는 마치 자매의 짐을 내가 다 지고 가는 것처럼 착각해 주님께 불평한 것이다. 주님께서는 나보다 더 애타게 자매의 구원을 위해 일하고 계시고, 나는 그저 이 일에 잠시 복음의 통로로 쓰임 받고 있었던 것이니 도리어 감사해야 할 일이었다. 그런데 감히 주님께 힘들다고, 자매가 빨리 변하지 않는다고 불평한 것이었다. 나는 내 죄를 깨우쳐주신 주님께 감사와 찬양을 드리며, 기쁨으로 주일예배를 드리러 갔다.

주일예배 전, 주보를 보니 설교 제목이 〈부도덕한 세대를 향한 하나님의 은혜의 축제〉이고, 본문이 마태복음 14장 13~21절이었다.
'아니, 세상에! 오병이어의 사건을 가지고 어떻게 이런 설교 제목을 쓸 수 있단 말인가!'
나는 즉시 이것이 그 자매의 가정을 향한 주님의 응답임을 직감했다. 내 눈에서 눈물이 소리 없이 흘러내렸다.

"······제자들이 나아와 가로되
이곳은 빈들이요 때도 이미 저물었으니
무리를 보내어 마을에 들어가 먹을 것을 사먹게 하소서.
예수께서 가라사대
갈 것 없다
너희가 먹을 것을 주어라.
제자들이 가로되 여기 우리에게 있는 것은
떡 다섯 개와 물고기 두 마리뿐이니이다.
가라사대 그것을 내게 가져오라 하시고······
하늘을 우러러 축사하시고
떡을 떼어 제자들에게 주시매
제자들이 무리에게 주니 다 배불리 먹고
남은 조각을 열두 바구니에 차게 거두었으며
먹은 사람은 여자와 아이 외에
오천 명이나 되었더라. (마 14:13~21)

빈들은 기가 막힐 정도로 자매 가정의 상황과 같았고, 이혼 서류는 이미 호주 법원에 있던 상태였다. 인간적인 눈으로 보면 때가 이미 저물었지만, 주님께서는 어린 아이의 작은 도시락처럼 능력없는 지극히 작은 여종인 나에게 생명의 양식을 계속 나누어주라는 깨달음을 주셨다. 그리고 주님께서 축사하시면 그 가정이 회복되고도 남으며, 그들에게 은혜의 축제를 벌여주실 거라는 말씀으로 다가왔다. 할렐루야!!

나는 너무 기뻐서 예배시간 내내 조용히 울었다. 자매가 회복될 것을 확신하니 며칠 동안 밥맛이 없었던 것도 사라져, 예배 후 모처럼 점심을 맛있게 잘 먹었다.

월요일 아침이 되었다. 당장 변하지는 않더라도 주님의 때를 기다리며 자매가 가진 마음의 상처를 더 이해하고 사랑하게 해달라고 기도한 뒤, 자매를 기다리고 있었다. 그런데 그녀가 도착해 조용히 앉아 기도하기 시작하더니, 계속 회개기도를 하면서 엉엉 우는 것이었다. 나는 눈물 콧물을 흘리는 자매에게 휴지 뭉치를 밀어주고는, 너무 놀라 아무 말도 못하고 옆에서 소리 없이 기도만 드렸다. 그런데 "또 생각났어요. 또 생각났어요." 하면서 계속 회개기도를 하는 것이었다. 역시 우리 주님이 하시는 성령의 역사는 참으로 놀라웠다. 나는 아무것도 한 게 없는데, 주님께서 친히 일하고 계심을 목도하게 해주셨다.

"……여호와께서 오늘날 너희를 위하여 행하시는 구원을 보라.

……여호와께서 너희를 위하여 싸우시리니

너희는 가만히 있을지어다."(출 14:13~14)

정말로 나는 자매 곁에서 가만히 감사기도만 드릴 뿐이었다. 그날은 자매가 성령으로 거듭난 축복의 날이었다. 얼굴이 밝게 변한 자매와 마주 앉아 드디어 구원의 확신과 사죄의 확신에 대해 함께 공부한, 행복한 날이었다. 할렐루야!!

성경공부를 마치고 기쁨으로 여동생 집에 돌아간 자매는, 그날부터 성경을 밤새도록 읽고 동생 부부를 따라 새벽기도를 다니면서 완전히 새사람이 되었다. 주야로 계속 성경을 읽고 기도를 하며 기쁨이 충만해졌다. 말씀 위에 견고히 세워져야 호주에서 부딪칠 수 있는 여러 어려움들을 이겨내고 신앙생활을 잘할 수 있으므로, 23일에 걸쳐 계속 성경을 가르친 뒤 호주로 보냈다. 그곳에 돌아가서도 새벽기도를 다니며 말씀을 붙잡고, 자녀들과 함께 가정예배를 드리고 있다는 기쁜 소식이 들려왔다.

그런데 몇 달 후, 호주에서 상담 전화가 왔다. 남편이 아직도 돌아오지 않았는데 집을 담보해 5만 불을 대출해달라고 하니 어찌하면 좋겠느냐고. 혹시라도 돈을 주고 나서 남편이 안 돌아오면 본인은 아이들과 생계를 꾸릴 능력이 없는데, 어떻게 하느냐는 것이었다.

나는 자매에게 "네 원수가 주리거든 먹이고 목마르거든 마시게 하라. 그리함으로 네가 숯불을 그 머리에 쌓아 놓으리라. 악에게 지지말고 선으로 악을 이기라."(롬 12:20~21)는 말씀을 상기시켰다.

"자매님. 원수에게도 이렇게 하라고 했는데, 하물며 아이들 아빠가 하던 사업이 얼마나 곤고하면 이혼하는 조건으로 주려던 집을 담보해서 돈 좀 해달라고 했겠어요?"

그리고 그리스도인이 승리하는 비결은 말씀대로 행하는 것이라고 권면했다. "네 원수가 배고파하거든 식물을 먹이고 목말라하거든 물을 마시게 하라. 그리하는 것은 핀 숯으로 그의 머리에 놓는 것과 일반이요 여호와께서는 네게 상을 주시리라"(잠 25:21~22)는 말씀도 인용해, 자매가 이 말씀을 믿고 그대로 행하면 약속의 말씀이 꼭 이루어질 것을 나는 확신한다고 말했다. 자매는 하나님의 말씀에 순종해 자신에게 그동안 상처를 주었던 남편에게 말씀 그대로 행했다.

하나님께서 약속의 말씀을 믿고 행하는, 사랑하는 자녀의 마음의 소원을 어찌 이루어주시지 아니하시랴! 예전처럼 싸우고 회사에 찾아가 난리를 치지 않아도, 남편은 1년이 채 못 되어 가정으로 돌아왔다! 할렐루야!! 그 후 부부가 함께 신앙생활을 하며 자녀들도 믿음으로 아름답게 잘 양육했다. 또 한국에 계신 친정어머니가 아프다는 소식을 듣고 호주에서 돌아와, 천국에 가실 때까지 수 년 동안 주님의 사랑과 지극정성으로 섬기는 아름다운 그리스도인으로 살아갔다.

포항에 있을 때, 10년 만에 호주에서 잠시 귀국한 자매 부부를 기쁨과 감격 속에서 만났다. 그날 주님 안에서 함께 말씀을 나누고 교제하며 주님의 은혜에 얼마나 감격했는지 모른다.

"집사님, 제가 43세에 주님을 만났어요.
거듭났어요! 이젠 집사님의 마음을 알 것 같아요.
이렇게 기쁘고 행복한 삶이 있는 줄 모르고 살았어요."

자매의 말을 듣고, 나도 자매처럼
말할 수 없이 기뻐서 울었다.

'주님! 감사합니다!
오늘 또 천국에서 잔치가 벌어지겠죠?'

4

알코올 중독자를 새 사람으로

한 남자 집사님이(지금은 장로님) 서울에 출장을 갔다가, 성적이 뛰어났던 대학 동기가 중증 알코올 중독자가 되어 요양소에 있다는 이야기를 들었다. 그래서 싱가포르에 있는 아내에게 전화해 정말로 불쌍한 동기 한 사람 살리고 싶다며, 혹시 내가 그에게 성경을 가르쳐줄 수 있다면 본인이 비행기 표와 침식을 제공하겠다고 했다. 좀 더 알아보니 알코올 중독뿐 아니라 젊어서부터 음행과 도박에 빠져 이혼을 당했고, 지금은 부모도 그를 버려 요양소에서 비참한 상황에 처해있다고 했다. 나는 좋은 말로 기도해본 뒤 전화하겠다고 대답했다. 그리고 주님께 바로 말씀드렸다.

"아이고, 주님. 저는 그런 사람은 못 합니다. 다른 사람에게 맡기십시오. 저보다 나이도 많은 중증 알코올 중독자 남성과 일대일로 몇 시간씩 어떻게 성경공부를 하고, 병원에서도 손 뗀 환자라는데 의사도 아닌 제가 어떻게 도웁니까? 여러 환자를 만나봤지만 알코올 중독자는 처음이고, 이 환자를 맡으면 지금 하고 있는 모든 성경공부를 중단하고 전력을 다해야 될 것 같아요. 그런데 그 한 사람 때문에 지금 이렇게 많은 팀의 성경공부를 언제까지 쉬어야 되나요?……"

나는 주님 앞에 안 되는 이유들을 늘어놓고는, 밤에 기도를 다 마친 뒤 잠들었다.

그런데 꿈에 어느 한 집이 보였다. 거실 밑바닥이 다 썩어서 집이 곧 무너져 내리게 생겼는데, 건강한 장정 서너 명이 도구랑 망치 등을 들고 와서 집을 고치려고 했다. 나는 그분들에게 말했다.

"이 집은 너무 썩어서 곧 무너질 테니, 고쳐도 소용없어요. 그러니 그럴 필요 없고요. 괜히 헛수고만 하시는 거예요."

그런데 그분들은 아무 말 없이 뚝딱뚝딱하더니, 순식간에 깨끗한 새 집으로 고쳐놓았다. 햇빛이 그 거실로 눈부시게 비춰 들어오는데 얼마나 환해지고 깨끗해져서 놀랐는지!

나는 놀라서 벌떡 일어났다. 그리고 이 꿈이 무슨 뜻인지 주님께 물었더니, 그 알코올 중독자가 새사람이 될 거라는 마음을 주셨다. 나는 즉시 주님께 용서를 구했다. 좁고 인간적인 편견을 갖고, 그런 사람은 고쳐질 것 같지 않으니 성경공부를 안 하려는 핑계를 대며 그래도 가르치라는 주님의 응답이 없기를 바란 것이다. 주님께서는 이런 내 잘못된 생각과 편견을 바꾸어주셨다. 전능하신 우리 하나님 아버지께서 고치지 못할 사람이 어디 있단 말인가!

"주님! 이 죄인을 용서하소서!"

나는 지금도 잃은 양 한 마리를 찾아다니시는 주님의 마음 앞에 엎드려 회개했다. 그리고는 다음 날 자매에게 전화해, 동기 분을 복음으로 살리고자 하는 집사님의 헌신과 사랑의 마음에 감동해, 주님께 받은 은사대로 성경을 가르치며 돕겠다고 했다.

그런데 마음속에 다른 아픔이 스며왔다. 몇 년 전에 이혼했다는 그 알코올 중독자의 아내인 자매의 상처가 심할 것 같았다. 잠도 못 이루고 얼마나 큰 고통이었을지, 같은 아내된 입장에서 생각하니 자매의 상처도 싸매주고 싶다는 생각이 강하게 들었다. 교회 대예배 반주자라는데 알코올 중독자라고 남편을 버렸으니, 그 죄책감은 또 얼마나 심할까.

그리고 알코올 중독자에 대해 정확히 알아야 내가 어떻게 도와야 할지 조금이라도 감을 잡을 수 있을 것 같았다. 그래서 혹시 그 자매가 싱가포르에 올 수 있는지 알아보라고 했다. 그랬더니 놀랍게도 한 주라도 시간을 내서 싱가포르에 꼭 오겠다는 것이었다.

드디어 아내였던 자매가 싱가포르에 왔다. 집사님 집에 묵으며 낮에는 우리 집에서 집중적으로 말씀 공부를 했더니, 마음문을 열고 통곡하며 울었다.

"저는 너무 오랜 세월 동안 고통 속에서 살았어요. 딸과 함께 벌벌 떨면서 잠을 못 잔 날들이 수없이 많았고, 남편이 도박에 빠져서 재산도 다 탕진했어요. 거기다 바람까지 피워서 도저히 용서할 수가 없었어요. 그래서 이혼했어요. 근데 같이 살게 해달라고 애원하는 남편을 버렸기에 죄책감에 시달렸는데, 누구에게도 이 아픈 마음을 털어놓지 못했어요. 늘 불안하고, 두렵고, 평안이 없는 세월을 보내고 있어요. 저는 제 죄를 주님이 용서해주신다고 확신하지 못하겠어요."

자매는 사탄의 참소에 눌려, 죄책감으로 영혼이 병들어 있었다. 사탄이 자매의 죄책감을 불러일으키고 죄를 들춰내면서 참소했던 것이다.

'아, 그래서 주님께서 이 자매를 내 마음속에 강하게 생각나게 해주셨구나.'

나는 자매에게 진실로 회개하면 그 어떤 죄도 용서해주시는 주님에 대해 설명했다. 그리고 말씀을 근거로 해서 믿는 것이지, 감정으로 믿는 것이 아님을 강조했다. 또한 사탄의 참소로부터 벗어날 수 있다고 가르쳐주었다.

"……우리 형제들을 참소하던 자
곧 우리 하나님 앞에서 밤낮 참소하던 자가 쫓겨났고"(계 12:10)

또, 말씀에 근거해 사죄의 확신을 믿어야 함을 가르쳤다.

"내가 이르기를
내 허물을 여호와께 자복하리라 하고
주께 내 죄를 아뢰고
내 죄악을 숨기지 아니하였더니
곧 주께서 내 죄의 악을 사하셨나이다."(시 32:5)

"만일 우리가 우리 죄를 자백하면
저는 미쁘시고 의로우사

우리 죄를 사하시며

모든 불의에서 우리를 깨끗케 하실 것이요."(요일 1:9)

"저가 한 제물로 거룩하게 된 자들을

영원히 온전케 하셨느니라.

……또 저희 죄와 저희 불법을

내가 다시 기억하지 아니하리라 하셨으니

이것을 사하셨은즉

다시 죄를 위하여 제사드릴 것이 없느니라."(히 10:14~18)

"여호와는 자비로우시며 은혜로우시며

노하기를 더디 하시며 인자하심이 풍부하시도다.

항상 경책치 아니하시며

노를 영원히 품지 아니하시리로다.

우리의 죄를 따라 처치하지 아니하시며

우리의 죄악을 따라 갚지 아니하셨으니

이는 하늘이 땅에서 높음 같이

그를 경외하는 자에게 그 인자하심이 크심이로다.

동이 서에서 먼 것 같이

우리 죄과를 우리에게서 멀리 옮기셨으며

아비가 자식을 불쌍히 여김 같이

여호와께서 자기를 경외하는 자를 불쌍히 여기시나니

이는 저가 우리의 체질을 아시며

우리가 진토임을 기억하심이로다."(시 103:8~14)

우리가 진실로 자백하면 주님께서 용서해주신다는, 이 얼마나 감사한 약속의 말씀들인가! 내가 말씀들을 확신하며 전했더니, 자매는 주님의 은혜에 감격해서 울었다. 하나님 말씀에 의지해 오랜 죄책감에서 벗어난 것이다! 할렐루야!!

그 자매가 한국으로 돌아간 뒤, 이번에는 집사님의 동기분을 싱가포르로 오게 했다. 그분이 공항에 도착할 시간에 집사님이 마중을 나갔는데, 아무리 기다려도 나타나질 않는다는 연락이 왔다. 분명히 한국에서 출발했는데 사람이 없어진 것이다. 집사님 가정도 밤새 기도하고, 나 역시 밤새 회개기도를 했다.

"처음에 부탁받았을 때, 제가 그런 사람은 안 맡겠다고 했던 것 용서해주세요. 이분이 살아서 나타나기만 하면 제가 최선을 다해 성경을 가르치며 섬기겠으니, 제발 나타나게 해주세요!"

다음 날 아침, 드디어 집사님이 그분을 찾아 우리 집으로 왔다. 어제 어디서 술을 마셨는지, 아침인데도 술이 덜 깬 얼굴이었다. 살아서 나타난 것만으로도 주님께 감사기도를 드렸다. 그러고 나서 이 세상에 그 어떤 죄인도 주님 앞에 회개하고 돌아만 오면, 주님께서 달려와 그 모습 그대로 받으시고 천국 잔치가 벌어진다는 누가복음 15장 11~32절 말씀을 나눴다.

나는 이분의 심령 속에 복음이 들어가게 해달라고 간구하는 마음으로 말씀을 전했다. 내가 미국에서 주님 앞에 몇 시간을 울고불고 회개한 것과, 그동안 극악한 죄를 지었지만 감옥에서 회개하고 천국에 간 사람들의 예를 들면서 무려 4시간 동안 쉬지 않고 전했다. 그분은 고개를 숙이고 땀을 뻘뻘 흘리면서 이야기를 듣고 있었다.

　기도를 드리고 오전 공부를 마친 뒤, 학교에 있는 남편에게 전화를 해 이분을 모시고 나가 맛있는 점심 식사를 잘 대접해드리라고 부탁했다. 그동안 나는 집에서 간단히 점심을 먹은 뒤 숨을 돌렸다. 그리고 다시 오후에 4시간 동안 말씀을 전했다. 첫날 그렇게 8시간의 성경공부를 마치고, 집사님은 퇴근길에 우리 집에 들려 그분을 자기 집으로 데리고 갔다. 다음 날에도 오전과 오후를 합쳐 8시간 동안 말씀을 가르쳤다. 그분의 머릿속에 다른 잡생각이 들어가지 못하도록, 그리고 오직 살아서 역사하시는 하나님의 말씀만이 그 가슴에 새겨지게 해달라고 간구하는 마음으로 전심을 다해 땀을 흘리며 전했다.

　3일째 되는 날, 오전 성경공부 중에 그분이 갑자기 통곡을 하며 울기 시작했다. 얼마나 사무치게 회개하며 울던지. 내가 앞에 있다는 것도 잊은 듯 눈물 콧물을 흘리면서 자신이 죄인 중에 죄인이라고, 평생 죄만 짓고 살아왔다고 고백했다. 아내와 딸에게, 또 부모님과 형제들에게도 고통을 주고 하루에 천만 원씩 날리면서 도박을 했었고…… 그분은 계속 울면서 회개했다. 참으로 놀라운 일이었다.

　"율법이 가입한 것은 범죄를 더하게 하려 함이라
　그러나 죄가 더한 곳에 은혜가 더욱 넘쳤나니"(롬 5:20)

　말씀대로 죄가 더한 곳에 은혜가 더욱 넘친다고, 이렇게나 빨리 회개의 영을 부어주셨다. 할렐루야! 주님, 감사합니다! 이 일은 또한 주님께서 나를 긍휼히 여기시고, 지치지 않게 해주시기 위함이었음을 내가 어찌 모르랴!

4일째부터는 구원의 확신을 공부하며 제대로 성경공부를 하는 기쁨을 주셨다. 그분은 날마다 성장해갔다. 남편은 그분 덕에 매일 맛있는 점심을 함께 먹는 기쁨도 누렸고, 나는 하루 8시간씩 한 달간 그분과 성경공부를 하며 기초를 세워갔다. 그분이 거듭난 후, 너무 기뻐서 남편과 함께 유람선을 타고 싱가포르 앞바다를 구경하며 멋진 식사(나는 8년간 살면서 비싸서 한 번도 먹어보지 못한 것이었다)를 하도록 했다. 아마 우리 주님은 천국에서 더 큰 잔치를 벌이셨으리라!

그분이 싱가포르를 떠나기 전 날, 편지를 썼다. 배운 말씀을 꼭 기억하고 신앙생활을 잘하라고 권면하며 그 속에 1,000불을 넣었다. 한국 돌아가면 필요한 곳에 쓰라고.

몇 달 후 그분이 있던 알코올 중독자들을 위한 요양소에서 사역하시던 목사님이 싱가포르에 왔다가 우리 집에 찾아오셨다. 그분이 놀랍게 변했을 뿐만 아니라, 이제는 자신의 동역자가 되었다며 기뻐하셨다.

그러나 몇 년 후, 이제는 변했기 때문에 자신을 용납할 줄 알았던 가족들이 (장인어른과 처남의 반대로) 끝까지 받아주지 않자 우울증이 생겨 생을 마감했다는 슬픈 소식을 들었다. 세상의 냉혹한 현실에 얼마나 가슴이 아팠는지 모른다. 우리 주님은 그 어떤 죄인도 회개하면 받아주시는데, 사랑 없는 인간들은 누가복음 15장에서 잃어버린 동생이 돌아와도 기뻐하지 않고 받아주지 않던 맏아들 같았다.

그러나 나는 낙심치 않고 계속해서 내게 맡겨주신 기회에 한 영혼
이라도 주님께 돌아오게 하는 일에 최선을 다하고 있다. 그리고 깨어
져 가는 가정들을 말씀으로 회복시키고 이를 목도하면서, 주님이 주
시는 기쁨과 감사를 누리고 있다.

꿈에 어느 한 집이 보였다.
거실 밑바닥이 다 썩어서
곧 무너져 내릴 것 같은 집이었다.
그런데 장정들이 와서 뚝딱뚝딱하더니,
순식간에 새 집으로 고쳐놓았다.
햇빛이 그 거실로 눈부시게 비춰 들어오는데
얼마나 깨끗해졌는지!

나는 즉시 주님께 용서를 구했다.

**전능하신 하나님 아버지께서
고치지 못할 사람이 어디 있단 말인가!**

한나의 기도를 이룬 가정들

싱가포르에서 살던 8년 동안, 마치 가정문제상담소장(?)처럼 되어 여러 가정을 심방하며 말씀과 기도, 사랑으로 섬겼다. 많은 가정들이 회복되었고, 신실한 그리스도인의 가정이 되어 서로를 사랑하고 지금도 주님을 잘 섬기며 살아가고 있다. 몇몇 가정은 주님의 일꾼으로 택하심을 받아, 복음을 전파하며 전도자로 살고 있다. 나는 이런 소식을 들을 때마다 힘과 기쁨을 얻고, 또 그런 가정들을 찾아가 끊임없이 섬기고 있다.

어느 날 저녁, 함께 성경공부를 하던 권 집사님에게서 전화가 왔다. 양쪽 집안이 다 불교를 믿는 서른다섯쯤 된 자매인데, 지금 유산을 해서 병원에 입원 중이라고 했다. 집사님은 밤늦게까지 식당을 하기 때문에 갈 수가 없으니, 내가 가서 전도하고 도와달라고 부탁했다.

이미 밤 시간이라, 남편과 함께 가며 차 속에서 계속 기도를 드렸다. 불교인데 어떻게 접촉해야 할지, 하나님께 지혜를 간구하며 병원에 도착했다. 첫 태아의 유산이라, 그 남편도 속이 많이 상해 옆에 앉아 있었다. 먼저 그 남편에게 인사를 하고, 이야기를 꺼냈다.

"저는 권 집사님의 소개로 온 전영순 집사입니다. 자매를 위해서 기도해도 될까요?"

그랬더니 뜻밖에도 아내가 중·고등학교를 미션스쿨에 다녔다며 아내를 위해서 기도해 달라는 것이었다. 나는 너무 감사해서 병실 바닥에 무릎을 꿇고 간절히 기도를 드렸다. 모든 상황을 아시는 주님께서 친히 자매의 아픈 마음을 위로해주시고 평안한 밤이 되게 해달라고. 또 이 일이 자매가 주님께로 돌아오는 계기가 되고, 잘 회복되어 다시 건강한 태의 상급을 받게 해달라고 간절히 기도했다. 이를 다 듣고 있던 자매는 '아멘!' 이라고 말했다. 나는 그 '아멘' 소리를 기도응답으로 받았다.

'이 자매도 하나님의 택한 백성이었는데, 부모님과 시댁이 모두 불교여서 구원의 확신이 없었구나. 그래서 결혼 후에 그냥 불교로 가게 된 것뿐이구나.'

나는 그날부터 자매를 섬기기로 결심했다.

퇴원하는 날, 자매의 남편이 바빠 병원에 못 온다는 소리를 듣고는 얼른 나의 남편과 함께 달려가서 자매의 퇴원 수속을 마쳤다. 그리고 그녀를 집에 데려간 뒤, 남편은 학교로 돌아갔다. 나는 이 근처에 성경공부가 세 팀이나 있으므로 올 때마다 들리겠다고 하고, 기도해주며 위로해주었다. 그리고 그 근처에 성경공부를 하러 갈 때마다 무엇이라도 준비해가서 나름대로 섬겼다. 그랬더니 말수가 매우 적던 자매가 드디어 4개월 만에 성경을 가르쳐달라고 했다. 그때 정말 얼마나 기뻤는지!

기초부터 성경을 가르치며 합심으로 기도했더니, 주님의 은혜로 성경공부한 지 5주 만에 자매가 다시 임신을 했다. 자궁이 약해 첫 태아가 자연유산된 것이어서, 아기가 태어날 때까지 얼마나 기도를 하며 애를 태웠는지 모른다. 드디어 건강한 아기가 태어났을 때에는, 말할 수 없이 기뻤다.

그런데 대단한 불교 신자였던 자매의 친정어머니가 손자를 보러 이곳까지 와서는, 본인이 절에 가 빌어서 손자가 태어난 거라고 말했다. 자매는 나더러 자기 어머니를 좀 전도해달라고 부탁을 했다. 나는 그 어머니를 섬기고자 기도하며 새우와 갈비 등을 준비해 찾아갔으나, 워낙 불심이 오래 되어 예수 믿는 나를 반기지 않으셨다. 그래도 싱가포르에 있을 때가 아니면 언제 만나서 복음을 전할 수 있을까 싶어서, 기도하며 또 찾아갔다.

두 번째 갔을 때는 손님인 나에게 시원한 물이라도 주시려고 냉장고를 열어 찬물을 유리컵에 담으셨다. 그리고 나를 돌아보셨는데, 순간 갑자기 놀라면서 컵을 놓치시고 말았다. 유리컵이 깨지면서 물이 다 쏟아져서, 일단 산모를 방에 들어가게 했다. 그리고 나와 그 어머니, 둘이서 열심히 부엌 바닥을 치우며 유리 조각이 없도록 깨끗이 쓸고 닦았다. 나는 속으로 이 단단한 유리컵이 박살나서 깨어진 것처럼, 이 어머니의 마음이 박살나게 깨어져서 예수님께 돌아오게 해달라고 계속 기도하며 바닥을 닦았다. 결국 그날은 청소만 하고 돌아왔다.

며칠 후, 간절히 기도하며 또 찾아갔다. 그랬더니 주님께서 그 어머니의 마음을 열어주셔서 불교든 기독교든 다 좋은 말씀들이니까, 본인도 딸 곁에서 말씀을 들어도 되느냐는 것이었다. 나는 속으로 할렐루야를 외치며 좋은 하나님 말씀을 들어보시라고 했다. 근데 자기 딸에게 이야기를 많이 들었으며 그동안 도와줘서 고맙다며, 꿈 이야기를 먼저 하시는 것이었다.

내가 처음 찾아간 날 꾸신 꿈은 이랬다. 어느 강가의 한편에서 자신은 불교식으로 빌고 있고, 건너편에서는 단발머리를 한 사람이 기도를 하고 있었다. 그런데 본인이 빌면 강물이 다 빠져나가고, 건너편에 있는 단발머리 한 사람이 기도하면 다시 강물이 흘러 들어와 넘치는 꿈이라 기분이 나빠 깨셨단다. 내가 다시 찾아간 날에도 똑같은 꿈을 꾸었는데, 바로 그날 내게 물을 주려고 쳐다보았을 때 단발머리인 것을 보고 너무 놀라 유리컵을 떨어뜨리신 것이다.

믿지 않던 바로 왕에게도 두 번 겹쳐 꾼 꿈은 하나님께서 하실 일을 보여주시는 것이었다. 그래서 나는 즉시 어머니도 주님을 믿게 될 것을 확신하며 복음의 말씀을 전했다. 평생을 믿어오신 불교라서 하루아침에는 안 되어도, 어머니가 귀국하실 때까지 복음을 전하며 친해졌다.

그 후 자매의 가정도 귀국을 했다. 자매의 아버지가 한국에서 암으로 고통 중에 계시다고 해서 온 마음으로 기도해주며, 자매가 직접 아버지께 복음을 전하라고 했다. 그런데 아버지께서 받아들이지 않으신단다. 나는 때마침 선교한국 대회에 참석하기 위해 아마존에서 한국으로 들어가신 김성준 선교사님께 전화를 드렸다. 찾아가서 복음을 전해달라고 부탁드렸더니, 그때도 아버지께서 복음을 거절하면서 자기는 죄가 없다고 하셨단다. 평생을 착하게 사셨던 것 같다.

나는 안타까워서 다시 선교사님에게 전화를 걸었다. 더 열심히 기도하겠으니 바쁘실 테지만 한 번만 더 찾아가달라고 부탁드렸다. 의사가 며칠을 더 살지 모른다고 했기 때문에 시간이 별로 없었다. 선교사님이 두 번째로 찾아가 복음을 전했더니, 다행히 그때에는 받아들이셨다는 기쁜 소식을 주셨다. 할렐루야!!

6일 후, 새벽에 자매에게서 전화가 왔다. 의사 말이 아버지가 오늘을 못 넘기신다고 했다고. 나는 자매에게 담대함을 갖고 천국 찬송과 그동안 자매가 암송했던 말씀을 아버지의 귀에 계속 들려드리라고 했다. 요한계시록 21장 1~7절의 말씀대로, 천국에 들어가는 것이므로 계속 기도하면 된다는 이야기도 덧붙였다. 그리고 내가 싱가포르에 있지만, 계속 기도할 것이니 담대하라고 했다.

그날 자매의 아버지는 사랑하는 딸이 들려주는 말씀과 찬양과 기도 속에서 고통 없이 평안히 천국에 가셨다. 천국 가시는 그 모습을 보고 장례를 치른 후, 자매의 어머니가 내게 국제전화를 주셨다. 남편의 평안한 임종 모습을 보니 천국이 있는 것을 확신하신다며, 앞으로 예수님을 잘 믿고 살겠다고 하셨다. 할렐루야!!

내가 한국으로 귀국한 후, 자매의 어머니께서는 성경을 더 가르쳐달라고 하셨다. 나는 성남에서 지하철을 갈아타며 4호선 정왕역까지 꼬박 2시간 30분을 갔다. 늘 딸인 자매 집에 미리 와서 함께 성경공부를 하시고, 내가 섬기면서 전도했다고 본인 역시 몸을 아끼지 않고 사람들을 섬기며 전도하셨다.

어머니의 친정언니분도 독실한 불교셨는데, 중풍이 와서 병원에 입원하시게 되었다. 그때 자매 어머니께서 전하는 말은 듣지 않으셔서, 안타깝다며 내게 전도를 부탁하셨다. 그래서 어머니와 함께 심방을 다니며 끈질기게 전도해, 결국은 친정언니분이 예수님을 영접하는 기쁨을 주셨다!

어머니는 지금도 섬기는 교회에서 전도특공대가 되어 전도를 잘하고 계시고, 예수님이 전부가 되는 삶을 살며 행복한 전도자로 살아가고 계신다. 몇 년 전에는 어머니께서 권사 취임을 하신다는 소식을 자매가 내게 전해주었다. 얼마나 감사했던지! 한 사람을 섬기며 전도하면, 결국에는 온 가족이 구원의 길로 인도된다.

"가로되 주 예수를 믿으라. 그리하면 너와 네 집이 구원을 얻으리라 하고 주의 말씀을 그 사람과 그 집에 있는 모든 사람에게 전하더라."(행 16:31~32)라는 말씀이 늘 이루어짐을 나는 체험하고 있다.

경숙 자매는 국제결혼을 한 팀에서 함께 성경공부를 하던 40세 자매였다. 남편은 미국인이었는데, 오래 기도해서 얻은 태아가 5주 만에 자연유산이 되었다는 소식을 들었다. 함께 성경을 공부하던 몇 자매와 함께 위로예배를 드리러 가는 내 마음은 매우 아팠다. 무슨 말씀으로 위로해야 할지 애타는 마음으로 기도하며 찾아갔는데, 예배드리기 전 자매가 먼저 이렇게 말했다.

"임신을 해본 것만으로도 감사해요."

'주님, 들으셨죠? 나이도 많은데 첫 아기가 자연유산되어 누워 있는 자매가 어떻게 임신을 해본 것만으로도 감사하다는 이런 놀라운 고백을 할까요. 기도 응답이 안 이루어졌다고 낙심하기 쉬운 때에 이렇게 감사하다니! 네 믿음대로 되리라고 항상 말씀하시는 주님! 자매의 믿음을 보시고 주님의 때에 귀하고 건강한 태의 상급을 허락해 주옵소서!'

우리는 합심으로 기도하며 예배를 드렸다. 경숙 자매가 했던 감사의 고백을 듣고 돌아오는 우리들의 발걸음은 너무 기뻤다. 그녀는 "범사에 감사하라 이는 그리스도 예수 안에서 너희를 향하신 하나님의 뜻이니라."(살전 5:18)는 말씀을 몸소 실천한 것이다. 자매의 믿음을 보시고 그 감사의 고백을 들으신 주님은 몇 달 후 다시 임신이 되게 하셨다.

경숙 자매는 말씀과 기도로 태아를 잘 양육했고, 주님의 은혜로 건강한 아들을 출산했다. 너무나도 기뻤던 나머지, 자매의 남편은 한국식으로 백일잔치를 크게 열어 많은 사람들을 대접했다. 주님은 항상 내가 생각하는 것보다 더 큰 기쁨을 주셨다.

하루는 효영 자매가 자기 집에서 하는 성경공부 팀에, 안 믿는 자기 후배를 참석시켜도 되겠냐고 물었다. 내가 좋다고 했더니, 그 다음 주에 서로 친구라며 수정 자매와 현나 자매를 데려왔다. 그날은 마침 '기도 응답의 확신'을 가르치는 날이었다.

"지금까지는 너희가 내 이름으로 아무것도 구하지 아니하였으나 구하라 그리하면 받으리니 너희 기쁨이 충만하리라."(요 16:24)와 "너희가 내 이름으로 무엇을 구하든지 내가 시행하리니 이는 아버지로 하여금 아들을 인하여 영광을 얻으시게 하려 함이라. 내 이름으로 무엇이든지 내게 구하면 내가 시행하리라."(요 14:13~14)라는 두 말씀을 가르쳤다. 그리고 사무엘의 어머니 한나가 통곡하고 기도한 후에 그 얼굴에 다시는 수색이 없었음을 예로 들었다.

> *"한나가 마음이 괴로워서 여호와께 통곡하며……*
> *그가 여호와 앞에 오래 기도하는 동안에……*
> *엘리가 대답하여 가로되 평안히 가라*
> *이스라엘의 하나님이 네가 기도하여 구한 것을*
> *허락하시기를 원하노라*
> *가로되 당신의 여종이 당신께 은혜입기를 원하나이다*
> *하고 가서 먹고 얼굴에 다시는 수색이 없으니라"(삼상 1:10~28)*

나는 간절히 기도하면 그 마음에 기도 응답의 확신이 기쁨으로 먼저 임한다는 것을 증거했다. 또한 우리는 확실히 예수님 안에 있고, 말씀이 우리 안에 있어야 함을 강조했다.

> *"너희가 내 안에 거하고*
> *내 말이 너희 안에 거하면*
> *무엇이든지 원하는 대로 구하라*
> *그리하면 이루리라."(요 15:7)*

이 말씀을 가르쳤더니, 두 자매는 집에 돌아가 각자 회개하고 주님을 믿기로 했고, 태의 문을 열어달라고 간절히 기도했단다. 나는 자매들이 어려 보여서 결혼한 지 몇 년이 지났을 거라고는 상상도 하지 못했다. 했더라도 갓 결혼해 남편을 따라 싱가포르에 온 줄 알았다. 거기다 아기를 갖길 원하는 줄도 몰랐다. 단지 진실로 회개하며 주님을 믿고 구하면 응답받는다는 사실을 성경 말씀에 근거해 강조했을 뿐이었다. 그런데 두 자매가 돌아가 각자 조용히 실천한 것이었다.

두 자매는 성경공부에 잘 참석했고, 둘이 친구다 보니 단짝처럼 붙어 다녔다. 그러던 어느 날 현나 자매가 전화를 해, 오늘 병원에 갔더니 임신이 되었다며 주님의 은혜에 너무나 감사하고 기뻐했다. 그러면서 친구인 수정 자매도 임신하기를 원하는데 혼자만 그렇게 되어 미안하다며, 아직은 말하지 말아달라고 했다. 나는 자매의 임신을 축하해주며, 태아를 하나님의 말씀으로 잘 양육하라고 권면해주었다. 그렇지만 나 역시 수정 자매가 마음에 걸렸다.

'둘이 단짝인데, 이거 어쩌나.'

그런데 3일 후, 수정 자매가 기뻐하며 내게 전화를 했다. 자기가 임신을 했다면서 하나님의 은혜에 감사한다고, 친구인 현나 자매에게는 미안하니 나만 우선 알고 있으라고 했다. 나는 큰 소리로 웃으며 말했다.

"현나 자매도 3일 전에 임신했어요. 두 사람 다 내게 전화를 해서 똑같은 말을 했으니, 이제 마음 편하게 서로 전화하고 기쁨을 나누도록 해요!"

그렇게 우리 성경공부 팀에는 겹경사가 났다. 하나님께서 초신자인 두 친구 중 한 명이라도 실족하지 않게 하시려고, 동시에 태의 상급을 주신 것이었다. 그 후 두 자매는 며칠 차이로 아기를 출산했다. 현나 자매는 예쁜 딸을, 수정 자매는 아들과 딸 쌍둥이를! 말씀을 믿고 기도한 자매들에게 하나님께서 태의 상급을 선물로 주신 것이었다. 할렐루야!!

두 자매뿐 아니라 지금까지 여러 자매들이 말씀을 믿고 기도해서, 귀한 태의 상급들을 많이 받았다. 그뿐 아니라 자녀들을 하나님의 말씀으로 잘 양육하고 있어, 내게 큰 기쁨이 되고 있다.

하나님께서 말씀을 믿고 기도한 자매들에게
태의 상급을 선물로 주신 것이었다.
할렐루야!!

두 자매뿐 아니라
지금까지 여러 자매들이 말씀을 믿고 기도해서,
귀한 태의 상급들을 많이 받았다.

그뿐 아니라 자녀들을 하나님의 말씀으로
잘 양육하고 있어, 내게 큰 기쁨이 되고 있다.

PART 5

싱가포르의 브리스길라

아마존 선교여행

1994년 여름, 우리 부부는 아마존에서 사역하고 계신 김성준 선교사님 가정을 한 달 동안 방문했다. 그때 우리가 얼마나 큰 도전을 받았는지 모른다.

선교사님은 한국교회가 선교에 눈을 돌리기도 전인 1960년대에 주님의 부르심을 받고, 오직 믿음으로 아무 후원 없이 아마존으로 가신 대단한 믿음의 용사다. 실은 순종하고 따라간 사모님이 더 놀라웠다. 평소에 존경은 하고 있었지만, 막상 현장에 가보니 말로 표현할 수 없는 마음뿐이었다. 벌거벗고 사는 아마존 과포레 계곡의 인디오들에게 복음을 전하러 가서, 안식년 한 번 없었던 이 선교 사역을 얼마나 기쁨과 감사함으로 온 힘과 정성, 사랑을 다해 섬기시던지. 똑같이 구원받은 백성인데, 복음을 위해 이렇게도 희생하며 사는 분도 계시다는 것이 감사해 밤마다 얼마나 울었는지 모른다.

또 너무나 오랜 세월 동안 고생하신 사모님을 위로해드리며, 주님 안에서 참으로 귀한 사랑의 교제 시간을 보냈다. 포르투갈어와 인디오 말을 할 줄 몰랐지만 매일 아침부터 밤까지 전도하는 현장 이곳저곳을 따라다녔다. 인디오 마을에서 눈빛과 손짓 그리고 웃음으로 대화하며 밤늦게까지 찬양하는, 참으로 귀하고 잊지 못할 시간들도 보냈다. 3주가 너무 훌쩍 지나가서, 서운했던 나머지 떠나올 때 많이 울었다.

떠날 때, 조그만 도시로 가서 상파울로로 가는 비행기에 오르는데 사모님이 우리가 안 보일 때까지 손을 흔들고 계셨다. 사모님을 생각하니 눈물이 빗물처럼 흘러내렸다. 어떻게 저런 열악한 곳에서 그 오랜 세월을 살아오셨단 말인가! 내가 너무 오래 울자, 남편이 내년에 또 오면 되지 않느냐며 달래줬다. 나는 이듬해에 여기에 또 온다는 약속을 확실하게 받아냈다.

우리 부부가 아마존을 오고가는 한 달 동안에는 우리가 선교에 전념할 수 있도록, 성경을 가르쳤던 사랑하는 형제자매 부부가 딸을 데리고 와서 아예 우리 집에서 살아주었다. 그리고 우리 아이들이 조금도 힘들지 않게 돌봐주었다. 얼마나 감사한지.

우리 부부는 그 다음 해에도 아마존 선교지에 가기 위해, 허리띠를 졸라 매며 돈을 모았다. 브라질 대사관 직원을 가정교사로 불러 밤에 포르투갈어를 배우고, 여름성경학교를 하기 위해 선교사님이 번역해서 보내준 어린이 찬송가 18곡을 매일 전도하러 다니는 버스와 전철 안에서 틈틈이, 그리고 열심히 외웠다. 두 아들은 체육 시간을 맡기 위해 태권도 검정 띠를 따두었고, 어려서부터 손재주가 있었던 남편이 미술과 공작 시간을 맡기로 하는 등 온 가족이 단기 선교 준비를 열심히 했다.

하루는 우리 아이들에게 한글을 가르쳐주고 있던 자매가 "너희는 아마존 선교지에 갈 수 있으니 참 좋겠다."라고 했다는 소리를 들었다. 자매를 함께 데리고 가고 싶지만 워낙 비행기 값과 한 달 경비가 많이 들어서, 어찌 해야 될지 몰라 기도를 하고 잤다. 그런데 주님께서 아침 Q.T 시간에 깜짝 놀랄 말씀을 주셨다.

"요나단이 다윗에게 이르되
  네 마음의 소원이 무엇이든지 내가 너를 위하여 그것을 이루리라."(삼
  상 20:4)

나는 이것을 즉시 주님의 음성으로 받아들이고, 경비가 많이 들더라도 자매를 함께 데리고 가기로 작정했다. 목사님의 딸로, 미술 공부를 하고 있었고 피아노도 잘 쳤기 때문에 좋은 동역자가 되었다.

어렸을 때 시골 교회에서 찬양할 때 주로 쓰던 큰 백지에 글자만 쓴 악보 궤도처럼, 우리는 포르투갈어 찬양 궤도를 만들었다. 또 색종이와 미술 도구 등 공작 시간에 필요한 모든 것을 준비하고, 찬양 시간을 위해 키보드도 구입했다. 이민가방 2개에 준비물을 가득 채웠고, 한 달간 우리들과 선교사님 가정이 먹을 것도 준비했다.
또 계속 기도해서, 받기 어려웠던 브라질 비자도 잘 받았다. 여러 차례 비행기를 갈아타며 이틀 만에 도착했어도 기쁘고 감사했다. 특히 아이들은 딱 한 달뿐인 방학을 정말 보람 있게 보냈다.

아이들이 중학교 1·2학년이었지만 아마존 정글에 데리고 갔다. 거기서 인디오들과 함께 지내며 선교사님이 어떻게 사역하는지를 몸소 배우고, 설사를 줄줄 하면서도 그들과 함께 먹고 놀며 밤늦게까지 찬양했다. 며칠을 그곳에서 보내고 다시 작은 도시로 나와 여름성경학교를 했다. 우리들이 얼마나 열심히 기도하며 준비를 했는지, 어린이들뿐만 아니라 어른들까지 많이 모였다.

자매는 가지고 간 키보드로 반주를 했다. 한 현지인 전도사님의 아이가 음악을 배운 적도 없는데 소리만 듣고는 기타로 반주를 도왔다. 그리고 나는 어린이 찬양 18곡을 완벽하게 외워서 찬양을 인도했다. 찬양이 끝나자 현지 전도사님이 설교를 하고, 미술 시간은 자매가 인도하고 공작 시간은 남편이 인도하고…… 그렇게 3일 동안의 여름성경학교를 마치고 온 교인들을 저녁에 초대해, 소를 반 마리 잡아 바비큐 잔치를 했다. 다들 얼굴이 얼마나 행복했는지.

다음 날은 현지 교회 지도자들과 그 가족들을 모시고 도시에 있는 뷔페 식당에 갔다. 다들 결혼식 때도 못 와본 곳이라며, 아이들까지 얼마나 잘 먹던지! 보고만 있어도 배가 부를 지경이었다.

그 후에는 교회가 없는 외진 곳까지 찾아가, 선교사님은 전도를 하시고 우리들은 찬양을 했다. 두 아들은 그곳 아이들에게 태권도를 가르치며 시간 가는 줄 모를 정도로 즐거운 시간을 보냈다. 우리는 그분들이 준비한 현지 음식을 함께 먹으며 즐거운 교제를 했다. 이곳은 전도하러 오고가는 길이 아직 잘 닦여져 있지 않아, 한번은 물구덩이에 차가 빠져 모두 내려서 차를 끌어낸 적도 있다.

며칠 후에는 여자 유치장에 전도하러 갔다. 마약범이 많은 나라라, 몸수색을 엄청나게 해서 많이 놀랐다. 그곳에 들어가 선교사님과 현지 지도자들은 전도하며 말씀을 전하셨고, 우리는 암송해 간 찬양을 부르고 함께 기도드렸더니 결신자들이 생겼다. 다음 날엔 남자 유치장에 갔다. 여자들은 위험하다고 해서 못 들어갔지만, 준비해 간 성경책에 일일이 이름을 써서 선물했다. 브라질이 천주교 국가라서 그런지, 감옥에 있는 죄수들의 이름이 바울, 베드로, 안드레, 요한 등 거의 성경에 나오는 이름들이었다. 나는 모두가 그 이름에 합당한 사람이 되기를 바라는 마음으로 기도하며 이름을 썼다.

이렇게 아침부터 저녁까지 선교사님을 따라다니며 전도를 도왔다. 저녁 식사 후에는 사모님과 좋은 시간을 보내며, 그동안 있었던 꿈 같은 선교 이야기를 들었다. 한국 사람 하나 없는 곳에서 사모님이 얼마나 외롭고 또 고생을 하셨는지, 들을 때마다 가슴이 아파왔다.

그리고 밤마다 모기, 벌레와 싸우다 보면 아침이 되고…… 그렇게 3주 동안 선교사님 가정과 지내면서 많은 것을 깨닫고 배우며, 남은 인생을 어떻게 더 복음을 위해 살 것인가를 깊이 생각한 좋은 시간을 보냈다.

두 아들도 선교사님의 삶을 보고 많은 것을 배웠고, 함께 간 자매 역시 많이 변화되었다. 한국에 도착하자 자매의 부모님인 목사님 부부가 우리를 꼭 만나고 싶다고 서울까지 올라오시겠다고 했다. 할 수 없이 우리가 부산에 가서 뵈었더니, 딸이 놀랍게 변화되었다며 기뻐하셨다.

    2만 불의 비싼 대가를 치른 만큼 이 선교 여행은 우리 가족 모두에게 큰 도전과 삶의 변화를 가져왔다. 우리 네 식구는 좋은 옷 한 벌 안 입고 살게 되었고, 지나가는 선교사님들이 우리 집에서 몇 날 몇 주를 묵든지 편하게 지내다 가시도록 했다. 또 이곳저곳에서 어려우신 선교사님들을 힘껏 도왔고, 나는 더욱더 전도에 전념하게 되었다. 너무 아파서 약을 먹고 눕기 전에는 전도를 쉬지 않았다.

비싼 대가를 치룬 만큼

이 선교 여행은 우리 가족 모두에게

큰 도전과 삶의 변화를 가져왔다.

우리는 좋은 옷 한 벌 안 입고 살게 되었고,

지나가는 선교사님들이 우리 집에서

몇 날 몇 주를 묵든지

편하게 지내다 가시도록 했다.

또 이곳저곳에서

어려우신 선교사님들을 힘껏 도왔고,

나는 더욱더 전도에 전념하게 되었다.

두 렙돈을 낸 과부처럼

섬김과 전도에 힘쓰다

미국에서 공부를 마쳐갈 때쯤 선교지를 놓고 기도하다 싱가포르에 가는 것이 결정된 뒤, 나는 남편에게 약속을 하나 하자고 했다. 학교에서 교수 아파트를 주기 때문에 약간의 월세와 관리비 외에는 돈이 들지 않으니, 우리 가족을 위해 저축하지 말고 마음껏 전도하면서 선교사님들과 부모님을 섬기며 살자고. 내가 아마존으로 안 가고 싱가포르로 가는 것에 동의한 것이 고마워서인지, 남편은 그렇게 하기로 약속했다.

덕분에 만 8년 동안 싱가포르에 살면서 선교지 갈 때 돈을 모은 것 외에는 한 푼도 저축하지 않았다. 그리고 사명 주신 대로 오로지 전심전력을 다해 전도하며, 어려운 가정들과 선교사님들을 기쁨으로 섬겼다. 매달 어렵게 사시는 부모님께 생활비도 보내드리고, 두 아이들은 돈이 거의 안 드는 현지 학교에 보냈다. 고등학교 졸업 때까지 과외 공부 한 번 안 시키고, 심지어는 열대 지방에서 흔한 수영조차 안 가르쳤다. 그러나 딱 한 가지, 한국 사람이고 남자니까 태권도는 배우라고 한 달에 10불(한국 돈으로 칠천 원 정도)을 들였다. 그것도 빨리 검은 띠를 따게 하고 마쳤다. 우리와 가족을 위해서는 꼭 필요한 것 외에 돈을 거의 쓰지 않았다.

그리고 선교사님들이 오시면 맛있는 것을 대접했기에, 우리 아이들은 선교사님들과 손님이 오시는 것을 아주 좋아했다. 그리고 서로 자기 방을 내어주며, 거실에서 잠을 자더라도 좋아했다. 고등학교 3학년이 되어서도 조그만 불평 없이 선교사님들께 방을 내어주었다.

더운 나라라서 옷도 여름옷만 있으면 되고, 아이들은 거의 교복만 입으니 티셔츠도 몇 개면 되었다. 그리고 나는 전도만 하는 사람이니 옷이 별로 필요 없었다. 흰 티셔츠에 무릎 아래로 내려오는 진한 청색 싸구려 반바지에 흰 운동화가 8년간 내 교복이었다. 교회에 갈 때만 한국에서 시어머님이 시장에서 사서 보내주신 싼 옷 두세 벌을 역시 8년 동안 입었다. 돈을 아끼며 살았고, 오로지 전도와 선교에 온 힘을 기울이며 살았다.

그래도 전도의 열매를 맺는 날이면 집에서 아이들이 좋아하는 것을 먹으며 조그마한 천국 잔치를 했다. 그래서 두 아들은 엄마가 전도하는 것을 너무 좋아했다. 그리고 날마다 몇 명 전도했냐고 내게 물으며 기도의 동역자로 살았다.

이렇게 살며 먼저 싱가포르와 가까운 인도네시아에 아이들과 선교를 다녀왔다. 방학 때에는 둘째 아들이 네팔에 단기 선교를 갔다 왔다. 아마존 선교지는 우리 부부가 먼저 다녀온 뒤, 그 다음 해에 아이들과 함께 다녀왔다. 어려서부터 전도와 선교를 하며 살아야 한다고 가르쳤기 때문에, 아이들은 아무 불평 없이 엄마아빠의 삶을 잘 따라와 주었다.

깨끗하고 안전하며 좋은 환경인 싱가포르에 살았지만, 어느 곳에 살든지 선교사적인 삶을 살아야 한다는 것도 가르쳤다. 그렇게 우리 가족은 절약하며, 복음을 위해 섬기는 삶을 살았다.

어려운 가정들을 섬기며

어느 날 새벽, 나는 한 말씀을 묵상했다.

"내가 그 생물을 본즉 그 생물 곁 땅 위에 바퀴가 있는데
그 네 얼굴을 따라 하나씩 있고
그 바퀴의 형상과 그 구조는
넷이 한결 같은데 황옥 같고
그 형상과 구조는
바퀴 안에 바퀴가 있는 것 같으며
행할 때에는 사방으로 향한 대로
돌이키지 않고 행하며
그 둘레는 높고 무서우며
그 네 둘레로 돌아가면서 눈이 가득하며

생물이 행할 때에 바퀴도 그 곁에서 행하고

생물이 땅에서 들릴 때에 바퀴도 들려서

어디든지 신이 가려하면

생물도 신의 가려하는 곳으로 가고

바퀴도 그 곁에서 들리니

이는 생물의 신이

그 바퀴 가운데 있음이라.

저들이 행하면 이들도 행하고

저들이 그치면 이들도 그쳐서

저들이 땅에서 들릴 때에는

이들도 그 곁에서 들리니

이는 생물의 신이 그 바퀴 가운데 있음이더라."(겔 1:15~21)

묵상을 마친 뒤, 내 인생이 주님만 모시고 다니는 바퀴가 되게 해 달라고 간절히 기도했다.

"주님 모시고 동서남북 다니며 전도하고, 결코 돌이키지 않으며, 오늘도 주님이 가시는 곳에 순종해 따라가는 바퀴가 되게 하소서!"

나는 눈물로 감격하며 묵상을 마쳤다.

아침 식사를 한 후, 전도가방을 메고 대문을 나서는데 전화가 왔다. 성경공부 장소를 제공하는 한 자매가 아픈 목소리로, 본인이 너무 아 파 오늘 공부를 할 수 없는데 어떻게 하면 좋은지 물었다. 나는 아직 출발하기 전이어서 다행이라 생각하고, 팀 사람들에게는 한 주 쉬는 걸로 연락을 했다. 보통 때는 늘 건강했던 자매여서, 어디가 아프냐고 물어보았다. 들으니 3일째 변비가 너무 심해, 앉지도 못하고 식은땀이 흐른다고 했다. 그러면 걱정 말고 약국에서 먹는 약과 관장하는 약을 사서 치료하면 된다고 했더니, 이미 다 해봤는데 안 된다는 것이었다.

'아니, 무슨 변비가 약을 써도 안 되지?'

나는 섬유질이 많은 식품을 먹으라고 권한 뒤, 기도책상에 앉아 자매를 위해 기도하며 주님께 무슨 일인지 물었다. 분명히 말씀을 묵상할 때 넘치는 기쁨을 주셔서 주님을 모시고 나가려는데, 갑자기 빨간불이 켜지다니. 이해가 안 돼서 계속 주님께 깨닫게 해달라고 떼를 쓰며 기도했다. 그런데 갑자기 주님께서 자매가 돈이 없어 그렇다고 내 마음속에 말씀하셨다.

"아니, 돈이 없다고 무슨 변비가 옵니까?"

그러나 주님께서는 또 동일하게 말씀하셨다. 나는 자매가 주인에게 월세를 내지 못해 속이 타서 생긴 것임을 곧 알았다. 그래서 서랍에 있던 돈을 얼른 다 꺼내 봉투에 넣고 한 줄만 썼다.

"그리스도 안에서 형제자매이므로."

봉투만 주면 절대로 받을 자매가 아니었다. 나는 냉동실에 다듬어 둔 섬유질이 풍부한 음식을 큰 봉투에 넣었다. 그리고 마른 나물과 돈 봉투를 그 속에 넣은 뒤, 택시를 타고 자매의 집으로 달려갔다. 아파서 몸을 구부린 자세로 문을 연 자매는 내가 온 것을 보고 깜짝 놀라 안으로 들어오라고 했다.

"자매님. 섬유질이 많은 것을 먹어야 빨리 나아요. 이거 드세요."

나는 그렇게 나물 봉투만 밀어 넣고, 혹시라도 자매가 그 속에 든 돈 봉투를 발견하고 얼른 돌려줄까 봐 도망치듯 나왔다. 이틀 동안은 혹시라도 돈을 돌려준다고 할까 봐 전화도 안 받고 기도만 했다.

며칠 후, 자매가 전화를 했다.

"제가 돈이 없어 월세를 못 내서 싱가포르 주인에게 시달리다가 그렇게 된 걸 어떻게 아셨어요? 나중에 남편이 잘 벌게 되면 이 돈 꼭 갚을게요!"

"자매님. 주님께서 제가 기도하는 중에 가르쳐주셨어요. 나한테 갚지 말고, 나중에 자매 곁에 어려운 사람이 생기면 그때 그 사람에게 주세요. 하나님의 사랑은 물이 흘러가듯이 흘러가는 거예요."

자매는 남편이 계속 생활비를 잘 주지 않아 어려움이 많았는데도, 곤궁에 빠져 오갈 데가 없어진 가족을 자기 집에서 무려 한 달이나 섬겼다. 그 소식을 듣고 얼마나 기뻤는지, 나는 한국 식품가게에 전화를 해 식료품을 구입하고 자매 집으로 배달시켰다.

그 이후에도 자매는 우리 가족이 아마존 선교지를 방문할 때 선교사님 가정에 필요한 것을 보태주었고, 일본에서 사역하시던 목사님이 아프셔서 우리 부부가 방문했을 때에도 그 목사님을 위해 헌금을 했다. 그 헌금이 마가복음 12장 41~44절에 나오는 가난한 과부의 두 렙돈처럼 귀한 헌금이었음을 우리 주님은 아시리라.

하지만 자매의 남편은 공사장에서 어렵게 벌어온 돈을 계속해서 엉뚱한 데에 쓰고, 술을 마시면서 아내와 자녀들을 힘들게 했다. 자매가 괴로워서 울 때마다 나는 말씀으로 위로하고 격려하며, 그럼에도 불구하고 남편을 섬겨야 한다고 가르쳤다. 자매도 남편의 구원을 위해 참고 인내하며 기도했다.

　몇 년 후, 자매도 나도 귀국을 했다. 그날도 어김없이 전도를 하고 있었는데, 자매가 긴급하게 전화를 했다. 남편이 구강암 말기이고, 이틀 후 서울대 치과병원에서 13시간쯤 수술해야 하니 기도해달라는 것이었다. 언제 암이 발견됐느냐고 물으니, 몇 달 전부터 턱 아래가 붓고 아팠는데 공사장에서 일하니까 피곤해서 아픈 줄 알았단다. 그런데 계속 심하게 아파서 동네 병원에 갔더니 큰 병원으로 보내길래 검사해보니까 암 말기이고, 혀의 3분의 1을 잘라내야 한다고 했다는 것이었다. 자매도 울고, 나도 어이가 없어서 울었다. 어떻게 혀를 자른단 말인가. 암 보험이라도 들었냐고 물었더니, 힘없는 목소리로 못 들었다고 대답했다.
　'그렇겠지. 돈이 있어야 보험도 들지……'
　지금은 남편 분이 예수님을 믿느냐고 물었더니, 마음이 많이 낮아졌다며 와서 전도 좀 해달라고 했다. 내일 당장 서울로 올라가겠다고 하고 전화를 끊었다. 가슴이 미어질 듯 아파서 눈물이 쏟아졌다.
　그때 남편은 보름 전부터 학교 일과 선교사님 방문 때문에 몽골대학에 가 있었고, 전도비로 준 것은 다 써서 남은 게 거의 없었다. 근데 마침 남편이 인천공항에 도착했다며 전화를 했다. 나는 급한 환자가 생겼는데 빨리 100만 원을 내 통장으로 부쳐달라고 하고, 은행에 가서 수표로 찾았다. 그리고 포항에서 서울로 가는 고속버스 안에서 내내 기도하며, 어떤 말씀을 전해야 할지 주님께 물었다.

병원에 도착해 치과병동 입구에서 부부를 만났다. 얼마나 마른 모습이던지. 나는 어디 예배드릴 만한 조용한 장소가 있냐고 물었다. 그랬더니 치과 병동에는 그런 장소가 없는 것 같다며, 아직 점심 식사 전이니 지하 식당에서 드리자고 했다. 그래서 우리 셋은 지하 식당 구석에 자리를 잡고 기도를 드렸다. 자매 남편의 삶을 잘 알고 있었기 때문에, 반드시 회개하고 돌아와 예수님을 믿어야 한다며 누가복음 15장에 나오는 둘째 아들이 회개하고 주님께 돌아온 것을 설명했다.

아버지 곁을 떠나 먼 나라에서 허랑방탕해 재산을 다 허비하고 궁핍해져서야, 스스로 돌이켜 일어나 아버지께로 돌아오는 그 아들. 그리고 그 아들을 아직도 상거(거리)가 먼데 아버지가 보고 달려가 맞이하는 모습. 그리고 아들을 있는 모습 그대로 받아주며, 지위를 회복시켜주고 큰 잔치를 벌인 아버지의 마음. 이것이 하나님 아버지의 마음이니, 그동안 하나님을 떠난 죄와 짓고 살았던 모든 죄를 회개하고 용서해주시는 예수님을 마음으로 믿겠냐고 물었다. 자매 남편은 고개를 숙이고 눈물을 글썽이며 믿겠다고 대답했다.

자매는 남편의 고백에 감사해서 계속 울었고, 나는 힘차게 사죄의 찬송과 구원의 찬송을 부른 후 함께 영접기도를 드렸다. 사람들이 식사를 하려고 몰려와도 아랑곳하지 않고 식당 구석에서 부흥회를 한 것이었다.

예배를 드리고 밖으로 나와 작별 인사를 한 뒤, 나는 자매가 안 보는 사이 남편의 환자복 주머니에 얼른 수표 봉투를 넣었다. 그리고는 도망치듯 달려 전철을 타고 버스 터미널로 향했다.

나는 수술하는 내내 밤을 새워 자매와 1시간마다 전화를 하며 기도를 드렸다. 아침 8시에 시작한 수술은 무려 18시간이 넘게 이어져 새벽 3시에야 중환자실로 옮겨졌다. 암이 생각보다 구강 전체에 많이 퍼져, 수술 후에도 상태가 너무 나빠서 중환자실에 오래 있었다.

병원비가 많이 나와 걱정할 자매가 불쌍해서 최선을 다해 도우며, 동역자들에게 기도를 부탁했다. 그랬더니 감사하게도 몇몇 자매들이 함께 병원비를 부담해주었다. 하지만 결국은 몇 달을 못 견디고, 빚만 남긴 채 천국에 갔다. 나는 청주로 올라가 장례식에 참석해 자매를 위로했다. 그리고 자매가 다니던 교회에서 장례식을 치러주었다는 이야기를 듣고, 그 교회와 목사님께 감사드렸다.

몇 달 후, 그 교회 목사님의 부탁으로 그곳에서 전도 간증집회를 인도한 뒤 자매와 반갑게 만났다. 관절염이 심한 자매의 친정어머니도 만나 뵙고 복음을 전했다. 그리고 자매 몰래 용돈을 드리고 돌아왔다. 나는 자매가 사랑과 정성으로 담근 맛있는 김치를 한 통 받아오면서 가슴이 찡하고 눈물이 흘렀다. 그래서 내가 진심으로 사랑하는 착한 자매가 주님을 의지하고, 자녀들을 잘 양육하며, 남편 없이 혼자서도 잘 살아갈 수 있게 해달라고 간절히 기도드렸다.

"자매님.

주님께서 제가 기도하는 중에 가르쳐주셨어요.

나한테 갚지 말고,

나중에 자매 곁에 어려운 사람이 생기면

그때 그 사람에게 주세요.

하나님의 사랑은 물이 흘러가듯이
흘러가는 거예요."

너를 위해 대사를 경영치 말라

퇴직금과 아파트

아마존 선교여행을 마치고 오는 길에 한국에 들러 시부모님을 잠깐 뵈었다. 그리고 토요일에 싱가포르에 도착해 다음 날 주일예배를 드렸다. 그때 설교 말씀이 "네가 너를 위하여 대사를 경영하느냐 그것을 경영하지 말라. 보라 내가 모든 육체에게 재앙을 내리리라. 그러나 너의 가는 모든 곳에서는 내가 너로 생명 얻기를 노략물을 얻는 것 같게 하리라. 여호와의 말이니라 하셨느니라,"(렘 45:5)였다. 아무리 생각해도 나를 위해 큰일을 경영할 것이 없는데, 도대체 무슨 말씀인지 몰라 계속 주님께 물으며 생각하고 있었다.

월요일에 학교를 가야 하는데, 선교지에서 현지 아이들과 열심히 다니느라 아이들의 안경이 긁혀 예배 후에 안경알만 바꾸러 가기로 했다. 그런데 ATM에 가서 돈을 찾아오는 남편의 얼굴이 환하게 밝았다. 통장 잔고가 하나도 없었는데 한 달 치 월급이 들어와서 좋아하나 했더니, 3년 퇴직금이 정산되어 나왔다는 것이었다. 당시 외국인 교수들은 3년마다 재계약을 하기 때문에, 3년 퇴직금을 받을 수도 있고 싱가포르를 떠날 때 받을 수도 있었다. 그런데 우리가 돈이 없어 3년 치를 먼저 받겠다고 했더니, 선교지에 갔다 온 사이에 그 돈이 나왔던 것이다. 남편은 우리가 매달 월급을 마음껏 전도에 쓰고 한 푼도 저축하지 않으니까, 이건 아이들 대학 입학금으로 써야 된다고 했다. 그 순간, 주일 설교 본문이 생각났다.

"아, 그래서 주님께서 그 말씀을 주셨구나. '네가 너를 위하여 대사를 경영하느냐? 그것을 경영하지 말라!'"

나는 남편에게 말했다.

"오늘 설교 말씀을 생각해보세요. 애들이 아직 중학생인데, 무슨 대학 입학금을 예비해요? 주님께서 때가 되면 반드시 필요한 것을 채워주실 테니, 염려 말아요. 그리고 그 돈은 써야 할 곳이 있어요."

남편이 또 누구에게 주려고 하냐고 해서, 바로 당신 부모님께 드려야 한다고 했다. 우리는 학교 아파트지만 그래도 큰 집에서 편안하게 살고 있는데, 시부모님께서는 파산 후 15평 월세에서 아직 결혼을 하지 않은 아가씨와 같이 살고 계셨다. 대학교에 피아노 강사로 나가고 있던 아가씨라, 집에 피아노까지 있어 좁고 불편했다. 그래서 우리도 한국에 잠시 들렀을 때, 피아노 옆에서 겨우 자고 왔다. 화장실도 너무 작아서 내가 엎드려 머리 감는 것도 힘들었는데 어머님은 얼마나 힘드시겠냐고, 내일 당장 송금하자고 했다. 남편은 동의하며 고맙다고 했다.

아이들 안경알을 바꿔주고 집에 와서 시어머니께 전화를 드렸다. 그랬더니 매우 놀라시며 안 된다고 하셨다. 시아버지께서 파산하셨을 때 강남 아파트를 팔아줘서 한국에는 방 한 칸도 없는 너희들이고, 매달 돈도 부쳐주고 있지 않느냐는 것이었다. 그리고 그 돈만큼은 손자들 대학교 학비로 써야 한다고 하시면서 말렸다. 그러나 나는 무조건 부모님 통장으로 내일 송금해드리겠으니 전세로 옮기시라고 했다. 또 미리 기도해놓을 테니, 다리 아프신데 여기저기 다니지 말고 첫 번째 복덕방에 가셔서 피아노가 있으니까 1층 코너 집으로 계약하시라고 했다.

말려도 안 되는 며느리인 걸 이미 알고 계신 어머님은 정말 고맙다고 하시면서, 내가 얼굴 들고 어떻게 너를 볼 수 있겠느냐고 하셨다. 나는 다음 날 바로 돈을 송금했고, 주님의 은혜로 시부모님과 아가씨는 기도드린 것에 꼭 맞는 25평 전세로 집을 옮기셨다.

퇴직금의 3분의 1이 세금이었으므로, 우리는 1년 동안 2만 불의 세금을 내느라 허리띠를 졸라맸다. 그리고 2년 반 뒤에 IMF가 발생했을 때, 돈을 조금 보태 경기도 성남시에 있는 25평 아파트를 사게 되어 지금까지 이사하지 않고 편안히 사실 수 있도록 해드렸다. 관절염으로 다리가 아프신 어머님께 가장 좋은, 지하철역과 가깝고 교통이 아주 편리한 곳이었다.

그 후 우리는 귀국할 때 퇴직금의 반을 썼고, 둘째 아들 대학 등록금까지 내고 나니 돈이 모자랐다. 그래서 시댁 가까이에 있는 성남 산꼭대기에 전세를 겨우 얻어서 살았다. 하지만 내 마음은 항상 천국이었다.

주라!

1997년 IMF 때, 선교비가 없어 철수하시는 선교사님들이 있다는 것이 마음 아팠다. 그때 대기업 연구부장으로 있던 친정남동생이 같은 마음을 가졌다. 남동생은 자신이 선교사님들을 도울 수 있는 길은 주님이 주신 기술로 사업을 하는 것뿐이라며 선한 마음으로 벤처 사업을 시작했다. 하지만 연구실에서 연구만 하던 동생이 사업을 하려니 참 어려웠다. 나중에는 퇴직금과 살던 아파트를 다 팔고, 거의 밑바닥에서 네 식구가 먹고 살기도 힘들어졌다. 그래서 당장 연구비와 생활비로 2천만 원이 필요하다며, 늦은 밤에 어렵게 기도 부탁을 해왔다. 좋은 뜻으로 사업을 시작했기 때문에, 우리도 없는 돈에 회사 컴퓨터를 선물하며 기도로 돕고 있어서 마음이 더 아팠다.

성경을 묵상하다가 전화를 받았기에, 안타까운 마음으로 주님께서 동생 가정에 긍휼을 베풀어 주시기를 기도드리고 있었다. 그런데 갑자기 주님께서 "주라!" 하셨다. 나는 놀라 거실에서 신문을 읽고 있던 남편에게 상황을 설명했더니, 무슨 소리냐고 했다.

"학교에서 오던 길에 돈이 없어서, 조금 찾으러 갔더니 월급 나오기 전이라 통장에 100불도 없던데. 당신이 주님 음성을 잘못 들었을 거예요. 돈이 있어야 돕지요. 예비비도 없고, 월급 전부를 전도에 쓰고 선교사님들께 드리며 살고 있는데, 그런 큰돈이 우리에게 어디 있다고 '주라'고 하시겠어요. 당신이 잘못 들은 것일 테니 다시 기도해 봐요."

나는 혹시라도 내가 너무 쓰고 사니까, 당신이 몰래 비밀통장이라도 만들어 놓은 것이 있느냐고 물었더니 무슨 소리냐고 했다. 그래서 다시 간절히 주님께 기도드렸다.

"주님! 우리에게는 정말 돈이 없는데요? 무엇이 있나요?"

그런데 또 정확히 "주라!" 하셨다. 그래서 우리에게 무엇이 있는지 생각나게 해달라고 기도드렸다. 두 달 전 한국에서도 안 쓰던 스텔라 자동차가 10년 만기가 되어 바꾸면서, 두 가정의 선교사님을 모시려고 학교에서 대출을 받아 8년 된 7인승 중고차로 바꾼 것이 생각났다. 산 지 두 달밖에 안 되었지만 얼마나 많은 분들을 태우고 다녔는지 신이 났고, 그나마 좋은 차라고 남편이 직접 세차까지 하며 아끼던 것이었다. 주님께 그것을 팔아 남동생에게 주는 것이 주님의 뜻이라면 팔고, 대출금은 우리가 매달 갚고 살겠다고 했다.

거실로 나와 남편에게 주님께서 확실히 줄 것이 있다고 하셨다면서 나보다 머리가 좋으니 잘 생각해보라고 했다. 남편은 곰곰 생각하더니 기절할 듯이 "차를 팔아주라고 하셨다고?" 하며 놀라는 것이었다.

나는 울면서 그래야 된다고 했다. 내가 시부모님이 파산하셨을 때 기꺼이 집을 팔아 도와드렸으니, 당신도 우리 친정 동생 어려울 때 무조건 돕는 것이 우리 부모님을 돕는 것과 마찬가지라며 깊이 생각해보라고 했다.

잠시 후 남편은 차 주인이 네 번이나 바뀌어서 우리가 다섯 번째인데, 두 달 만에 다시 팔면 고장난 차인 줄 알고 아무도 사지 않을 거라고 했다. 그러니 꼭 팔아서 주고 싶다면 당신이 기도해서 차를 팔아보란다.

나는 동네 신문에 광고만 내달라 하고는 그날부터 차가 팔릴 수 있도록 기도했다. 하지만 가끔 전화로 묻기만 할 뿐이었다. 남편의 말처럼 우리가 다섯 번째 주인이고 두 달 만에 파는 거라고 하면 차를 보러오지도 않았다. 나는 속이 답답했다.

'동생 가정은 당장 돈이 필요하다는데, 어쩌지?'

하지만 주님께서 '주라' 하셨으므로 분명히 차가 팔릴 거라 생각하고, 처음으로 돈을 빌리기 위해 사업이 잘 되는 최 장로님 가정에 전화를 했다. 장로님의 아내인 자매에게 내가 성경을 가르치고 있었던 터라, 우리 동생네의 사정을 이야기했다. 그리고 지금 차를 내놓았으니, 팔리면 곧 주겠다고 하고 천만 원만 빌릴 수 있겠냐고 물었다. (싱가포르는 차 값이 워낙 비싸, 8년 된 중고차가 천만 원이나 했다.) 그러자 집사님 가정이 전도하러 다니는데, 차가 없으면 이 더운 나라에서 어떻게 하려고 그러냐면서 최 장로님이 서울에 출장 중인데 전화해보겠다고 했다.

잠시 후 전화가 왔다. 천만 원은 드리는데, 장로님도 우리가 차를 절대로 팔면 안 된다고 했단다. 그리고 지금 서울 어느 호텔에 머물고 있는데, 내 남동생을 만나겠다며 전화번호를 물어보셨다. 나는 얼른 대전에 사는 동생에게 전화해 장로님을 만나러 가라고 했다. 돈은 내가 알아서 갚을 테니, 받아서 연구비에 쓰라고도 했다. 그래도 동생은 차용증을 써가지고 가서 드렸다. 그랬더니 최 장로님이 이런 것은 필요 없다 하시며 그냥 돌려주고, 나중에 사업이 잘 되면 갚고 그렇지 않으면 안 갚아도 된다고 하셨단다. 동생은 대전으로 내려가는 차 속에서 울며 생각했다고 한다. 누나는 어떻게 살았기에 이런 형제자매들이 있는가 하고.

　나는 장로님께 감사해서 더욱 기도드리며 차를 속히 팔리게 해달
라고 기도드렸다. 일주일 후, 어느 분에게서 전화가 왔다. 나는 와서
먼저 차를 운전해보라고 했다. 싱가포르 분이었는데, 우리 차로 고속
도로를 달리고 오더니 차가 좋은데 왜 팔려는지를 물어서 사실대로
말했다. 남편이 너무 아끼고 두 달간 손질을 잘해 차가 좋은데, 한국
에 있는 남동생 가정이 갑자기 어려워져 팔아서 도우려고 한다고 했
다. 그랬더니 그 자리에서 계약금을 주고, 내일 완불하겠다고 했다.
영어도 제대로 못하는 내가 기도로 차를 팔았고, 역시 팔아서 주는 것
이 주님의 뜻이었으므로 나는 너무도 기쁘고 감사했다.
　다음 날 잔금을 받고 장로님 가정에 돈을 부치려니까 절대로 받을
수 없다고 했다. 당장에 차를 사라고 하며, 그 돈은 그냥 집사님 보고
준 것이라고 했다. 나는 감사해서 울었다. 원래 2천만 원이 필요했던
것이었으므로, 대출금은 매달 우리가 갚기로 결정하는 데 동의한 남
편에게 진심으로 고마워하며, 동생에게 부쳤다.

　며칠 후에 남편이 신나는 목소리로 차를 하나 마련했으니, 빨리 나
와서 보라고 했다.
　'돈이 없는데 무슨 차를 사왔다는 거지?'
　집 앞에 나가 보니 차가 특이했다. 문짝도 다르고, 색깔도 여러 개
라 안 맞았지만 잘 굴러간다고 좋아했다. 가족을 위해 폐차 직전의 차
라도 구해온 남편이 너무 고마웠다. 나는 주님께 감사드리고, 벤츠가
부럽지 않다며 귀국할 때까지 그 차를 타다 왔다. 물론 너무 낡아서

오르막길을 갈 때면 기도해야만 올라가고 시동도 자주 꺼져서, 우리 가족은 열심히 기도를 드리며 타고 다녔다.

몇 달 후, 남편이 말레이시아에 볼 일이 있어 그 낡은 차로 혼자 국경을 넘어가야 했다. 가다가 다리 위에서 차에 연기가 나면서 고장이 났는데, 미국에서 차를 많이 고치면서 타고 다녔기에 직접 수리를 했다. 그런데 그러다 냉각수 보조통의 뜨거운 물이 오른팔에 튀어 심한 화상을 입고 가까운 병원에서 치료를 받은 뒤, 집에 밤늦게 돌아왔다.

오른팔 전체에 붕대를 감고 있는 남편을 보고, 나는 너무 가슴이 아파서 울었다. 속히 치료되도록 기도를 드리며 미안해했더니, 도리어 나를 위로하며 괜찮다고 했다. 말씀대로 순종해야 한다며 항상 대책 없이 사는 이 바보 같은 아내를 이 세상에서 가장 잘 외조해주는 남편임을 알기에, 항상 주님께 과분한 남편을 주셨다고 감사드리며 살고 있다.

"네가 너를 위하여 대사를 경영하느냐

그것을 경영하지 말라."(렘 45:5)

사랑하는 선교사님들과 함께

우리가 싱가포르에 간 첫 번째 목적은 전도였고, 두 번째는 선교사
님들을 섬기는 것이었다. 나는 싱가포르에 도착한 지 일주일 만에 우
리가 들어가서 살 아파트에 가서 아이들과 함께 청소를 했다. 당시에
는 외국인 교수가 오면, 교수 아파트가 청소되는 2주 동안 호텔에 있
다가 들어갔다. 그렇지만 나는 학교 돈 쓰는 것도 아껴야 한다는 생각
으로, 아이들과 함께 호텔에서 나와 에어컨도 없는 열대 집으로 갔다.
셋 다 땀을 많이 흘렸지만, 이렇게 큰 집을 주신 것에 감사하면서 찬
송을 부르며 청소를 한 뒤, 집으로 들어갔다.

그때는 미국에서 부친 짐이 도착하기 전이라, 이웃집에서 그릇을
빌려 쓰고 있었다. 그런데 예전에 미국에서 만났던 성경번역선교회
정민영 선교사님이, 안식년을 마치고 파푸아뉴기니에 돌아가시는 정
철화 선교사님을 소개했다. 그리고 일주일 후, 선교사님과 식구들이

우리 집에 첫 손님으로 오셨다. 그런데 선교사님은 오셔서 집안을 휙 둘러보시고는 "올림픽 기간인데 교수님 집에는 TV도 없고, 카세트도 하나 없네요! 이런 사막(?) 같은 집인데 뭐가 좋아서 여기로 가라고 했는지 모르겠어요."하고 농담을 하셨다. 그리고 가져온 카세트 녹음기로 조수미 가곡을 들으시길래, 나는 TV 없이 살려고 했던 마음을 접었다. 남편에게 전화를 해서, 돈이 없으니 월부로라도 TV와 오디오를 작은 것으로 빨리 사오라고 했다.

"그러니까 손님을 대접하려면 최소한의 것들을 준비하고 섬겨야지, 식사만 대접하면 되겠어요?"

남편은 좋아하며 얼른 월부로 사왔다.

마침 미국을 떠나올 때 주신 만나로, 중고 에어컨을 3대 사서 손님 방에까지 설치했더니 돈이 떨어졌다. 그래서 월급을 가불해 일주일을 섬겼다. 선교사님 자녀들이 갈비를 좋아해서 열심히 대접했더니, 가시는 날에 네 식구 몸무게가 늘었으니 책임지라고 해서 한바탕 웃었다. 파푸아뉴기니에서는 경비행기를 타고 마을에 들어갈 때 몸무게까지 값을 지불해야 하기 때문이다.

그래도 선교사님께서는 떠나실 때 아름다운 시를 두 편이나 지어주고 가셨다. 시인이나 음악가가 되셔야 할 분인데, 복음을 위해 어린 자녀들과 함께 오지로 가신 것이다. 그 때 그 자녀들이 장성해 지금 우리가 섬기고 있는 한동대학교에 다닌 후 졸업했다.

한번은 밤늦게 윤 선교사님으로부터 급한 전화가 왔다. 갑자기 구소련 선교지에서 추방당해 무조건 바로 출발하는 비행기를 타고 지금 말레이시아 공항에 도착했다고 하셨다. 선교단체에 연락하니 싱가포르에 있는 우리 집 전화번호를 주면서, 우선 거기 머물다가 한국의 선교관이 일주일 후에 비니 그때 들어오라고 했다는 것이다. 집에 가도 되겠느냐고 물으시기에, 얼른 오시라고 했다.

남편은 학회 참석 차 미국에 가 있어서, 공항에 모시러 갈 수 없었다. 그래서 같은 선교단체에서 훈련을 받고 있는 분에게 연락해, 우리 집에 모셔와 달라고 부탁했다. 식사를 제대로 못 하셨을 것 같아 정신없이 식사 준비를 했다.

선교사님은 밤늦게 아기들 셋과 함께 초췌한 모습으로 오셨다. 우리는 식사를 마치고 잠시 이야기를 나누었다. 추운 곳에서 오셨지만 싱가포르는 덥고 습기가 많아 후덥지근해서, 에어컨을 약하게 틀고 자게 했는데도 밤새 갓난아기가 적응을 하지 못해 울었다. 아기가 울 때마다 젖병을 빨렸기에, 새벽에 보니 먹다 남은 젖병이 많아 얼른 깨끗이 소독해서 씻어놓고 아침 식사를 준비했다.

매일 택시를 타고 아침 시장에 가서 신선한 먹을 것과 과일을 사다 나르며 열심히 섬겼다. 그런데 아기가 계속 적응을 못하는지 밤이면 보챘고, 새벽마다 먹다 남은 젖병이 쌓여갔다. 우리 아이들도 아기가 밤새 울어 계속 잠을 못 자니까 살짝 시험에 들었다.

3일 후 새벽, 나는 "내가 모든 사람에게 자유하였으나 스스로 모든 사람에게 종이 된 것은 더 많은 사람을 얻고자 함이라"(고전 9:19)는 말씀을 묵상하다가 엉엉 울며 회개했다. 내가 어른들은 잘 섬겼을지 몰라도 이 갓난아기의 종은 되지 못한 것이었다.

'새벽마다 젖병 좀 소독하고 씻는 것이 무슨 대단한 일이나 된다고, 또 우리 아이들이 잠을 좀 설치면 뭐 어떻다고. 혼자 새벽시장 다니며 신선한 것 대접하기 위해 손이 좀 아프도록 사들고 땀 흘리며 다니는 것이 무슨 일이나 된다고. 사도 바울은 모든 사람의 종으로 섬겼는데, 지금 내가 선교사님들 섬기러 왔다면서 이런 일이 조금이라도 시험들 일이란 말인가. 아이들 셋을 데리고 탈출하다시피 왔으니 긴장도 풀리셨을 테고, 지치신 사모님도 남의 집에서 밤에 보채는 갓난아기를 돌보시느라 얼마나 힘드셨을까.'

회개를 하고 나오니까 젖병이 쌓여 있는 것이 감사했다. 사모님께서 조금이라도 더 주무실 수 있도록 소리 없이 아침식사를 준비했다. 찬송을 부르며 아침 시장에 다녀오고, 선교사님 댁 아이들에게 하나라도 더 맛있는 것을 대접하려고 애를 썼다.

조금 지나 사정을 듣고 보니, 사모님의 시댁과 친정 부모님 가운데 아픈 분들도 계셨다. 남편이 주고 간 생활비를 거의 다 써가고 있었기 때문에, 우리 아이들에게 선교사님 댁의 상황을 말하고는 어떻게 도왔으면 좋겠냐고 했다. 그랬더니 두 아들이 그동안 성경을 일독할 때와 생일날 준 돈을 모은 저금통을 가져와 전부 선교사님께 드리자고 했다. 꺼내어 보니 200불이 넘었다.

나는 싱가포르에서 한약을 가장 잘 짓는다고 소문난 집에 선교사님을 모시고 가서, 부모님들께 드릴 약을 지어왔다. 일주일 후, 선교사님은 한국으로 귀국하면서 너무나 큰 사랑을 받고 푹 쉬고 떠난다며 울먹이셨다. 그 아이들이 지금 한동대학교를 다니고 있으니, 그때 잘 섬기지 않았더라면 지금 내가 얼마나 양심에 찔렸을까.

어느 날 아마존에 계신 김성준 선교사님에게서 전화가 왔다. 사모님이 너무 오랜 세월 외로워하시다가 병이 되어 많이 아프시다는 것이다. 즉시 우리 집으로 오시라고 했더니, 감사하게도 사모님께서 전 자매 집에는 가겠다고 하시며 그 먼 곳에서 싱가포르까지 오셨다.

나는 기도 동역자들과 성경공부팀에 기도를 부탁하며, 마음 편하게 지내실 수 있도록 최선을 다해 섬겼다. 또 사모님께서 너무 외로워서 그러신 것이므로, 날마다 내가 다니는 성경공부 그룹에 함께 모시고 다녔다. 자녀가 없었기에 우리 자매들의 아기를 보면서 얼마나 좋아하셨는지 모른다.

자매들은 자기가 가장 잘 만들 수 있는 음식으로 사모님을 잘 대접해 드렸다. 평소에는 식사준비 시간에 성경 구절 하나라도 더 암송하라고 절대로 하지 못하게 했는데, 사모님 덕분에 그때는 나도 대접을 받았다. 또 평생 입어보지 못하셨던 예쁜 옷도 사드렸다. 함께 얼마나 즐거워하면서 다녔는지. 밤늦게까지 선교지에 가게 된 간증도 해주시고, 선교사님과 결혼하게 된 이야기도 해주셨다. 아마존에 처음 도착해 인디오 마을에 들어갔을 때의 첫 장면이, 한국에서 떠나기 몇 년 전에 이미 꿈으로 보여주셨던 사람들이었다는 이야기도 해주셨다. 주님께서는 정말 그 백성을 사랑하셔서, 사모님을 그 오지에 보내신 것이었다.

사모님께서는 4개월이 넘게 우리와 함께 지내면서 건강이 회복되셨다. 그리고 24일에 한 번씩 성경을 일독하시면서, 주님의 은혜와 형제자매들의 사랑에 행복해하셨다. 영과 육이 강건해져 싱가포르를 떠나시던 날, 공항에서 사모님은 우리들과 껴안고 우셨다. 가족처럼 지냈기에 우리 아이들도 너무 서운해했고, 공항에서 돌아오며 남편도 가족이 떠난 것처럼 허전하다고 했다.

사모님이 서울에 오셨을 때에는, 우리 시댁에 연락해 사모님을 잘 섬겨달라고 부탁했다. 지금까지도 사모님은 우리 아이들과 시댁 가족들, 그때 만났던 자매들을 잊지 않고 기도해주고 계신다. 이 얼마나 감사한 일인가.

어느 여름날, 선교사님이 2년마다 열리는 선교한국 대회에 참석하시기 위해 한국에 들어가셨을 때였다. 그때 사모님 안부를 물으려고 브라질에 전화를 드렸더니, 전화를 받다가 갑자기 방에 큰 뱀이 들어와 있다며 비명을 지르시고 나중에 전화를 하라며 끊으셨다. 나는 즉시 주님께 사모님을 지켜달라고 기도했다. 그래도 이런 일을 수없이 겪었기 때문에, 지혜로운 사모님께서는 방문을 꼭 닫고 나온 뒤 동네 장정들을 부르셨다. 그리고 몽둥이를 들고 온 장정들이 뱀을 잡았다.

다시 안부전화를 드렸더니, 그 시각에 내가 전화를 안 했으면 주무시고 있다가 뱀에 물려 죽을 뻔했다고 하셨다. 그래서 때마침 전화해준 것이 고맙고, 생명을 지켜주신 주님의 은혜에 감사하다고 하셨다. 한국에 계시던 선교사님이 이 소식을 듣고 나에게 전화해, "자매님은 싱가포르에 있으면서도 아마존의 뱀까지 잡는 능력이 있나요?"라고 하셔서 얼마나 웃었던지.

사모님을 사랑하시는 주님의 은혜의 손길이었고, 순간순간마저도 모든 것을 통치하시는 주님을 체험한 재밌는 사건이었다. 그 외에도 8년 동안 수많은 선교사님들이 우리 집에서 며칠씩 편안히 쉬시다 가셨다.

사모님께서는
4개월이 넘게 우리와 함께 지내면서
건강이 회복되셨다.

영과 육이 강건해져 싱가포르를 떠나시던 날,
공항에서 사모님은 우리들과 껴안고 우셨다.
그 이후, 지금까지도 사모님은
우리 아이들과 시댁 가족들,
그때 만났던 자매들을 잊지 않고
기도해주고 계신다.

5

영적 아버지들을 만나며

미국에 있을 때, 디모데에게 영적 아버지 바울을 주셨듯이 나도 사도 바울처럼 사시는 분을 만나게 해달라고 간절히 기도드렸다. 주님은 3년 후, 미국에 순회전도 집회를 위해 오신 최덕환 목사님을 만나게 해주셨다. 나보다 연세가 29세나 많으신 분이었다.

이웃 교회에서 갑자기 연합집회로 모이게 되어 참석했는데, 목사님께서 '기도'에 관한 말씀을 증거하셨다. 성경대로 기도하며, 주님처럼 한 영혼을 위해 어느 곳이든 가라 하면 찾아가고, 하나님과 이웃들을 전심으로 사랑하시는 것이 가슴으로 느껴졌다. 집회가 끝나니 밤 10시였고, 다음 날 LA에 가서 집회를 인도하셔야 한다는 광고를 들었음에도 불구하고 나는 즉시 그 밤에 한 번만 더 말씀을 듣게 해달라고 주님께 간곡히 기도드렸다.

그런데 목사님께서 축도 후에 송영이 마치자마자 다시 나오시더니, "지금 주님께서 여러분 중에 한 사람을 위해서라도 한 번 더 말씀하라 하십니다. 바쁘신 분들은 밤이 늦었으니 돌아가시고, 저는 한 번 더 말씀을 증거하겠습니다." 라고 하시는 것이 아닌가! 나는 주님께 감사해서 소리 없이 울었다. 그날 집회는 밤 12시까지 계속되었고 한 사람도 집에 돌아가지 않았으며, 살아있는 말씀이 선포된 은혜의 시간이었다.

예배 후 목사님께서는 내 주소와 기도제목, 그리고 내가 언제 주님을 만났는지 물으셨다. LA로 떠나셔서 전도 집회를 마치신 뒤 내게 편지를 보내주셨고, 그 후로 계속 주님 안에서 교제하게 되었다. 목사님은 일본에서 선교 사역을 하고 계셨는데, 미국에 전도 집회를 오실 때면 항상 우리 집에 오셔서 시차적응을 하셨다. (65세가 넘으셨기 때문에 시차적응이 쉽지 않으셨다.) 그렇게 이곳에 오실 때면, 우리 유학생 교회를 위해 집회를 인도해주시고 사례비는 한 번도 받지 않으셨다. 도리어 남의 집 아기를 돌보며 전도하고 사는 우리에게 다른 교회에서 받은 사례비까지 몰래 책상 서랍에 넣어 주시고 가셨다.

목사님은 한국에서 큰 재벌로 살다가 48세에 억울한 반공법 누명을 쓰고 감옥에 가셨다. 그때는 아무 책도 반입할 수 없었는데, 일본인인 사모님의 친구 분이 넣어준 일본어 성경을 읽다가 주님을 인격적으로 만나셨다. 6번의 재판 끝에 무죄로 풀려나는 정확한 기도 응답을 받은 뒤, 그동안 세상에서 누리던 모든 것을 다 버리고 복음이 척박한 땅인 일본으로 부름을 받으셨다. 일본에서 공부도 하셨고, 사모님이 일본인이라서 더 그러셨을 수도 있겠다는 생각도 든다.

목사님은 하나님을 경외하며 오직 복음을 위해 성경대로, 사도 바울처럼 사시는 분이었다. 목사님께서는 내가 깨닫지 못한 많은 것들을 가르쳐주셨고, 전도자로서 어떻게 살아야 할지 몸소 본을 보여주셨다. 물질과 명예에 조금도 연연하지 않고, 오직 주님만 바라보며 말씀대로만 순종하셨다. 목사님은 그렇게 이름 없이, 빛도 없이 사셨다. 세상 것들을 다 버리셨기 때문에 하나님 한 분 외에는 두려울 것이 없었고, 성령님께서 인도하시는 대로 한 생명을 천하보다 귀히 여기며 전심으로 섬기셨다.

내가 복음으로 인해 받은 첫 번째 핍박으로 어려움을 겪을 때였다. 전혀 말씀드리지 않았는데, 아무래도 너희들에게(나를 양딸 삼아 주셨으므로 그렇게 불러주셨다) 무슨 일이 있는지 주님께서 가보라고 하신다고 하셨다. 그리고 66세의 연세에도 비행기를 3번이나 갈아타고 찾아오셔서서 다음과 같은 하나님의 말씀으로 격려해주셨다.

"의를 위하여 핍박을 받은 자는 복이 있나니
  천국이 저희 것임이라
  나를 인하여 너희를 욕하고 핍박하고
  거짓으로 너희를 거슬러
  모든 악한 말을 할 때에는
  너희에게 복이 있나니
  기뻐하고 즐거워하라
  하늘에서 너희의 상이 큼이라
  너희 전에 있던 선지자들을

이같이 핍박하였느니라." *(마 5:10~12)*

"무릇 그리스도 예수 안에서
경건하게 살고자 하는 자는
핍박을 받으리라"(딤후 3:12)

이 말씀대로, 주님과 제자들 그리고 믿음의 선배들은 모두 핍박과 더불어 살아갔고 우리도 복음을 위해서는 그 길을 걸어가는 것이 마땅하다고 이야기하셨다. 그러면서 도리어 특별 훈련을 받고 있음을 알고 주님께 감사해야 한다고 하셨다.

당시에는 어린 믿음이었으므로, 이웃들을 사랑으로 섬기며 전도만 하고 사는데 핍박이 올 줄은 상상도 못 했다. 그래서 왜 이런 일이 생기는지 하나님의 뜻을 몰라, 식사도 거의 못 하면서 눈물로 기도만 드리고 있던 때였다. 훗날 선교지로 보내셔서 더 큰 핍박을 잘 견디게 하시려고 나를 강하게 훈련시키시는 주님의 깊은 뜻이었음을 그때는 전혀 몰랐다.

몇 년 후 싱가포르에서 더 큰 핍박이 왔을 때는, 주일에 "아그립바 왕이여 그러므로 하늘에서 보이신 것을 내가 거스르지 아니하고."(행 26:19) 라는 말씀을 설교하셨다. 만약 싱가포르가 공산화되어 기독교인들을 잡아 죽이는 때가 온다면, 경찰이 당신을 보고 마땅히 잡아가야 되는 사람으로 볼 것인지 아니면 잡아갈 필요가 없는 사람으로 볼 것인지를 각자 깊이 생각하라고 하셨다. 그리고 사도 바울은 주님을 만난 후에 핍박이 왔어도 주님이 주신 비전을 한 번도 거스르지 않았다고 설교하실 때, 나는 울면서 손을 불끈 쥐었다. 핍박 때문에 전도를 멈추지 않겠다고!

아무튼 주님께서 한국에서 집회하시던 목사님을 그 먼 곳 미국 동북부로 보내주셔서, 내가 그런 극진한 사랑을 받을 만한 사람이 되지 못함에도 불구하고 말씀으로 위로와 격려를 받았다. 그 후에도 목사님께서는 계속 지도해주시면서, 날마다 성령충만하고, 한 영혼을 깊이 사랑하며 생명을 주다시피 섬기라 하셨다. 또 "그가 우리를 위하여 목숨을 버리셨으니 우리가 이로써 사랑을 알고 우리도 형제들을 위하여 목숨을 버리는 것이 마땅하니라."(요일 3:16)라는 말씀을 통해 전도자로서 복음에 합당한 삶을 살도록 가르쳐 주셨다.

싱가포르에서 사역을 하고 있던 어느 날, 꿈에 목사님이 노환으로 편찮으셔서 싱가포르에 올 수 없다며 말씀을 유언으로 주셨다.

목사님은 "하나님 앞과 산자와 죽은 자를 심판하실 그리스도 예수 앞에서 그의 나타나실 것과 그의 나라를 두고 엄히 명하노니 너는 말씀을 전파하라. 때를 얻든지 못 얻든지 항상 힘쓰라. 범사에 오래 참음과 가르침으로 경책하며 경계하며 권하라. 때가 이르리니 사람이 바른 교훈을 받지 아니하며 귀가 가려워서 자기의 사욕을 좇을 스승을 많이 두고 또 그 귀를 진리에서 돌이켜 허탄한 이야기를 좇으리라. 그러나 너는 모든 일에 근신하여 고난을 받으며 전도인의 일을 하며 네 직무를 다하라. 관제와 같이 벌써 내가 부음이 되고 나의 떠날 기약이 가까웠도다. 내가 선한 싸움을 싸우고 나의 달려갈 길을 마치고 믿음을 지켰으니 이제 후로는 나를 위하여 의의 면류관이 예비되었으므로 주 곧 의로우신 재판장이 그 날에 내게 주실 것이니 내게만 아니라 주의 나타나심을 사모하는 모든 자에게니라. 너는 어서 속히 내게로 오라."(딤후 4:1~9)라는 말씀을 큰 활자로 내게 보여주셨다.

나는 그 날부터 25일 동안 간곡히 기도드리며 일본에 갈 준비를 했다. 매달 전도에 쓰느라 비행기 표를 구입할 돈이 없었지만, 목사님의 사랑을 함께 받았으므로 남편에게도 가야 한다고 했다. 남편은 내가 예비비 하나 없이 다 쓰고 살아서 돈이 없으니, 당신이 기도해서 비행기 표 2장을 마련해놓으면 함께 가겠다고 말하며 학교에 갔다.

나는 주님께 돈이 없는 사정을 아뢌다. 그리고 하나님의 은혜를 아는 자는 사람에게 받은 은혜도 알고 갚아야 하니, 일본에 다녀올 비행기 표 2장을 달라고 울면서 기도드렸다. 그런데 학교에 간 남편이 갑자기 전화를 했다. 표가 마련되었다는 것이다. 아내가 울면서 기도하고 있을 것이 뻔해서 대한항공에 문의해 보니, 아마존에 두 번 다녀온 마일리지로 일본에 공짜로 다녀올 수 있다는 것이었다. 할렐루야!

주소만 알고, 일본에 머물 돈도 없었는데 기도하니까 모든 것이 예비되었다. 나는 한 장애우 엄마를 가르치고 있었는데, 그 자매가 일본에서 중·고등학교를 나온 곳이 바로 목사님 사시는 곳 가까이에 있었다. 자매는 큰 지도를 가져와 우리가 찾아갈 수 있도록 빨간 줄을 쳐 줬다.

또 남편의 고등학교 친구가 일본 영사관에 근무하고 있다는 소식을 듣게 하셨다. 주소를 물어보니 친구 집에서 10분 거리에 목사님 댁이 있고, 마침 영사관 직원들에게 성경을 가르친 분이라 목사님을 알고 있었다. 그러면서 자기 집에서 머물면 된다며 반가워했다. 주님께서 이렇게 모든 것을 다 준비해놓으셨다.

공항에 내려 기적처럼 찾아가 목사님을 뵈었다. 노환으로 누워 계셨던 분이 벌떡 일어나서, 이게 어찌된 일인가 놀라시면서 기뻐하셨다. 나를 천국에서나 볼 줄 알았다고 하시면서. 나는 목사님을 위해 그동안 눈물로 기도를 드렸고, 일본까지 올 수 있도록 주님께서 인도해주셨음을 간증했다.

그리고 목사님과 사모님을 모시고 맛있는 음식점에서 대접하고, 공원을 함께 걸으며 너무나 좋은 시간을 보냈다. 나는 25일간 말씀을 묵상하며 기도한 것 25장을 4부 복사해 목사님의 큰 아들인 장로님 부부와 나와 동갑인 따님과 사모님께 드렸다. 목사님이 아프시다고 멀리 싱가포르에서 온 것이 이상한 일이 아니라 그동안 주님 안에서 받은 은혜를 갚고자 함이며, 내가 어려울 때 목사님께서 찾아와 주셨기에 나도 주님 앞에서 그렇게 살아야 한다고 말씀드리기 위해서였다. 사모님께서 읽으시더니, 이런 성도가 있는 목사님은 참으로 행복한 목사님이라며 기뻐하셨다.

일본을 떠나올 때, 사사기에 나오는 입다 딸의 심정처럼 두 달만이라도 싱가포르에서 목사님을 모시게 해달라고 간청했다. 목사님의 가족 분들은 상의를 하신 뒤, 허락해주셨다. 주님의 은혜로 목사님을 두 달간 섬길 수 있는 기회가 주어져서 얼마나 감사했는지. 목사님께서는 내가 가르치는 형제자매들을 함께 심방하며 날마다 행복해하셨다. 하나님께서 내게 많은 것을 가르쳐주시고 깨닫게 해주신, 참으로 유익한 시간이었다.

우리 부부는 싱가포르에 직장을 주셨을 때부터 목사님이 하늘나라에 가실 때까지 어버이날, 명절, 생신에 한 번도 잊지 않고 편지와 헌금을 보내드렸다. 마지막 생신카드(목사님으로부터 보고 배운 대로, 주님의 제자답게, 주님의 말씀대로 전심을 다해 전도에 힘쓰겠다고 썼는데 그것이 마지막 편지가 되었다)와 헌금을 받고 기뻐하신 목사님께서는, 그로부터 며칠 후에 만80세를 일기로 그토록 경외하며 사랑하던 주님 품으로 가셨다. 일본에서 화장한 뒤, 한국 공주 공원 묘역에 모셔서 지금 잠들어 계신다.

하나님께서는 최 목사님 외에도 여러 훌륭한 목사님들과 선교사님들을 때마다 만나게 해주시고, 그분들의 본을 보고 따라가게 해주셨다. 하루는 미국에 살던 사랑하는 동역자 채희옥 집사가 X국에서 나환자들을 섬기시는 목사님의 설교 테이프를 보내주었다. 듣다가 나는 깜짝 놀라 무릎을 꿇었다. 도대체 어떤 사랑을 가졌기에 상상할 수도 없는 끔찍한 상태인 그들에게 가서, 그들과 더불어 산단 말인가! 주님의 사랑이 가슴에 적셔져서 나는 엉엉 울며 설교를 들었다.

나는 내가 읽어보고 좋은 책을 발견하면 몇 십 권씩 사서 형제자매들에게 선물하곤 했는데, 이 설교 테이프는 100세트를 주문해 싱가포르에서 가르친 형제자매들과 아는 선교사님들에게 보내드렸다. 듣고 나니 다들 너무 도전이 되고 좋다며, 더 구할 수 있냐고 해 200세트를 더 구입해서 선물로 나눠드렸다. 테이프 구입비가 선교비에 보태진다고 했기 때문에, 단 하나도 복사하지 않았다. 내 귀로 이 귀한 말씀을 들은 이상, 많은 나병 환자들에게 먹을 양식을 조금이라도 보내고 천국에서 만나야 된다는 생각으로 기도하기 시작했다. 그리고 주님의 은혜로 자매들이 동참하기 시작했다.

몇 달 동안 17,000불을 모아 돈을 보내드릴 X국 목사님의 주소를 문의했다. 그런데 그 테이프를 구입한 교회도 모른다는 것이었다. 그리고 한국에서 출판되었다는 그 목사님의 책을 주문했더니 절판이 돼 구입할 수 없다고 했다. 수소문 끝에 어느 자매가 갖고 있던 책을 얻게 되었다. 그 책은 원래 그분의 친구이신 독일 목사님이 한국에 와서 보고 들은 것을 독일어로 쓴 것이, 한국에서 역번역된 것이었다.

그 독일 목사님을 찾게 해달라고 기도하다가, 마침 성경을 가르치고 있던 자매들 중에 독일 남편과 사는 경희 자매가 생각났다. 전화해서 독일 출판사와 독일 목사님의 이름을 말하고 찾을 수 있겠냐고 물었더니 "집사님, 독일이 싱가포르만 한 줄 아세요? 서울에서 김 서방 찾는 겪이죠"라고 했다. 그래도 자기 남편이 마침 독일에 출장 중이라, 1시간쯤 후에 전화하기로 했다고 해서 나는 곧장 자매 집으로 택시 타고 달려가며 기도했다. 우리나라도 큰 교회 목사님들이면 대충은 이름을 아니까, 혹시 이름으로라도 찾을 수 있을 거라고 생각하면서.

곧 그 독일 남편에게 전화가 왔고, 자매가 출판사와 목사님 이름을 말하면서 집사님 소원이니까 꼭 찾아달라고 했다. 며칠 후 다시 전화가 왔는데, 출판법상 저자를 가르쳐줄 수 없다는 것이었다. 나는 자매에게 독일에서 큰 교회를 맡고 계실 것이고, 굉장히 뚱뚱(?)하다고 하셨으니 이름으로라도 한 번 더 찾아봐달라고 부탁했다. 자매 남편이 독일에 있을 때 찾아야지, 아니면 어떻게 찾을 수 있단 말인가. 나환자들에게 식사 대접 한 번 대접해드리고 싶어서 내가 안타까이 찾는 것을 알고는 자매의 남편이 또 수고를 해주었다.

주님의 은혜로 드디어 독일 목사님을 찾았고, 목사님 독일교회의 계좌번호로 헌금을 송금했다. 목사님께서 가끔 X국에서 나올 때 독일 목사님을 만나신다고 했기 때문에, 전달해주실 수 있을 거라고 생각했다. 그리고 내가 주님을 만나고 살아가고 있는 간증편지를 함께 보냈다. 독일 목사님은 헌금을 받으시고, 친구가 나오면 편지와 함께 잘 전해주겠다는 전화를 주셨다.

2000년 10월, 내가 귀국하고 석 달쯤 되던 날 아침이었다. 목사님이 X국에서 독일에 오셨다가 헌금과 편지를 받고 놀라서 내게 전화를 주셨다. (나는 귀국한 후에도 독일에 전화해 바뀐 전화번호를 알려드리고 편지를 또 보냈다). 긴 간증편지를 받고 너무 감사했으며, 나환자들에게 잘 대접하시겠다고 했다. 독일 목사님도 한글을 조금은 읽을 줄 아시므로, 함께 읽고 나서 내가 주님을 사랑하는 마음을 보고 "2천 년 전에 죽었던 막달라 마리아가 다시 살아났나 보다" 하며 두 분이 웃으셨단다. 내가 어찌 막달라 마리아가 주님을 사랑했던 것을 따라갈 수 있을까? 그저 조금이라도 믿음의 선배들의 뒤를 따라가고 싶을 뿐이다.

그 후에도 힘이 닿는 대로 선교헌금을 보내 드렸다. 나환자들도 먼 훗날 천국에서 만나게 될 형제자매들이니까. 또 그때 가서 내가 목사님의 설교 말씀을 듣고도 돌아보지 아니해서 그들이 배고파 죽었다는 소리는 듣지 않으려고.

목사님께서는
전도자로서 어떻게 살아야 할지
몸소 본을 보여주셨다.

물질과 명예에 조금도 연연하지 않고,
오직 주님만 바라보며 말씀대로 순종하셨다.
목사님은 그렇게 이름 없이, 빛도 없이 사셨다.
세상 것들을 다 버리셨기 때문에
하나님 한 분 외에는 두려울 것이 없었고,
성령님께서 인도하시는 대로
한 생명을 천하보다 귀히 여기며
전심으로 섬기셨다.

6

싱가포르 사역을 마치다

사도 바울이 "예루살렘으로부터 두루 행하여 일루리곤까지 그리스도의 복음을 편만하게 전하였노라"(롬 15:19)라고 고백했듯이, 주님은 부족하기 그지없는 이 여종을 부르셔서 싱가포르에서 8년을 밤낮없이 동서남북 뛰어다니게 하셨다. 그래서 한 주에 13팀 이상 성경을 가르치고, 환자들을 찾아다니고 돌보며, 장애우들과 많은 선교사님들을 섬기고, 내게 맡겨주신 형제자매들에게 복음을 후회 없이 편만하게 전할 수 있도록 은혜를 베풀어주셨다. 무더위에 전도하러 가다가 길바닥에서 일사병처럼 쓰러진 적도 있었다.

남편이 싱가포르대학에 재직하면서 영주권을 받았으므로, 두 아들이 고등학교를 졸업하면 대학 입학 전에 싱가포르 군대부터 가야 했다. 우리 부부는 기도하며, 아들들이 한국말을 잘 못하지만 배워서라도 한국 군대에 보내 한국 사람의 정체성을 갖고 살게 해주고 싶었다. 그래서 두 아들과 함께 기도하며 영주권을 포기했다.

순종만 하는 큰아들을 하나님의 대학인 한동대학교에 먼저 보냈고, 둘째는 철학을 전공하고 싶어 하는데 영어로밖에 할 수 없어 미국 대학으로 보내야 했다. 감사하게도 좋은 대학교에서 입학 허가가 나왔다. 하지만 등록금이 없어서 기도를 하고 있었는데, 그때는 친정아버님이 또 한 번 편찮으셔서 한 달 반 동안 서울에 가 매일 병원에서 돌봐드리고 있는 중이었다. 거기다 마침 친정남동생이 반도체 벤처 사업의 경영 파트를 도와달라고 간곡히 부탁했다.

주님의 뜻을 구하며 몇 달을 기도한 뒤, 모든 상황이 주님께서 우리를 한국으로 부르시는 것으로 알고 싱가포르 대학을 사임했다. 나는 모든 성경공부팀과 돌보던 형제자매들을 잘 마무리하고, 만 16년 만에 귀국길에 올랐다.

귀국 후, 큰아들은 한동대학교를 다니며 자연스럽게 한국어를 배워 둘째보다 먼저 군대를 갔다. 5개월 후에 작은 아들도 휴학하고 귀국해, 한국어를 배운 뒤 입대해서 힘든 논산 훈련소를 주님의 은혜로 잘 통과했다. 둘 다 대한민국의 멋진 군인들이 되어서, 우리 부부를 무척 기쁘게 했다.

주님은 부족하기 그지 없는 이 여종을 부르셔서
싱가포르에서 8년을 밤낮없이
동서남북 뛰어다니게 하셨다.

성경을 가르치고, 환자들을 찾아다니고 돌보며,
장애우들과 많은 선교사님들을 섬기고,
내게 맡겨주신 형제자매들에게
복음을 후회없이 편만하게 전할 수 있도록
은혜를 베풀어주셨다.

PART 6

복음 전하는 자의 아름다운 발

맹인들을 섬기며

산동네에 자리 잡다

퇴직금의 반은 이미 부모님께 드렸고, 나머지 반은 둘째 아들의 대학교 한 학기 등록금으로 내고 나니 돈이 별로 남지 않았다. 전도밖에 모르는 나를 위해, 남편은 지하철을 타고 다니며 전도하기 좋도록 서울에서 모든 지하철과 만나는 2호선 가까이에 방을 얻으려고 했다. 그러나 발에 물집이 생기도록 다녀도, 우리가 가진 돈이 방 한 칸 값도 안 되다 보니 며칠 다녔어도 집을 구하지 못하고 돌아올 수밖에 없었다.

그래도 낙심하지 않고 전도하며 살 곳을 달라고 기도했다. 다음 날 큰올케가 경기도 성남 산꼭대기에 아는 집이 있는데, 전세로 싸게 나왔다며 어떠냐고 했다. 88개나 되는 계단을 올라간 뒤에도 45도 각도로 계속 올라가야 했지만, 평소 운동할 시간도 없는 내가 저절로 운동을 할 수 있게 인도해주신 거라는 생각이 들었다. 또 길가에 내려가면 버스가 많이 지나가서, 몇 정거장만 가면 지하철이 연결되어 감사했다. 버스 정류장 옆에 은행도 있어서, 선교사님들께 헌금 보내기에도 좋았다.

우리는 주님께 감사하는 기도를 드린 후, 얼른 계약을 했다. 한 푼도 저축하지 않고 살다 왔지만, 그래도 한국에 와서 우리 가족이 등 붙이고 잘 집이 있다는 것이 정말 감사했다.

만 16년 만의 귀국이었다. 그동안 가르쳤던 형제자매들이 해외에서 전화를 많이 했다. 자기들의 부모님 또는 친족들이 말기 암과 중증 질환으로 어느 어느 병원에 입원해 있는데, 전도 좀 해달라는 부탁이 계속 들어왔다. 나는 업이 전도인지라 곧장 병원 전도부터 시작했다. 서울대학병원부터 원자력병원 암센터까지 20여개 병원을 돌면서, 부탁받은 분들을 일일이 찾아뵙고 복음을 전했다. 다른 환자분들에게는 몸에 좋고 드실 만한 음식들을 사다 드리며, 계속 섬기고 전도했다. 주님께서는 8년 동안 열대에 살면서 눈 구경을 못한 내게, 그해 겨울 유독 눈을 많이 내려주셨다. 지하철에서 내리면 발이 눈에 푹푹 빠졌지만, 나는 병원들을 계속 찾아다녔다.

또 싱가포르에서 미처 성경공부를 다 마치지 못하고 간 자매들이 계속해서 성경을 가르쳐달라고 연락이 왔다. 그래서 한 팀씩 성경공부를 하고 병원 두세 곳을 방문하면(서울과 경기 지역을 다녀야 하므로) 하루가 금방 지나가버렸다.

맹인들을 섬기다

한국에 돌아왔으니, 그동안 해외에서 알고 지내던 여러 목사님들께 주일마다 찾아가 인사를 드렸다. 그리고 어느 교회를 섬길 것인지에 대해 여러 날 동안 기도했다. 주님께서는 3주 만에 꿈으로 정확한 약도를 보여주시며, 맹인교회로 나를 인도해주셨다.

교회를 맡고 계신 맹인 목사님은, 미국 동북부에 간증집회차 오셨을 때 우리 집에서 대접해드린 적이 있었다. 또 싱가포르에 선교를 갈 때도 마침 미국에 오셨을 때라 우리 가정을 위해 파송기도를 드려준, 잘 알고 지내던 목사님이셨다. 내가 어떻게 전도하며 사는지 아시기 때문에, 등록한 지 몇 달 만에 나에게 주일예배 후 성경공부와 금요일 연합 구역예배, 수요예배를 맡기셨다. 나는 맹인들과 금방 친해졌다. 상담도 해주고, 합병증으로 아픈 분들은 병원 심방을 하며 섬겼다.

어느 날, 주일예배 후 광고 시간에 목사님께서 얼마 전 새로 들어온 28살의 맹인 형제가 당뇨 합병증으로 쓰러져 병원에 입원했다고 하셨다. 나는 얼른 형제의 이름을 적고는, 내일 성경공부 가는 길에 심방을 가리라 마음을 먹었다.

월요일 아침 일찍 버스를 타고 시내로 나가 지하철을 갈아타기 위해 막 계단을 내려가는데, 오른쪽에 은행이 보였다. 여기도 은행이 있구나, 하고 계단을 계속 내려가는데 주님의 음성이 들려왔다.

"너 그 어려운 환자에게 가는데 어떻게 빈손으로 가니?"

나는 깜짝 놀라서 대답했다.

"주님 죄송해요. 제가 섬겨야 하는 환자들이 너무 많아서 예배만

드리려고 했어요. 주님께서 은행을 보여주셨는데 그냥 지나쳤네요. 용서해주세요."

나는 다시 계단을 올라가 은행에서 돈을 찾고, 성경책 사이에 넣어서 가져갔다.

병실에 찾아가, 수요예배를 인도하는 전 집사라고 소개하며 손을 잡아주니 형제가 깜짝 놀라했다. 자기는 맹인교회 온 지 얼마 안 돼서, 누가 찾아올 줄은 몰랐다며 반가워했다. 형제의 어머니는 암으로 오래 전에 돌아가셨고, 아버지는 시골에서 어렵게 생활하고 계셨다. 트럭 운전사로 일하면서, 한 푼이라도 더 벌려고 밤낮 없이 진한 커피를 마시며 과로를 하다 당뇨 합병증으로 맹인이 되었고, 이제는 투석을 받아야 하는 신세가 되었다는 얘기를 하며 형제는 울먹였다.

나는 너무 가슴이 아파 형제의 손을 잡고 위로한 뒤, 예배를 드렸다. 그리고 형제가 우리 아들과 나이 차이가 얼마 안 나니까, 나를 엄마처럼 생각하고 무엇이든지 부탁하면 도와주겠다고 했다. 그랬더니 전화카드와 당뇨에 좋다는 유기농 식품을 몇 가지 부탁했다. 형제가 앞을 볼 수 없으므로, 주머니에 돈을 넣어준 뒤 금액을 말해주고 필요한 곳에 쓰라고 했다. 그리고 즉시 전화카드를 사서 가져다주었다.

'그런데 유기농 식품은 어디에 가서 사야 한담. 여기 길을 잘 모르는데……'

고민하며 병원 문을 막 나서려는 순간, 성경공부를 하고 있던 영란 자매에게서 전화가 왔다. 나는 자매에게 이런 유기농 식품을 어디에 가서 사야 되는지 물었다. 그러자 영란 자매가 대답했다.

"집사님! 걱정 마세요. 제가 지금 시내인데, 곧 운전해서 가니까 병원 앞에서 기다리세요."

잠시 후 도착한 영란 자매는 나를 차에 태우고 다니면서 형제에게 필요한 것들을 살 수 있도록 도와주었다. 덕분에 식품을 넉넉하게 사서 형제에게 줄 수 있었다. 순간순간도 통치하시는 주님의 그 손길이 얼마나 놀라운지.

그런데 형제의 상태가 심각해서, 의사 말로는 2년 정도밖에 못 살 것 같다고 했다. 형제가 길을 가다가 여러 차례 쓰러졌기 때문에, 나는 형제가 실려간 병원마다 찾아다니며 섬겼다. 어느 날은 투석을 하고 돌아가는 길에 쓰러져, 보라매병원 응급실에 있다는 전화가 왔다. 그때 나는 마침 싱가포르에 있는 경현 자매의 부탁으로 말기 암 투병 중이신 자매의 이모님과 예배를 드리고 있었다.

예배를 마치자 이모님은 힘이 없어 교회도 못 가는 본인을 위해 몇 달 동안 먹을 것을 사다주며 예배를 드려주어 고맙다고 하시며, 돈도 없는 분이 차비하라고 9만 원이나 주셨다. 나는 받을 수 없으니 교회 구역장에게 드려서 헌금을 하시라고 했다. 그래도 이모님께서는 교회에는 이미 꼭 헌금을 드리고 있다며, 이거 받아서 제발 차비라도 해야 본인 마음이 편하시다고 하셨다. 아무리 사양해도 안 되어서, 할 수 없이 이 귀한 돈을 투석 중인 맹인 형제에게 주어도 되겠느냐고 물었더니 아주 좋아하셨다.

나는 곧장 보라매병원 응급실로 달려가 형제를 찾았다. 벌써 그 사이에 병실로 옮겨졌는데, 6인실 병실이 꽉 차서 2인실 병실에 있었다. 형제가 있는 병실의 문을 열고 들어갔더니, 형제가 쭈그려 앉아 있었다.

"왜 환자가 편안히 눕지 않고, 앉아 있어요?"

"의료보험이 안 되는 2인실이라 걱정이 되어서요. 빨리 6인실로
가게 기도해주세요."

나는 형제의 손을 꼭 쥐고 기도를 드린 뒤, 아무것도 염려하지 말
라고 했다. 그리고 조금 전 암환자 할머니가 형제를 위해 병원비를 주
셨다고 하자, 형제가 놀라워했다. 병실비가 하루에 보험금을 제외하
면 6만 원이 더 드니 일단 오늘은 여기에 있고, 6인실이 나오도록 기
도를 드렸으니 주님께서 도와주실 거라고 위로했다.

예배를 드린 후, 형제가 주님께 한 가지 소원이 있다기에 무엇이냐
고 물었다.

"한 번만 눈을 떠서 집사님 얼굴을 잠깐이라도 보고 싶어요."

나는 끔찍한 소리 하지 말라고 혼을 냈다.

"지금까지 형제를 따라다니며 섬긴 것은 형제가 주님을 잘 믿고 사
랑하라고 한 거예요. 한 번만 눈을 뜨게 해주시면 주님 얼굴을 보고
싶다고 해야지, 예쁘지도 않은 내 얼굴을 봐서 무슨 소용이 있어요?
형제 마음은 알지만, 우리가 조금이라도 예수님에게서 초점을 잃어
버리면 안 됩니다."

내 말에 형제는 내가 돌아가신 자기 엄마 같아서 그랬다고 했다.

맹인교회에서는 안타깝게도 한 방에 여러 명이 살아야 하기 때문
에, 형제가 더 이상 그곳에 있을 수가 없었다. 형제는 북의정부에 있
는 병원에서 투석을 하게 되어, 전철을 몇 번 갈아타고 다니며 예배를
드렸다. 나는 근처에 사는 권사님께 매달 돈을 드리며, 형제를 돌보아

달라고 부탁드렸다. 형제에게 의식이 있을 때까지 나는 매주 찾아가 예배를 드렸고, 우리가 처음 만난 지 딱 2년 후 형제는 주님 품에 평안하게 안기었다. 장례예배를 마치고 돌아오는 전철 속에서 눈물이 흘렀다.

"형제, 이 세상에서 짧은 인생이었지만 고생 많이 했다. 이제 고통 없는 천국에서, 주님 품에서 평안히 안식하고 있다가 훗날 내가 갈 때 반갑게 만나자. 그땐 목소리만 듣고도 나를 알아볼 수 있어야 해!"

어느 수요일 저녁, 예배를 인도한 후였다. 한 맹인 형제가 상담할 것이 있는데, 교회에서는 곤란하다며 밖에서 만나면 좋겠다고 했다. 월요일 오후에 안산 쪽에서 성경공부가 있었기 때문에, 월요일 점심에 형제가 잘 다니는 지하철역 입구에서 만나기로 했다. 도대체 무슨 일이기에 교회에서 상담을 못하고 밖에서 만나자고 하는지 몰라서, 며칠을 기도했다.

성령충만해서 상담을 잘 하게 해달라고 기도한 뒤, 형제를 만나서 맛있는 불고기를 대접하며 무슨 일인지 물었다. 선배 맹인이 안마시술소를 차린다면서, 한 달 후에 줄 테니 돈을 좀 꾸어달라고 했단다. 형제는 돈이 없어서 카드로 돈을 꾸어줬는데 몇 달째 못 돌려받았고, 이 달에 내야 할 이자가 50만 원이라고 했다. 그런데 이자 낼 돈이 없다며 기도를 좀 해달라고 부탁했다. 기도만 해달라는 부탁이었으면 교회에서 말했어도 충분했을 텐데, 이렇게 밖에서 따로 만나 상담을 한다는 것은 내게 돈을 좀 해달라는 소리가 아닌가. 나는 속으로 주님께 말씀드렸다.

"아니, 주님! 제 통장에 돈이 얼마 있는지는 주님께서 더 잘 아시면서 이게 무슨 소리입니까? 지금 통장에 있는 65만 원 중 50만 원은 중국에 보내드릴 헌금입니다!"

그런데 주님께서는 "주라" 하셨다. 나는 혹시 잘못 들었는가 싶어서 정확한 하나님의 말씀으로 다시 말씀해달라고 했다. 주님은 즉시 "네게 구하는 자에게 주며 네게 꾸고자 하는 자에게 거절하지 말라." (마 5:42)고 하셨다.

나는 형제에게 잠시 혼자 먹고 있으라고 하고는, 얼른 밖으로 나와 은행에서 돈을 찾았다. 그리고 형제에게 조용히 건네주고, 다음부터는 함부로 카드나 돈을 빌려주었다가 받지 못해 마음 고생하지 말라고 했다. 또 형제가 그 사람에게 돈 받을 생각은 하지 말고, 줄 수 있는 돈을 그냥 주라고 했다. 형제는 고맙다며 나중에 갚겠다고 했지만, 나는 돈이 별로 없는 중에 중국에 갈 헌금을 주님께서 형제에게 주라고 하신 것임을 밝혔다. 그리고 일단 급한 대로 이자를 갚는 데 쓰고, 나한테 돈을 갚지 않아도 된다고 했다. 일주일에 세 번씩이나 만나는데 돈을 못 갚으면 괜히 성경공부에도 빠질까 봐서 그랬다.

형제를 평안한 마음으로 돌려보낸 뒤, 지하철을 타고 성경을 가르치러 가면서 주님께 다시 한 번 물어보았다.

"제가 돌보는 환자가 한두 명이 아니고, 병원을 20여 곳이나 찾아다니는데 빈손으로 못 다니는 것 잘 아시잖아요. 병원비 도와줘야 할 곳도 많은데, 이제는 카드빚까지 갚아주라고 하시다니요. 제가 아까 들었던 거 분명 주님 음성 맞죠? 제가 실수한 건 아니죠? 형제가 매우 곤고한 사정인 거 맞죠?"

그때 갑자기 눈물이 흐르며 형제의 마음이 느껴졌다. 돈 문제로 어려운 부탁을 할 사람을 애타게 찾다가, 그래도 내게 하면 될 것 같아서 찾아온 것임이 깨달아지자 도리어 감사했다. 내가 성경대로 살라고 말로만 가르치고 행함이 없다면 얼마나 부끄러운 일인가.

그날 밤, 미국에 사는 덕분 자매에게서 전화가 왔다.

"집사님을 위해서 기도만 하면, 주님께서 집사님이 돈이 없다고 하세요. 도대체 전도하면서 남만 퍼주고. 집사님 밥은 드시면서 전도하시는 건가요? 빨리 통장 계좌번호 불러주세요!"

"자매님, 나는 세 끼 잘 먹고 다니면서 전도하니까 염려 말아요. 자매님도 미국에서 어렵게 사는데, 내 걱정은 조금도 하지 말아요."

그런데도 계속 통장번호를 대라면서, 이 돈은 반드시 집사님을 위해서만 써야 한다는 것이었다. 나는 자매에게 이 돈을 다른 사람에게 주어도 된다고 허락해주면 가르쳐주겠다고 했다.

"어차피 집사님만 위해서 쓰시라고 보내드려도 남한테 주실 거잖아요. 집사님 마음대로, 알아서 하시면 돼요."

나는 결국 자매에게 계좌번호를 불러주었다.

이틀 후, 차비가 없어서 돈을 찾으러 은행에 갔다가 깜짝 놀랐다. 모르는 이름으로 50만 원이 들어와 있었다. 무엇이 잘못되었나 싶어 아무리 다시 들여다보아도 '덕심'이었다.

'자매가 미국에 가서 이름을 바꾼 것도 아닐 테고. 돈이 이렇게 빨리 올 수도 없지. 그리고 미국에서 보내니까 환율이 있는데, 어떻게 통장에 50만 원이라는 숫자로 돈이 올 수 있나?'

나는 도로 집으로 가서 덕분 자매에게 전화를 했다. 그랬더니 분명 주님께서 나한테 돈이 없다고 가르쳐주셨기 때문에, 한국에 있는 언니에게 전화해 먼저 돈을 좀 부쳐달라고 했단다. '덕심'이 바로 덕분 자매의 언니였다.

주님께서는 정말 얼마나 정확하신지! 돈을 더 많이 보내왔으면 이렇게 놀랍고 감사하지 않았으리라. 그리고 형제가 얼마나 속이 타고 있는지 주님께서 미리 아시고, 그를 전혀 알지 못하는 덕분 자매의 마음을 감동시켜 말씀에 순종하게 하심에 감사했다. 더불어 나를 잠시 그분의 도구로 사용해주신 것까지 모두 너무 감사했다. 덕분 자매의 순종으로 중국에 보낼 헌금은 이렇게 아무 염려가 없이, 딱 정확한 액수로 기이하게 준비되었다.

어느 주일예배 때였다. 성가대 뒷자리에서 김 집사님이 "주여! 주여!" 하며 내뱉는 소리가 예전과 사뭇 달랐다. 자꾸 내 귀에는 무엇인가 힘든 일이 있어서 나오는 소리처럼 들려서, 예배를 마치고 집사님의 아내인 총명 엄마한테 혹시 무슨 일이 있는지 물었다. 그랬더니 머뭇거리면서 좀처럼 말을 하지 못했다.

"주님 안에서 서로 형제자매인데 어려운 일이 있으면 함께 기도해야지, 혼자서 속을 태우면 어떻게 해요. 제가 기도로 도울 테니 말해 보세요."

총명 엄마는 그제야 어렵게 이야기를 꺼냈다. 김 집사님이 신학교에 다니다가 학비가 없어 휴학하고 일을 했는데, 조그만 사고가 생겨서 벌어놓은 돈을 다 쓰게 되었단다. 결국 가을 학기도 다닐 수가 없게 되어, 저렇게 애가 타서 기도만 하고 있다는 것이었다.

김 집사님은 손에 조금 장애가 있지만 맹인인 자매를 사랑해서 결혼한, 너무 좋은 성품을 가진 분이시다. 나는 총명 엄마의 손을 꼭 쥐고, 오늘부터 기도해주겠다고 한 뒤 매일 집사님을 위해 기도하고 있었다. 그런데 어느 날, 주님께서 내 마음속에 말씀하셨다.

"네가 도와줘라."

"네! 제 돈을 아껴 쓰며 돕겠습니다."

나는 주님께 이렇게 대답하고, 김 집사님 등록금에 보탤 백만 원을 모았다. 그리고 미리 수표로 찾아서 성경책에 끼워 넣었다.

7월 15일 주일 아침이었다. 뉴스에서 어젯밤 갑자기 내린 비에 하수가 역류해 목동 일대 반지하에 사는 집들이 잠기게 되었다는 보도가 나왔다. 싱가포르는 아무리 폭우가 내려도 하수 시설이 잘 되어있어서 그런 일이 없었는데, 이게 무슨 소리인가 하며 기도를 했다.

"주님! 제가 저 어려움을 당한 사람들을 어떻게 도와야 하나요?"

교회에 도착했더니 늘 맹인 성도들과 함께 자고, 주일예배 전에는 교회 앞에서 맹인들을 인도하시던 정 전도사님이 안 보였다. 정 전도사님의 집은 침수 피해가 난 목동 일대의 반지하였는데, 갑자기 역류한 물에 집이 잠겨, 하마터면 사모님이 위험에 처할 뻔했다. 금요일 연합 구역예배 때마다 말씀은 전도사님께서 전하시고, 나는 기도회를 인도하며 늘 함께 사역했기 때문에 더 가슴이 아팠다. 그래서 전도사님을 위해 기도하고 있었다.

그날 담임 목사님은 해외 집회 인도해야 해서 출타하셨고, 협동 목사님인 진 목사님이 설교를 하셨다. 그런데 설교 제목이 〈물 위를 걷고 싶습니까?(마 14:22~33)〉였다. 예수님처럼 물 위를 걸으려면 먼저 배 밖으로 뛰어 내려야 하고, 그 다음에는 예수님만 바라보아야 된다고 하셨다. 아무리 기도하고 물 위를 걷게 해달라고 해도 배 밖으로 뛰어내리지 않으면 어떻게 물 위를 걸을 수 있겠냐며, 베드로처럼 믿음이 적어 물에 빠지는 한이 있더라도 배 밖으로 뛰어내리는 결단이 있어야 한다고 덧붙이셨다. 기도만 하고 그 후에 행동을 하지 않으면 신앙에 진보가 없다는 것이었다.

순간 아침 뉴스를 들으며 "내가 어려움 당한 사람을 어떻게 도와야 할까요?"라고 기도한 것이 생각났다. 그러면 마침 오늘 가져온 돈으로 우선 사정이 급한 전도사님 댁부터 돕고, 김 집사님의 가을 학기 등록금은 아직 시간이 한 달이나 남았으니 다시 허리띠를 매고 아껴서 도와야겠다고 생각했다.

전도사님 댁에 가보니 더러운 하수가 역류한 것이라서 사방에 냄새가 진동하는 기막힌 상황이었다. 그 와중에 동네 사람들은 쓸 만한 물건을 몇 개라도 건지기 위해 곳곳에 널어놓았다. 사모님은 온 몸이 긁혔고, 전도사님은 땀을 흘리며 대청소를 하고 계셨다. 우선 급한 대로 사모님을 목동 병원으로 옮기고, 전도사님 뒷주머니에 몰래 수표를 넣어드리면서 필요한 데 쓰시라고 했다. 집에 돌아오며 나는 주님이 주신 물질을 주님의 뜻대로 썼을 때에 주시는 잔잔한 기쁨으로 충만했다.

"네 손이 선을 베풀 힘이 있거든
마땅히 받을 자에게 베풀기를 아끼지 말며."(잠 3:27)

다음 주 수요일 저녁예배를 드리는데, 전도사님의 사모님이 내 옆에 앉아 내 손을 꼭 잡으셨다. 내가 드린 돈이 수리하는 데 든 금액과 정확히 맞았다며, 갑자기 당한 환난 중에 주님의 은혜를 체험한 큰 위로였다고 했다. 나는 단지 주일 설교 말씀을 듣고 주님의 음성에 순종했을 뿐인데, 전도사님 가정에 위로가 되었다니 이 또한 얼마나 감사한 일인가!

그 후로 다시 돈을 아껴 전도를 다니며 모으고 있는데, 시어머님에게서 전화가 왔다. 너희들이 준 용돈이 남아서 30만 원을 도로 보내줄 테니 전도하는 데 쓰라고. 또 일산에서 성경공부를 가르치고 지하철로 돌아오는데, 명좌 자매가 조금 전 성경공부할 때 성령의 감동을 받았다며 80만 원을 김 집사님의 등록금에 보태달라고 전화를 했다. 주님의 통치하심에 너무나 감사해서, 집에 도착하자마자 총명 엄마에게 등록금이 얼마나 되는지 물었다. 220만 원 정도란다. 가을 학기 등록 전에 돈을 전해줄 수 있어서 또 감사했다.

그런데 더욱 감사한 것은, 만약 내가 이전에 챙겨간 돈을 주었다면 100만 원밖에 되지 않아 등록을 못 할 수도 있었을 거라는 점이다. 주님께서는 모든 것을 아셔서 그 돈은 먼저 전도사님 댁에 주게 하시고, 김 집사님께는 내가 모은 돈까지 합쳐 등록금 전액을 다 모아서 줄 수 있게 하신 것이었다.

각 사람의 모든 필요를 다 알고 채우시는, 얼마나 세밀하고 놀라운 주님의 손길인가! 그 후에는 우리 큰아들이 가을 학기에 장학금을 받게 하셔서, 내가 김 집사님을 도운 것보다 더 많이 갚아주셨다. 주님! 이 미련한 인간을 날마다 깨우쳐주시고, 물질을 사용하는 방법을 계속 훈련시켜주시니 감사드립니다!

"하나님이 능히 모든 은혜를 너희에게 넘치게 하시나니 이는 너희로

모든 일에 항상 모든 것이 넉넉하여 모든 착한 일을 넘치게 하게하려
하심이라. "(고후 9:8) 아멘!

　　몇 달 후 김 집사님의 시골 부모님께서, 내가 등록금을 해주어 신
학교에 다니게 된 것에 감사해하며 참기름과 마늘 등 농사지은 것을
한 보따리 보내주셨다. 김 집사님은 그 후로는 계속 1등을 놓치지 않
아 장학금으로 학교를 다니며 감사가 넘쳤다. 신학교 여름방학 때는
선교여행을 가고 싶다며 기도를 부탁하셔서, 잘 다녀오실 수 있도록
또 기쁨으로 후원해드렸다.

형제를 처음 만난 지 딱 2년 후,
형제는 주님 품에 평안하게 안기었다.
장례예배를 마치고 돌아오는 전철 속에서
눈물이 흘렀다.

"형제, 이 세상에서 짧은 인생이었지만 고생 많이 했다.
이제는 고통 없는 천국에서,
주님 품에서 평안히 안식하고 있다가
훗날 내가 갈 때 반갑게 만나자.
그땐 내 목소리만 듣고도
나를 알아볼 수 있어야 해!"

2

파열된 발바닥

한국에 온 지 11개월째 되던 2001년 6월 8일, 병원에 입원 중인 말기 암환자를 방문해 예배를 드리고 밤 9시쯤이 되었다. 배가 고프고 발이 아팠다. 저녁을 혼자 사먹고 전철을 두 번 갈아타고 밤늦게 산꼭대기에 있는 집으로 돌아가는데, 발이 너무 아파서 질질 끌며 겨우 도착했다. 집에 들어와서 보니 발뒤꿈치가 퉁퉁 부어 손으로 만질 수 없을 정도로 아팠다. 나는 발을 붙잡고 기도하며 생각했다.

'돌아다니다가 무언가에 찔려서 염증으로 부은 건가? 그런 적이 없는데. 찔린 상처도 아닌 것 같고. 너무 걸어 다니다 보니 피로가 쌓여서 그렇겠지.'

나는 발에 찜질을 좀 하고 잤다. 그런데 다음 날 아침에도 바닥에 발을 딛고 일어서기가 힘들었다. 하지만 지하철역 앞에서 만나기로 한 맹인 형제가 기다릴까 봐, 약속을 지키기 위해 다리를 질질 끌고 또 나갔다.

만나서 상담을 하고 하나님의 말씀으로 위로한 뒤, 매달 드는 치료비를 조금이라도 돕기로 했다. 그리고 집으로 돌아오는데 발이 어찌나 아픈지, 눈물이 날 지경이었다. 집으로 가는 골목에 있던 병원을 찾아가 초음파 사진을 찍었다. 의사는 내 발바닥이 닳아서 없어지다가 파열된 것 같다며, 참으로 이상한 현상이라고 했다.

"우선 물리치료를 하고 처방약을 드리겠지만, 아무래도 큰 병원으로 가보셔야 할 것 같습니다."

그런데 집으로 돌아와 약을 계속 먹어도 차도가 없어 힘들어하고 있었다.

그러던 중 친정아버지께서 또 쓰러지셨다는 연락이 왔다. 큰 병원의 중환자실에 입원을 하셨는데, 친정형제들이 모두 직장을 다니고 있어서 나라도 가봐야 했다. 다리를 절뚝거리며 병원에 도착해 중환자실 대기실에서 성경을 읽으며 대기하고 있는데, 갑자기 보호자를 불렀다. 위독하신 줄 알고 놀라 발을 질질 끌며 갔더니, 아버지가 정신이 드신 후 집에 가시겠다며 주사 바늘들을 빼시는 바람에 침대 시트에 피가 낭자했다.

"도저히 제어가 안 되니, 보호자 분께서 꼭 붙어 계세요."

나는 아버지를 안심시키고, 지금 상태로 가시면 안 되니 조금만 참으시라고 말씀드렸다. 그리고 기도를 해서 빨리 회복되어 집에 가시게 해드리겠다고 했다. 아버지 손을 꼭 잡고 주님께 눈물로 예배를 드렸다. 그리고 속으로 주님께 간절하게 기도했다.

"주님! 지금 제가 발이 너무 아파서 약을 먹어도 가라앉지 않고, 도저히 땅에 디딜 수가 없어서 절뚝거리며 다니고 있습니다. 아버지마저도 빨리 회복되시지 않으면 제가 도저히 견딜 수가 없습니다. 아버지가 심한 당뇨로 쓰러져 중환자실에 계실 때에도, 저는 고등학교 3학년인 아들을 두고 싱가포르에서 귀국해 한 달 반 동안 아버지를 간병하고 퇴원하신 후에 돌아갔습니다. 남들도 최선을 다해 돌보는데 하물며 제가 발이 아파 걸을 수가 없다고 해서 아버지를 돌보지 않을 수가 있겠습니까? 그러니 저를 불쌍히 여기시고, 아버지께서 속히 치유되실 수 있도록 기적을 베풀어 주옵소서!"

아버지가 예전부터 좋아하시던 여러 찬송들을 불러드리며 몇 시간을 그렇게 간절히 예배드리는 모습을 보더니, 한 환자가 혹시 자기를 위해서도 예배를 드려줄 수 있느냐고 물었다. 아버지께서 많이 안정이 되셨기 때문에, 나는 그 말이 너무 감사해서 이 환자 저 환자를 돌며 조용히 또 간절하게 기도하며 예배를 드렸다. 눈물을 흘리며 반응하는 분도 계셨고, 어떤 분은 고맙다고도 하셨다. 나보고 할아버지 딸이냐고 하며, 할아버지는 복도 많으시다고 부러워하시기도 했다.

아버지께서 주사바늘을 빼시는 소동이 벌어진 덕분에, 나는 중환자실에서 오래 머물 수 있게 되어 여러 환자분을 예배로 도왔다. 그렇지만 자꾸 집에 가시겠다고 해서, 결국 아버지의 고집을 꺾을 수 없던 의사가 나보고 환자를 데리고 나가는 조건으로 모든 책임을 지겠다는 사인을 하라고 했다. 그래서 아버지는 4일 만에 퇴원하셨다.

택시를 타고 집에 모셔다 드리는데, 5층 창밖에서 내려다보던 엄마가 나를 보고 깜짝 놀라서 내려오셨다. 택시에서 내릴 때 중환자실에서 막 나온 83세 아버지보다 내가 더 잘 걷지 못했기 때문이다. 아버지를 집으로 모신 후 그제야 내 발을 확인해본 엄마는 더욱 놀랐다. 일을 보고 돌아온 오빠 역시 내 발을 보더니, 빨리 큰 병원에 가봐야 한다고 난리가 났다. 다음 날에는 더 이상 걸을 수가 없어서 시누이의 차를 타고, 시어머님과 시누이의 부축을 받으며 큰 병원에 갔다. 여기서도 의사가 이상한 일이라며, 나보고 무거운 것을 이고 다니는 광주리장사를 하느냐고 물었다. 그리고 초음파 검사 결과를 보더니 특진을 하라고 했다.

그래서 다시 예약을 하고, 예약 날짜에 맞춰 병원에 갔다. 과장님도 고개를 갸우뚱하며, 알 수 없는 일이라고 했다.

"발바닥 전체에 우리 몸의 무게를 받쳐주는 쿠션 역할을 하는 부분이 있어요. 그런데 그 액이 다 빠져나가 결국은 뼈와 발바닥 피부가 닿아서 파열된 것입니다. 수술할 수가 없고, 재생이 안 되는 부분이에요. 앞으로 걷지 못하실 수도 있으니, 당분간 꼼짝 말고 집에만 있으시고 서 계시지도 마세요. 그런데 도대체 무슨 일을 하십니까?"

"저는 전도를 하는 사람이고, 계속 걸어 다녀야 해요."

"이제는 사람들을 집으로 오라고 하셔야지, 걸어 다니시면 안 됩니다. 혹시 전도사님이신가요? 지금 액이 서서히 빠져나가다가 이렇게까지 된 것 같은데, 도대체 몇 년을 얼마나 걸어 다니신 겁니까?"

"해외에서 16년 정도요. 사람들을 섬기느라 일을 많이 하고, 오랜 시간 서서 일했어요. 귀국한 지 1년도 안 되긴 했지만, 20개가 넘는 큰 병원들을 찾아다니며 장애인들과 환자들을 전도하고 있습니다."

의사는 내가 자기 몸도 돌보지 않고 무리를 하는 이상한 사람이라며 종이에 뭐라고 썼다. 나는 눈이 나빠서 뭐라고 썼는지 잘 안 보여, 가까이 보았더니 깜짝 놀랄 말을 적어놓았다.

"전도하러 다니다 너무 많이 걸어서……."

내 발이 다친 원인을 의사가 그렇게 기록한 것이었다. 나는 주님께 감사해서 눈물이 흘렀다.

그렇다! 주님 만난 날부터 그때까지 17년 동안 나는 죽도록 충성하고 싶었다. 그래서 내 몸을 조금도 돌보지 않고 다른 이들을 섬겼고, 싱가포르에서도 8년 동안 동서남북으로 다니며 한 사람이라도 전도하려고 다녔다. 또 수많은 분들을 대접하고자 얼마나 오랜 시간 서서 무리하며 일을 했던가. 어느 날은 일을 하는데 발바닥에 전기가 일어나듯 자주 찌르륵했다. 나는 너무 오랜 시간 동안 서서 일하니까 그런 줄 알고, 조금도 대수롭지 않게 생각했었다. 의사 말대로라면 나는 파열이 이미 진행된 후에도 발을 질질 끌면서 맹인들을 섬기고, 암 환자들을 찾아다니며 한 명이라도 더 전도하려고 한 것이다. 그리고 이번에는 그 발로 아프신 아버지까지 섬기고 있었던 것이다.

그러나 내가 아무리 복음을 위해 희생하고 산다 한들, 나 같은 죄인을 구원해주신 주님의 은혜를 어찌 갚을 수 있겠는가! 더구나 나 같이 모자란 사람을 전도자로 불러 주셨는데. "여호와께서 내게 주신 모든 은혜를 무엇으로 보답할꼬!"(시116:12)하는 마음뿐이었다. 그러니 주님 앞에 내가 무엇무엇을 했다고 어찌 감히 말할 수 있겠는가. 세상을 사랑해서 나 자신을 위해 뭔가를 하러 다니다가 이렇게 된 것이 아니었다. 비록 내 육신의 약함을 모르고 실수해서 다친 것이지만, 주님께서는 의사의 손길을 통해 내가 전도를 하고 복음을 전하려다가 너무 많이 걸어 다녀서 그렇게 된 것이라 써주시니 감격해서 운 것이다. "이 후로는 누구든지 나를 괴롭게 말라. 내가 내 몸에 예수의 흔적을 가졌노라."(갈 6:17)라는 말씀을 고백할 수 있다니 얼마나 감사한 일인가!

감사한 마음에 울면서 절뚝거리며 진료실 밖으로 나오자, 기다리고 있던 시어머님이 놀라며 왜 우느냐고 하셨다. 혹시 앞으로 못 걷게 되는 것이냐고 물으셔서, 감사해서 운다고 했더니 몸이 이렇게 되었는데 뭐가 감사하냐면서 속상해하셨다.

부축을 받으며 집에 와서 누웠다. 시어머님께서는 굵은 소금을 볶아오셔서 발을 뜨거운 소금 속에 넣어보라고 하셨다. 옛날에 이렇게 하면 조금 좋아진다는 소리를 들으셨다며, 할 수 있는 모든 방법을 다 해보자고 하시면서 내 발을 붙잡고 기도해주셨다.

"하나님 아버지! 우리 며느리는 바보처럼 착해서 아무 욕심도 없고 전도밖에 모르고 삽니다. 며느리가 다시 동서남북으로 전도하러 다니도록 발을 고쳐주셔서, 평생 주님의 말씀을 전하러 다니게 하옵소서!"

나는 또 감사해서 엉엉 울었다. 세상에 어떤 며느리가 시어머니에게 이렇게 인정을 받고 살겠는가? 그러고 보니 한국으로 돌아왔을 때 돈이 없어 산꼭대기에 살게 되었는데도, 다시 약국을 해서 돈 좀 벌라는 말씀은 한 번도 하신 적이 없었다. 시어머니께서 보시기에도 내가 바보처럼 전도밖에 모르는 사람으로 보였기 때문에, 평생 전도하며 살도록 고쳐달라고 기도하신 것이었다.

나는 시어머니의 마음을 알게 되어 더욱 기뻤고, 감사해서 눈물이 빗물처럼 흘렀다. 그 후로도 시어머니께서는 내 전도의 동역자가 되셔서 늘 기도해주시고, 전도로 바쁜 나를 위해 지금까지 김치를 담가서 때마다 보내주신다. 발을 다친 덕분에 하나님께서 내가 시어머니의 사랑을 듬뿍 받고 살게 되는 축복을 주셨다. 그렇게 아픈 발로 꼼짝 못하고 서있지도 못하고 살 때, 시어머니와 친정어머니 그리고 큰언니가 반찬을 해왔다.

내가 성경을 가르쳤던 자매들은 문병을 왔다가 깜짝 놀랐다.
"집사님! 어떻게 이런 산꼭대기에 사세요? 싱가포르에서는 넓은 교수 아파트에서 사시길래 잘 사시는 줄 알았더니, 이게 어떻게 된 일이에요?"
나는 웃으면서 대답했다.
"그래도 지상에서 높으니까 천국에 조금 더 가깝지 않겠어요?"
농담으로 던진 말이었는데, 자매들은 마음 아파하며 돌아갔다.

그런데 문제가 생겼다. 청주에 있는 한 교회의 여름수련회의 강사로 서기로 했는데, 발을 다쳐서 감당할 수 없게 되었다고 연락을 했더니 강사를 갑자기 바꿀 수가 없다는 것이었다. 교회 쪽에서 모시러 갈 테니 꼭 인도해주셔야 된다고 했다. 어쩔 수가 없었다.
그 사이에 여기 저기 아는 의사 분들이 내 발을 고치기 위해 노력했고, 사랑하는 박 자매의 남편인 영남대학 병원의 서 박사님도 발을 고쳐주시려고 애를 썼다. 나는 그 집에 머물며 자매의 부축을 받아 병원에 가고, 한 병원의 과장님이 환자와 직접 함께 다니는 VIP 대접을 받으며 진료를 받았다.
아픈 데가 발바닥이라 마취를 할 수 없어 주사기 몇 대로 내 발꿈치에서 피고름을 뺄 때는 얼마나 고통이 심하던지, 기절할 것처럼 아파서 주님만 부르짖었다. 생으로 발바닥에서 피고름을 빼는 그 순간에도 나는 주님께서 당하신 고통에 비하면 이건 아무것도 아니라고 생각하며 기도했다. 우리 주님은 나 같은 죄인을 구원하시기 위해 그 모진 고통을 견디셨으니까. 식은땀이 비 오듯 줄줄 흘러내리고, 나는 거의 탈진 상태가 되었다. 이 세상에 태어난 이후로 우리 아이들을 낳을 때보다 더 아픈 고통을 겪은 건 그때가 처음이었다.

부축을 받으며 겨우 차를 타고 자매의 집으로 돌아오는 차속에서, 나와 자매는 아무 말도 할 수 없었다. 자매는 내 발을 보고 마음이 아파 울면서 운전을 했고, 나는 너무 아파서 정신이 없었기 때문에 말을 할 기운이 없었다.

잠시 후 자매가 조용히 말씀 테이프를 틀어주었다. 위로의 말씀이 줄줄 흘러나왔다.

"그 주인이 이르되 잘하였도다.
착하고 충성된 종아
네가 작은 일에 충성 하였으매
내가 많은 것으로 네게 맡기리니
네 주인의 즐거움에 참예할지니라."(마 25:21)

"사람이 마땅히 우리를 그리스도의 일꾼이요
하나님의 비밀을 맡은 자로 여길지어다.
그리고 맡은 자들에게 구할 것은 충성이니라."(고전 4:1~2)

"그러므로 내 사랑하는 형제들아

견고하며 흔들리지 말며

항상 주의 일에 더욱 힘쓰는 자들이 되라.

이는 너희 수고가 주 안에서

헛되지 않은 줄을 앎이니라."(고전 15:58)

"너희의 믿음의 역사와 사랑의 수고와

우리 주 예수 그리스도에 대한 소망의 인내를

우리 하나님 아버지 앞에서 쉬지 않고 기억함이니."(살전 1:3)

"여호와는 네게 복을 주시고

너를 지키시기를 원하며

여호와는 그 얼굴로 네게 비추사

은혜 베푸시기를 원하며

여호와는 그 얼굴을 네게로 향하여 드사

평강 주시기를 원하노라 할지니라."(민 6:24~26)

진실로 힘이 되고, 위로와 격려가 되는 말씀들이었다. 나는 소리 없
이 울었다. 탈진해서 쓰러질 것 같은 이 와중에도 주님께서는 내가 가
장 좋아하는 것이 말씀인 것을 아셨다. 그래서 놀라운 하나님의 은혜
의 말씀, 변함없는 약속의 말씀으로 위로해주신 것이었다. 말씀이 촉
촉하게 내 마음을 적시며 새겨지게 하셔서 얼마나 감사하던지! 평생
주님을 섬긴다고 해도, 사랑하는 내 주님의 은혜를 어찌 다 갚으랴!
이 고통의 순간인들 어찌 그 은혜를 잊으랴. 눈물을 흘리며 주님께 감

사, 또 감사하며 주님을 사랑한다고 수없이 고백했다.

그렇게 자매의 집에서 극진한 사랑의 대접을 받고, 성남 집으로 돌아왔다. 며칠을 꼼짝 못하고 있는데, 외국에 있던 자매들이 이곳저곳에서 안부 전화를 했다. 내가 집에만 있게 되니 상담 전화들이 계속 와서, 밖으로 나가서 전도하지는 못해도 사역은 계속되게 하셨다.

드디어 수련회 날짜가 되었다. 나는 절뚝거리며 그 교회의 중고등부 수련회장에 도착했다. 처음에는 30분 정도 서서 해보려고 했는데, 식은땀이 흐르면서 쓰러질 것 같아 할 수 없이 2시간씩 앉아서 3박 4일 동안 7번의 집회를 마쳤다.

강사실에서 발을 주무르고 있는데, 갑자기 또 나오라고 해서 무슨 일인가 하고 수련회장에 들어갔다. 그런데 그 큰 강당 안에 향기가 가득했다. 낮에 한 선생님이 밖에 나가 향수를 사와 큰 대야에 붓고, 10여 명씩 조를 나누어 내 발을 씻겨 주기 위한 준비를 한 것이었다.

제일 나이가 많으신 백발의 장로님 조부터 먼저 서 계셨다. 나는 너무 놀라, 절대로 내 발을 씻기실 수 없다고 버텼다. 그러나 나를 앉혀놓고 양말을 벗기더니, 10명씩 나와 한쪽 발에 5명씩 붙들고 씻기면서, 울며 기도해주시는 것이었다. 나는 몸 둘 바를 몰라 엉엉 울었고, 계속해서 각 조가 나와 울며 기도해주셨다. 내가 무엇이기에 이런 큰 사랑을 받을 수 있단 말인가!

"주님 제가 지금 쥐구멍이라도 있으면 들어가고 싶을 정도로 부끄럽습니다. 나 같은 인간이 무엇이기에 이런 사랑과 은혜를 받는단 말입니까? 주님, 제가 고개를 들 수가 없습니다."

나는 눈물 콧물 범벅이 되어 울었다. 이런 간절한 눈물의 기도를 받았는데 내 발이 어찌 회복되지 않겠는가!

그 후, 발바닥은 조금씩 아물기 시작했다. 그리고 큰 운동화 속에 두터운 깔창을 껴서 조금씩 걷게 되었다. 잘 아는 의사 선생님들께서 특수 깔창을 제작해주시는 등, 아픈 발 덕분에 넘치는 사랑을 받았다. 8월에도 다른 교회 수련회의 집회를 인도했는데, 그때는 두터운 깔창을 넣은 운동화를 신고 서서 할 수 있게끔 회복시켜주셨다.

13년이 지난 지금도 여전히 쿠션이 좋은 운동화를 신어야 걸어 다닐 수 있는 신세가 되었지만, 그럼에도 불구하고 쉬지 않고 동서남북을 다니며 전도하고 또 선교단체와 교회들이 초청하는 전도집회를 수백 곳 인도하고 있다.

어느 수요일 저녁, 맹인교회 예배를 인도하려고 일찍 집을 나서서 버스를 기다리고 있었다. 버스가 조금 앞으로 가서 정차해 절뚝거리며 버스를 올라타려고 했는데, 내 앞사람까지만 태우고는 문을 닫고 가버렸다. 운전기사 아저씨가 분명 내가 다리가 아파서 절뚝이며 오는 것을 보았을 텐데, 내가 막 올라타려는 순간에 문을 닫고 떠난 것이었다.

순간 너무 화가 나면서, 장애인 취급을 받은 것이 억울했다. 안 그래도 아픈 발로 오랫동안 기다렸는데, 또 10분을 넘게 서서 기다려야 된다고 생각하니까 속이 상했다. 그래서 거듭난 후 처음으로 화가 목까지 치밀어 오르는데, 내 속에 세미한 주님의 음성이 들려왔다.

"네가 지금 사람에게서 버림받는 것을 당해보니까 마음이 어떠니?

네가 가르치고 있는 사람들은 이보다 훨씬 큰 버림을 당한 사람들인데, 네가 그들의 아프고 상처가 난 마음을 이제 조금이라도 알겠니?"

나는 그 음성에 깜짝 놀랐다. 그리고 맹인 성도들의 마음이 얼마나 힘들었을지 생각하니 눈물이 쏟아졌다.

'아, 주님! 용서하소서! 제 딴에는 여러모로 섬기며 가르친다고 생각했는데, 그분들이 지금까지 살아오며 받은 너무나 큰 상처들을 잊고 있었습니다. 주님! 저를 용서해주옵소서!'

나는 그저 다리를 절뚝거리는 정도인데도, 장애인 취급을 하며 재수 없다고 생각해서인지 버스에 태워주지 않는 상황을 당하고 나니 맹인 성도들이 그동안 수없이 당하고 살았던 서러움의 세월들이 느껴졌다.

버스 정류장 구석에서 나는 뜨거운 회개의 눈물을 흘리며 기도를 드렸다. 그러자 어느 자매가 자신이 맹인이 된 후에 가족에게서 버림받았다고 말했던 것이 생각났고, 어느 분은 맹인용 흰 지팡이를 감추고 겨우 택시를 잡았는데, 타려고 문을 더듬으니 아침부터 재수가 없다고 하며 문을 닫고 안 태워줬다는 이야기를 했던 것도 생각났다. 그분들의 마음과 오래 참음, 인내가 존경스러웠다.

그러자 다음에 도착한 버스의 기사 분이 절뚝거리는 나를 태워준 것만으로도 감사했다. 교회에 도착해 저녁예배를 인도하며 그 날의 사건을 회개하는 심정으로 간증했더니, 온 성도들이 울고 예배 후에 많은 분들이 은혜를 받았다며 내 손을 꼭 잡아주었다. 그 일은 성경을 가르친다는 것이 무엇인가를 다시 한 번 깨닫는 귀한 계기가 되었다.

"즐거워하는 자들로 함께 즐거워하고

우는 자들로 함께 울라.

서로 마음을 같이하며

높은 데 마음을 두지 말고

도리어 낮은 데 처하며

스스로 지혜 있는 체 말라."(롬 12:15~16)

의사는 내가 자기 몸도 돌보지 않고
무리를 하는 이상한 사람이라며 종이에 뭐라고 썼다.
나는 눈이 나빠서 뭐라고 썼는지 잘 안 보여,
가까이 보았더니 깜짝 놀랄 말을 적어놓았다.

"전도하러 다니다 너무 많이 걸어서⋯⋯."

내 발이 다친 원인을
의사가 그렇게 기록한 것이었다.
나는 주님께 감사해서 눈물이 흘렀다.

3

상한 마음에 말씀이 들어가니

　어느 날, 성경을 배우고 있던 자매가 한 권사님을 나에게 소개했다. 잘 아는 분인데, 남편이 갑자기 간암으로 2개월 만에 돌아가신 후에 시험에 들고 낙심해 교회를 안 나가신다고 했다. 그런데 아들한테까지 교회를 가지 말라고 하시며 하나님이 없다고 하니, 우리 집에 한번 모시고 와도 되겠느냐고 했다. 기도를 하며 권사님을 만났는데, 이런 이야기를 하셨다.

　"제가 그동안 얼마나 봉사와 헌금을 잘했는데요. 그리고 아는 목사님이나 전도사님이 개척교회 시작하면 아낌없이 헌금도 하고 그랬는데. 내가 우리 남편 간암 발견하고 나서 간절히 기도했는데도 불구하고 2개월 만에 데려가셨어요. 어떻게 하나님께서 그러실 수 있나요?"

　나는 안타까운 마음으로 간증을 하면서, 나 역시 하나님을 성경적으로 알지 못하고 내 생각대로만 믿었기 때문에 시댁이 파산했을 때 내 의를 나타내며 하나님을 원망하던 어리석은 자였음을 고백했다. 권사님이 평생 기도를 해오신 제일 간절한 기도제목은 남편의 구원이었는데, 이야기를 들어보니 주님께서는 그 짧은 시간에 남편분이 주님을 믿고 천국에 가실 수 있도록 인도해주셨다. 나는 권사님께 평생의 기도제목이 응답되었는데 그 은혜는 다 잊어버리고 원망만 하면 되겠냐며, 당장은 크게 상한 마음을 잘 위로해드렸다. 그리고 내가 만난 주님을 계속 간증하며, 내 죄를 낱낱이 보여주셨던 것을 애기했더니 잠잠해지셨다.

"대저 우리는 다 부정한 자 같아서 우리의 의는 다 더러운 옷 같으며 우리는 다 쇠패함이 잎사귀 같으므로 우리의 죄악이 바람 같이 우리를 몰아가나이다."(사 64:6)라는 말씀처럼 우리의 의라는 것이 얼마나 하나님 보시기에 더러운 옷 같은지, 그리고 죄에서 우리를 구원하신 주님의 십자가 은혜를 깊이 묵상하면 이 세상에서 구원받은 것보다 더 큰 축복이 어디 있겠냐며 구원받았던 첫사랑을 회복해야 된다고 말씀드렸다.

내가 돌보던 대부분의 말기 암환자 분들은, 투병하며 큰 고통으로 오랜 세월 수고하고도 수많은 병원비를 유가족에게 빚으로 남기고 가는 경우가 많았다(그때만 해도 의료보험만 가지고는 도저히 병원비를 감당할 수가 없었다). 그 이야기를 하며 나는 권사님께서는 그래도 살 집도 있으시고, 딸도 이미 결혼시켰으며, 아들도 장성해 레지던트 의사이니 다른 사람에 비하면 감사제목이 얼마나 많으냐며 감사의 조건들을 상기시켰다.

"권사님, 저도 얼마든지 돈을 벌며 살 수 있어요. 그렇지만 천국이 확실히 있다는 것을 깨닫고 나서는, 한 영혼이라도 전도해 천국에 가도록 해야 하는 것이 내게 주신 사명임을 깨달았어요. 그래서 산꼭대기 싸구려 전세에 살면서도 매일 감사가 넘치고, 구원받은 것이 감사해서 한 명이라도 더 전도하러 동서남북 다니다가 지금은 발바닥까지 파열됐답니다."

내 이야기에 권사님께서는 아무 말씀도 하지 못하셨다.

"우리 믿음의 선배들이 다 목숨 걸고 선교하며 전도했기에 지금 우리가 이렇게 복음의 복을 누리고 사는 겁니다. 천국이 없다면 그분들이 미쳤다고 그렇게 살다가 돌아가셨을까요? 히브리서 11장에 나오는 믿음의 선배들은 천국을 위해 모든 것을 버리며 목숨도 아낌없이 드렸습니다. 사도 바울도 참수당할 때까지 전도를 하며 살았고, 제자들도 성령을 받은 후에는 조금도 죽음을 두려워하지 않았습니다."

그렇게 말씀드린 후, 나는 "나의 간절한 기대와 소망을 따라 아무 일에든지 부끄럽지 아니하고 오직 전과 같이 이제도 온전히 담대하여 살든지 죽든지 내 몸에서 그리스도가 존귀히 되게 하려 하나니 이는 내게 사는 것이 그리스도니 죽는 것도 유익함이니라."(빌 1:20~21), 그리고 "성도의 죽는 것을 여호와께서 귀중히 보시는 도다."(시 116:15)라는 말씀들을 깊이 묵상해 보시라고 하며 4시간 정도 대화를 나누고 기도로 마쳤다.

며칠 후, 권사님을 소개해준 자매에게서 큰일 났다고 하며 연락이 왔다. 그 권사님의 얼굴 반쪽에 마비가 왔다는 것이다. 그 집에 심방을 가달라고 요청해서, 가는 동안 차 속에서 계속 권사님께 꼭 필요한 말씀을 주십사고 간절히 기도드렸다.

가보니 얼굴 반쪽이 정말 심하게 마비되어 있었다. 병원도 다니고 한방 치료까지 했는데 조금도 차도가 없고 얼마나 쑤시는지, 매우 고통스러워하시며 스카프로 얼굴을 가리고 있었다. 이제는 교회를 가고 싶어도 부끄러워서 못 가겠다고 하시며 우셨다.

나는 찬송을 부른 후, 주님께서 내 마음속에 주신 히브리서 12장 1~13절의 말씀을 나누며 도리어 감사하라고 했다.

"평생 교회를 다니시고도 남편과 사별하는 어려움을 당했다며 하나님이 없다 하시고, 자녀에게도 속은 것이니 믿지 말라 하시고, 몇 달 동안 하나님께 악담을 하셨잖아요. 그래도 하나님은 권사님이 자기 자녀이기 때문에, 징계를 통해서라도 권사님이 사생자가 아니고 참 자녀임을 가르쳐주시는 거예요. 얼마나 감사한 일이에요."

그러면서 내가 구절을 하나하나 설명해가자, 권사님께서는 엉엉 울며 회개를 하셨다.

"하나님께서는 사랑의 징계를 통해 그의 거룩하심에 참예케 하시고, 의와 평강의 열매를 맺게 하시며, 피곤한 손과 연약한 무릎을 일으켜 세우고, 곧은 길인 말씀의 길로 다시 걸어가게 하십니다. 권사님은 복을 받은 하나님의 자녀이신 것이 확실합니다. 그러니 도리어 감사드리며 진실하게 회개하고, 치유해달라고 간절히 기도하세요."

나는 그렇게 권사님께 권면하고는 기도로 예배를 마쳤다.

다음 날 아침, 자매가 기적이 일어났다며 전화를 했다. 아침에 깨어나니 권사님의 얼굴이 정상으로 돌아왔고, 그래서 내게 감사하다고 전해달라 하셨단다. 나는 주님께 감사를 드리며 자매와 함께 차를 타고 달려갔다. 권사님께서는 정상이 된 얼굴로 감사해서 우셨다. 어제 우리가 함께 예배를 드리고 간 후, 다시 밤늦게까지 기도하며 진실로 회개하며 히브리서 12장을 깊이 묵상하셨다고 한다. 그리고 자기 같은 죄인을 구원해주시고 자녀 삼아주신 것에 감사를 드리며 주무셨는데, 아침에 눈을 뜨니 마비가 되어서 감아지지 않던 눈이 정상으로 떠지고 감아졌다는 것이다. 입도 정상으로 돌아와 쑤시던 것이 사라져서, 감사를 드리며 울다가 연락을 했다고 하셨다.

우리 셋은 감사예배를 드리고, 자매와 나는 가볍고 기쁜 마음으로 돌아왔다. 그리고 권사님은 다시 신앙이 회복되어, 전심으로 주님을 섬기며 믿음 위에 견고히 시게 되셨다.

"하나님께서는 사랑의 징계를 통해
그의 거룩하심에 참예케 하시고,
의와 평강의 열매를 맺게 하시며,
피곤한 손과 연약한 무릎을 일으켜 세우고,
곧은 길인 말씀의 길로
다시 걸어가게 하십니다.

권사님은 복을 받은
하나님의 자녀이신 것이 확실합니다.
그러니 도리어 감사를 드리며 진실하게 회개하고,
치유해달라고 간절히 기도하세요."

하나님이 주신 집

발을 다치고도 절뚝거리면서 퇴원한 친정아버지를 뵈러 갔더니, 친정엄마가 올케에게서 들었다며 이야기를 꺼내셨다. 우리에게 집을 소개해준 사람이 올케의 언니였는데, 전세를 주셨던 분이 돈이 필요해 전세금을 5백만 원 올려달라고 하셨다며 그 소식을 들었느냐고 물으셨다. 내가 아직 못 들었다고 하니까, 올려줄 돈이 있는지 걱정하셨다.

"엄마, 그런 걱정은 조금도 하지 마세요. 돈이 없어서 더 꼭대기로 가든지, 반지하로 가든지 저는 상관하지 않는 사람이에요. 오늘 아침에 묵상한 말씀이 '…오늘 있다가 내일 아궁이에 던지우는 들풀도 하나님이 이렇게 입히시거든 하물며 너희일까 보냐 믿음이 적은 자들아. 그러므로 염려하여 이르기를 무엇을 먹을까 무엇을 마실까 무엇을 입을까 하지 말라. 이는 다 이방인들이 구하는 것이라 너희 천부께서 이 모든 것이 너희에게 있어야 할 줄을 아시느니라. 너희는 먼저 그의 나라와 그의 의를 구하라 그리하면 이 모든 것을 너희에게 더하시리라. 그러므로 내일 일을 위하여 염려하지 말라 내일 일은 내일 염려할 것이요 한 날 괴로움은 그 날에 족하니라.'(마 6:25~34)예요. 저는 지금까지 말씀을 믿으며 살고 있고, 제가 할 일은 하나님 나라와 의만 구하면 되는 거예요. 나머지는 주님께서 하실 일이기 때문에 염려하지 않아요."

내가 그렇게 말씀드리자 엄마가 하시는 말씀이, 하나님께 기도하고 있는 것이 있으시다는 것이었다.

"네가 발을 다치고도 전도만 하고 다니는데, 이제 다 큰 대학생 아들 둘이 방학 때 오면 잘 방도 있어야 하고, 산꼭대기 올라다니기에도 발이 다쳐 힘드니 분당에 방 3개짜리 아파트를 달라고 기도하고 있단다."

"엄마! 분당이 얼마나 비싼 곳인데, 그게 무슨 소리예요?"

엄마는 같은 교회를 다니는 사람들이 분당으로 이사를 갔는데, 평지 같은 곳에 아파트를 새로 지어서 좋다고 하더라는 이야기를 들었다고 하셨다. 우리 엄마는 세상 물정 모르시는 80세 넘은 노인이셔서 땅값 시세를 모르셔도 유분수지, 5백만 원도 없어 집을 비워줘야 하는 상황에 있는 이런 딸에게 분당에 방 3개짜리 아파트를 주십사고 기도하고 계신 것이었다.

나는 딸을 걱정하며 기도해주시는 엄마가 있어 너무 감사하다고 말하고는, 어디에 살든지 조금도 염려하지 않으며 이사를 가야 한다면 분명히 우리 주님께서 벌써 예비해놓으셨다고 생각한다고 했다. 그리고 지금 전세집 주인도 일찍 과부가 되어 고생하며 자녀를 셋이

나 키운 분이고, 믿음으로 사는 분이셔서 시세로 하면 천만 원을 더 올려야 한다는데 내가 어떻게 사는지를 아시고 그나마 5백만 원만 올려달라고 하신 거라고 했다. 그러니 주인이 돈이 필요해서 그렇다면 우리가 무슨 말을 더 하겠느냐며, 그저 기도하며 순리대로 살겠다고 말씀드렸다.

그 날부터 주님께 우리가 이사 갈 집을 달라고 기도하고 있는데, 내가 발을 다친 후 병문안을 왔다가 마음 아파하며 돌아갔던 자매들 몇 명이 돈을 준비해와 우리 주식을 사주었다. (귀국 후 남편이 잠시 남동생과 반도체 벤처 사업을 했는데, 그 회사 주식이었다.) 그래서 우리가 이사를 갈 수 있도록 해주었다. 친정엄마의 기도대로 정말 생각지도 못했던 분당에 2백만 원으로 계약하고, 부동산 소개비와 취득세까지 돈 한 푼 들이지 않고 이사를 하는 기적을 베풀어 주신 것이다.

조금 오래되어 싼 집을 사서 수리비만 우리 돈이 들었고, 이사하며 돌려받은 전세금으로는 둘째 아들 학비를 댈 수 있게 해주셨다. 안 그래도 둘째가 어렸을 때, 엄마가 돈을 하나도 모으지 않고 사니까 나중에 대학교 갈 때 돈이 없으면 어떻게 하느냐고 물은 적이 있었다. 그래서 하나님께서 때가 되어 꼭 필요하면 반드시 주실 것이라고 말했었는데, 주님께서 그런 기이한 방법으로 인도해주신 것이었다. 얼마나 놀라운 하나님의 은혜와 형제자매들의 사랑인지!

또 돈에 아무 욕심 없이 전도만 하고 사는 딸을 위해, 세상 물정도 모르면서 무조건 기도한 친정엄마의 기도를 들으시고 분당에 있는 방 3개짜리 아파트에 살게 해주시다니. 복음을 전하느라 다친 발 덕분에 그렇게 된 것이므로, 비록 잘 못 걷고 힘을 못 쓰지만 "무척 비싼" 복음 전하는 아름다운 발이라고 남편에게 큰 소리를 쳤다.

> *"보내심을 받지 아니 하였으면 어찌 전파하리요*
> *기록된 바 아름답도다!*
> *좋은 소식을 전하는 자들의 발이여*
> *함과 같으니라."(롬 10:15)*

주님께서 거저 주신 집이므로 조금도 내 것이라 생각지 않고, 이사하자마자 맹인 성도들을 다 초대해 감사예배를 드리고 식사를 대접했다. 계속해서 맹인들 수십 명이 아파트에 들어오니 경비실에는 주민들로부터 문의 전화가 와서 야단이 났다. 그러나 맹인교회 24년 만에 맹인 성도들을 초대해 식사 대접을 한 일은 처음 있는 일이라며 목사님도 기뻐하셨고, 이 집을 성전처럼 사용하라고 설교해주셨다.

목사님의 설교 말씀대로, 그 집은 정말 성전처럼 사용되었다. 날마다 말씀과 찬양, 기도가 끊이지 않았다. 산꼭대기에 살 때는 형제자매들이 찾아오기 불편해서, 그곳까지 찾아와 성경공부를 하지 못했다. 하지만 이제는 주차도 할 수 있어서, 날마다 한 팀씩 성경공부를 할 수 있었다. 아파트 바로 앞이 버스 정류장이고, 조금 가면 지하철역이라 전도를 다니기에도 최적의 조건이었다. 또 분당에 사는 동안 다른 정신지체 장애우들을 섬기도록 인도해주셔서, 장애가 심한 형제자매들과 가정형편이 어려운 장애우들을 매주 따로 찾아다니며 섬겼다.

그런데 남편이 동생과 함께 하던 벤처 회사가 어려워졌다. 우리를 생각해 무조건 투자해준 형제자매들을 생각하며, 아파트를 담보로 대출을 받아 회사를 살리기 위해 애를 썼다. 그러나 벤처 경기가 어려워지고, 대기업에서 할 아이템을 작은 회사에서 하려니 역부족이었다. 어떻게 해야 하나 기도를 하고 있을 때, 사업보다는 가르치는 것이 주님이 주신 달란트라 생각되어 그만 두기로 했다. 회사는 사업을 시작하고 연구를 하던 남동생이 당분간 계속하기로 했고, 우리는 기도를 드리는 중에 주님께서 포항에 있는 한동대학교로 인도해주셨다. 남편이 회사를 하며 겪은 2년 반 동안의 학교 밖 세상 경험은, 이후에 학생들을 가르치는 데 소중한 도움이 되었다. 분당 집은 발을 다쳤을 때 잠시 살게 해주신 것만으로도 감사드리며, 조금도 아까워하지 않고 팔아 주주들에게 나누어준 뒤 회사를 정리했다.

계속해서 맹인들 수십 명이 아파트에 들어오니
경비실에 주민들로부터 문의 전화가 와서 야단이 났다.

그러나 맹인교회 24년 만에
맹인 성도들을 초대해 식사 대접을 한 일은
처음 있는 일이라며 목사님도 기뻐하셨고,
이 집을 성전처럼 사용하라고 설교해주셨다.

목사님의 설교 말씀대로,
그 집은 정말 성전처럼 사용되었다.
날마다 말씀과 찬양, 기도가 끊이지 않았다.

한동대학교로 부르시다

2003년 2월, 주님은 남편이 다시 학생들을 가르치도록 하나님의 대학인 한동대학교로 부르셨다. 싱가포르대학에 있을 때부터 우리 부부의 비전과 맞는, 가장 가고 싶었던 대학교 중 하나여서 기도하고 있었고, 또 미국에 있었을 때 김영길 총장님에 대해 알고 있었던 데다가, 2000년에 큰아들을 입학시키러 왔을 때도 참 좋은 인상을 받았었다. 결국 주님의 은혜로 불러주셔서 남편은 감사함으로 포항에 내려갔고, 나는 장애우들 돌보는 일과 제자훈련 사역을 마무리하고 가느라 8월 말에 내려왔다.

제일 먼저 집을 구해야 했다. 학교 버스 정류장과 가깝고, 병원전도를 다녀야 하니 종합병원과도 가까워야 했다. 또 선교사님들과 학생들을 섬겨야 하니 시장과 가까운 집이면 된다고 했다. 그랬더니 우리 형편에 딱 맞는 오래된 작은 집을 주셨는데, 대출을 받고 4천만 원에 살 수 있어서 얼마나 감사했는지 모른다. 비록 너무 낡아 수리를 조금 하고 벽지만 바르고 들어간 집이지만, 그래도 서울 같으면 월세 보증금밖에 안 되는 가격으로 집을 사다니! 정말 감사했다.

하나님의 대학 한동대학교는 교수님들이 학생들을 신뢰하는 무감독 시험 제도와 팀 교수 제도가 있어 교수님들이 팀 학생들을 섬긴다. 이 일이 우리 부부의 적성에 딱 맞는 일이라, 그 작은 집에서 30명이나 되는 학생들을 대접했다. 공간이 좁아 화장실 입구까지 앉아서 먹어도 학생들이 얼마나 좋아하던지! 이렇게 학생들을 섬길 수 있는 기회를 주신 주님께 진실로 감사드렸다.

또 선교에 뜻을 두고 오신 교수님들이 많아, 그분들이 학생들에게 성경공부를 많이 가르치고 계셨다. 그래서 나도 오자마자 9월 초부터 학생들을 대상으로 제자훈련을 시키기 시작했고, 매 학기마다 두세 팀을 가르치고 있다. 주님의 은혜로 주일 저녁예배 때 전도 간증집회를 할 기회도 3번이나 주셨다.

성경공부반이 날로 많아지고, 상담 부탁도 계속 들어와 남편과 비슷하게 학교를 드나들게 되자 어느 교수님이 이런 말씀을 하셔서 웃었던 적도 있다.

"김 교수 한 명 뽑았는데, 사모님까지 사역을 풀(full)로 하시니 'buy one get one free'(하나 사면 하나는 공짜)군요!"

성경을 배운 학생들의 신앙이 아름답게 성장해, 졸업 후 주님께서 뿌리신 곳에서 주님의 제자로 세워지는 모습을 보면 밤늦게까지 가르친 보람이 있다. 사랑하는 형제자매들의 편지와 몇 개의 카드를 소개한다.

'나의 영적 스승이자, 어머니 되어주신 사모님 ^^ 일주일에 한 번 하는 성경공부 시간이지만, 사모님을 닮아가고자 하는 소망이 커져가면서 지금은 제 삶의 비전과 사명이 송두리째 바뀌었어요. 이제는 온전히 하나님께서 원하시는 곳, 또 하나님께서 바라보시는 곳에 제가 서길 소망하며 지내고 있습니다. 삶이 어렵고 힘들 때 도움을 요청하고, 기도를 부탁할 수 있는 사모님을 알게 된 것을 하나님께 정말 감사드려요. 한동대학교에서 인성교육 강의를 듣고 난 뒤, 사모님께 찾아가서 성경공부하고 싶다고 했던 제 선택은 대학 4년의 시간 동안 제가 했던 최고의 선택 중 하나라고 자신있게 얘기할 수 있을 것 같아요.'

'너무 보고 싶은 사모님, 사모님의 기도와 사랑으로 선교지에서의 모든 사역을 기쁨으로 감당할 수 있었어요…… 주님의 뜻을 잘 분별해 온전히 순종할 수 있도록 기도해주세요.'

'하나님의 이끄심으로 대학생활 처음부터 사모님과 함께 말씀공부할 수 있어서 참 감사합니다. 듣고 배우는 만큼 쑥쑥 자라났으면 좋겠는데… 매번 말씀을 들으면서 제 생각이나 가치관, 삶의 모습이 조금씩 사모님을 닮아가고 있어요. 그 작은 변화가 기뻐서 말씀 듣는 일을 조금도 게을리 할 수가 없답니다. 말씀 암송이 단순히 숙제의 개념이 아니라 마음의 표현이라고 생각되어서 열심히 했어요. 오늘은 특별히 모든 말씀을 다 외우는 날이라 더 열심히 했어요. ^^'

'하나님의 표적 되신 사모님을 통해 그 사랑을 배워가고 있습니다. 고맙습니다. 항아리가 다 찰 때까지 채워주세요.'

'사모님, 정말 감사합니다. 그동안 성경공부 때에는 좋은 말씀으로, 선교지에 있을 때는 물질적 후원을 통해 하나님을 경외하는 삶이 어떤 것이고, 주님의 말씀을 어떻게 나누고 증거해야 하는지 몸소 모범을 보여주셔서 너무나도 감사합니다.'

'사모님 덕분에 말씀을 바로 볼 수 있었고, 사모님의 삶을 통해 많은 도전을 받았습니다. 성경공부를 통해 너무 좋은 시간을 보낼 수 있었습니다. 정말 감사합니다. 주님의 제자로 살겠습니다!'

한동대학교 학생들은 매 학기 선교 훈련을 받고 방학 때마다 단기 선교를 삼사백 명 가까이 가고 있다. 그 중 인도 선교팀을 맡아달라는 부탁이 들어왔다. 매 학기 어려운 형편에 선교비가 턱없이 부족함에도, 선교를 가기 위해 밤늦게까지 훈련 받고 기도하며 애쓰는 학생들이 많았다. 그 모습들이 안타깝고 기특해서, 학생들을 얼마나 많이 먹이고 헌금을 해주며 진땀을 흘렸는지 모른다.

한번은 울산에서 있던 장로교 중고등부 교사 전체 수련회를 인도하기 위해 기도하며 준비하고 있는데, 갑자기 학생에게서 전화가 왔다. 오후 3시까지 비행기 표를 끊어야 싼 표로 갈 수 있으니 급히 기도해달라는 연락이었다. 미리 헌금을 하고 왔는데도 불구하고, 얼마나 급하면 나를 찾겠는가 싶어서 급히 주님께 기도를 드렸다. 그리고 우선 남편에게 마이너스 통장에서 빌려서라도 무조건 해주고, 뒷일은 내가 감당하겠다고 했다.

나는 집회를 마치고 포항으로 돌아오는 버스 속에서도 계속 간절히 기도드렸다. 집에 도착해 동역자들에게 기도 부탁을 했더니 감사하게도 몇 자매들이 동참해주었다.

부모님이 자녀의 학비를 대기에도 어려운 집이 많은데, 매 학기 방학 때 선교하러 가는 비용은 학생들이 오직 기도하며 채워야 했다. 그래서 학기 중에 일도 하고 축제 때 음식을 팔면서 비용을 마련해도, 워낙 먼 지역으로 가기 때문에 경비가 많이 들었다. 거기다 선교사님들께 필요한 것들까지 준비해가려니 늘 재정이 부족해 갈 때마다 쩔쩔매는 것이다. 부족한 재정으로 가면 오지에서 고생을 많이 할 수도 있고, 또 한 명이라도 병이 나면 안 되기 때문에 나는 매번 다 채워서 보냈다.

인도팀뿐 아니라 내가 성경을 가르친 학생들이 단기 선교를 가거나, 휴학을 하고 장기로 1년 동안 선교를 가도 나는 꼭 후원을 했다. 장기 선교사로 헌신해서 가는 학생들이 점점 많아지면서 매달 선교비가 엄청 나가게 되었지만, 그래도 주님께서는 계속 나누게 하셨다. 이 땅에 물질을 쌓지 않기로 결심하고 살기 때문에, 항상 나눌 수 있게 하셨다. 그래서 학생들이 편지를 보내오면 감사의 눈물이 흐른다.

'늘 맛있는 피자, 그리고 더 맛있는 말씀을 먹여주셔서 감사해요!'
'이 세상에서 제일 부자, 우리 사모님!'
'하나님의 사람 전영순 사모님.'
'보고 배운 대로 살겠습니다.'
'섬김 받은 대로 섬기고 오겠습니다.'

'… 매년 인도로 나갈 때마다 기도와 재정으로 힘써 주시고, 말씀의 뿌리로 단단하게 세워주셔서 감사합니다. 또 마음이 지치고 상처를 입었을 때에는 위로와 기도로, 형편이 어려운 사람에게는 재정적으로 채워주시니 감사합니다. 항상 배고픈 청년들에게 제일 맛있는 피자를 배부르게 먹고도 남을 만큼 사주시고, 저를 비롯해 다들 개인적으로 어려움이 있을 때마다 항상 사모님을 제일 먼저 기억하고 달려갔습니다… 문득 예전에 다른 공동체 오빠가 "미애야, 너도 나중에 너희 담당 교수님 사모님처럼 살아야지~"라고 했던 말이 생각났어요. 인생을 시작하는 20대에 존경하고 따를 수 있는, 또 닮고 싶은 모델을 만난 것이 얼마나 고마운 일인지요. 예수님의 모습을 비추는 거울이 되셔서 저희 앞에 계시는 것만으로도, 저희에게는 큰 축복인 것 같아요. 하나님께 너무 감사드려요. 두 분의 섬김과 사랑이라는 양분으로 저희 팀이 이만큼 자라고 하나님의 사랑을 알게 되었음을 다시 한 번 고백합니다. 사랑의 빚을 평생토록 이웃에게, 또 인도와 열방의 영혼들에게 갚으며 살겠습니다. 2009년 6월 12일, 미국에서 미애 드림.'

'너무너무 멋지신, 제 삶의 모델 교수님과 사모님께.

…두 분과 교제하며 하나님의 말씀이 우리 삶에 큰 능력이라는 것과, 하나님과의 친밀함이 사랑의 원천이 되어 우리를 지치지 않게 한다는 것을 직접 보고 깨닫습니다… 앞으로의 삶 가운데 두 분을 통해, 또 자녀분들을 통해 드러내실 하나님의 사랑의 능력이 정말 기대됩니다… 그동안 마음을 다해 돌보아주셔서 정말 감사드려요. 저희들도 모르는 사이에 두 분에게서 '섬김'을 배웁니다. 몸으로 보여주신 가르침들… 어느새 저희들의 것이 되어가는 것을 봅니다.

나는 성경을 가르치는 것은 삶이라고 생각한다. 그래서 무조건 내가 먼저 최선을 다해 섬겼다. 그런데 동역자들에게 기도 부탁을 하면, 항상 주님께서 애가 타는 내 마음을 아시고 꼭 동참하는 형제자매들을 주셨다. 그들의 사랑과 헌신에 나 또한 그들보다 얼마나 더 많이 감사하고 사랑하며, 기도하고 있는지 주님은 아시리라!

> *"내가 너희를 생각할 때마다*
> *나의 하나님께 감사하며*
> *간구할 때마다*
> *너희 무리를 위하여*
> *기쁨으로 항상 간구함은*
> *첫날부터 이제까지*
> *복음에서 너희가 교제함을 인함이라."* (빌1:3~5)

> *"내가 예수 그리스도의 심장으로*
> *너희 무리를 어떻게 사모하는지*
> *하나님이 내 증인이시니라."* (빌 1:8)

"내가 예수 그리스도의 심장으로
너희 무리를 어떻게 사모하는지
하나님이 내 증인이심이라."

(빌 1:8)

6

사랑하는 청년들을 위해

어려운 학생들을 섬기며

나는 매주 선교 기도회를 인도하고 있었다. 기도회에서는 먼저 선교사님들을 위해 2시간쯤 기도를 드린 후, 중보기도회 회원들의 기도제목을 나누며 중보기도를 한다.

그런데 그날 참석하신 목사님으로부터 이런 얘기를 들었다. 자신이 섬기는 교회에 갓 나온 자매인데, 할머니는 치매 요양병원에 계시고 아버지는 알코올 중독으로 병원치료를 받는 중이며, 엄마는 가게에서 일하다가 허리를 다쳐서 누워 있고, 오빠는 돈이 없어 휴학을 했다는 것이다. 가정형편이 이렇게 너무 안 좋다 보니 자매도 휴학을 하고 돈을 벌려고 하는데, 이 자매를 위해 기도를 해달라는 말씀이었다.

자매가 너무 어려운 형편에 있는 것이 마음이 아팠는데, 기도회를 마치고 집에 가는 방향이 같아 그 목사님이 나를 차에 태워 주셨다. 혹시 아까 기도를 부탁하신 그 자매가 어느 학교 학생인지 물었더니, 바로 우리 한동대학교 학생이라고 했다. 자매의 이름과 전화번호를 가르쳐달라고 한 후, 집에 도착하자마자 안타까운 마음으로 간절히 기도를 드리는데 주님께서 "네가 도와라" 라고 하셨다.

'나 역시 학생 때 학비가 없어서 얼마나 힘들었던가. 안 그래도 성경공부하던 어느 형제가 기도를 부탁한 신학생 친구 등록금도 도왔는데, 자매는 우리 학생이니 당연히 도와야지.'

통장을 보니 백만 원밖에 없어서, 그거라도 다 주려고 자매에게 전화를 했더니 깜짝 놀라며 "누구세요?" 하고 물었다. 나는 경영경제학부 교수 아내인데, 중보기도회에서 목사님으로부터 기도 부탁을 받고 함께 기도하는 사람이라고 소개했다. 자매는 지금 아버지가 입원해 계신 병원에 면회를 가는 중이라며, 이공계 장학금을 타는데 장학금이 두세 달 늦게 나온다고 했다(지금은 일찍 나오는데 그때는 늦게 나왔다). 그런데 기숙사비도 없고, 450만 원이나 되는 돈을 구할 수가 없어 휴학을 하려고 했단다.

"자매는 장학생이니까 열심히 공부하고 빨리 졸업해 부모님을 돕는 것이 더 나아요. 그러니 휴학하지 마세요. 기숙사비와 책값은 내가 지금 송금할 거고, 두세 달 후에 나오는 장학금 액수는 내가 돈이 없어 빌려볼 테니 나중에 장학금이 나오면 갚으면 돼요. 자매도 함께 기도해줘요."

나는 그렇게 대답한 후 자매에게 계좌번호를 불러달라고 했다. 자매는 매우 놀라며 감사하다 했다.

나는 즉시 송금을 하고 문자를 보냈다. 문제는 350만 원을 갑자기 누구에게 빌리느냐였다. 고민하며 기도하다가, 성경을 가르치고 있는 몇 명에게 전화해 학생에게 장학금이 나올 때까지만 빌려달라고 하려고 했다. 마음속으로 기도하며 첫 번째 전화를 돌렸더니, 나의 사랑하는 동역자인 서 집사님이 여러 집에 전화할 것 없이 본인이 다 해주겠다고 하며 지금은 은행 마감 시간이니 내일 오전에 부치겠다고 했다. 정말 감사하다고 했더니, 몇 달 후에 받을 것인데 뭐가 감사하냐고 했다.

그래도 나는 주님과 집사님에게 너무 감사했고, 학생에게 전화를 해 내일 오전에 통장으로 돈이 들어갈 테니 등록을 하고 학교에 잘 다니라고 했다. 자매에게서 '사모님을 통해 하나님의 사랑을 알게 되었어요. 감사해요.'라는 문자가 왔다.

개학을 한 후, 자매가 나를 꼭 만나고 싶다고 해서 저녁을 사주며 만났다. 알코올 중독으로 병원에 입원한 아버지를 찾아가던 길에 내가 전화를 하고 돈을 부쳤던 바로 그날, 어떻게 하나님께서 자기 사정을 아시고 전혀 모르는 사람을 통해 이런 일을 하시는지 놀랐다고 했다. 이제 갓 교회에 가기 시작해서 아직 아무것도 모르고 확신도 없었는데, 정말로 하나님이 살아계신다는 것을 알고는 길바닥에 주저앉아 감사해서 울었다고 했다.

"하나님의 사랑을 그 때 처음으로 느꼈어요. 그 일은 제가 주님을 믿게 되는 계기가 되었어요. 부모님도 놀라셨고요. 한 달 사이에 우리 집안에는 놀라운 일들이 생겼어요. 할머니는 요양병원에서 여전도사님을 통해 주님을 영접하셨고, 아버지도 많이 회복되셨어요. 그리고 제가 작정기도하며 전도해서 오빠와 엄마도 주님을 믿고 교회에 다니게 되었어요. 목사님은 부산까지 심방을 오셔서 위로와 격려를 해 주셨구요. 요즘 매일 말씀을 묵상하며, 하나님의 은혜에 감사하는 마음으로 살고 있습니다."

한 달 만에 자매의 온 가족이 주님을 믿게 된 것이다. 주님! 참으로 감사를 드립니다!

"주 예수를 믿으라.

그리하면 너와 네 집이 구원을 얻으리라."(행16:31)

자매는 그 학기에 전 과목 A를 받았다. 그 후에도 계속 공부를 잘 했고, 개척교회를 잘 섬기며 신실한 주님의 제자로 잘 성장해갔다.

어느 날 내게 성경을 배우는 여학생에게서 전화가 왔다. 자기가 3일 동안 금식기도를 하는데, 내게도 기도해달라고 했다. 학기 중인데 무슨 일이 있어서 그러나 싶어 기도를 하고 있었다. 그런데 다음 날, 주님께서 내 마음에 학생이 돈이 없어서 그렇다는 마음을 주셨다.

학생이 금식기도를 마치는 날, 나는 먹을 것을 준비해 봉지를 만들어 그 속에 돈 봉투를 넣고 학교로 들어가는 버스 정류장에서 그 학생을 만났다. 금식을 했으니 죽으로 속을 잘 다스린 후에 빵과 과일은 친구들과 나눠 먹으라고 했다. 학생은 학교에 도착해 돈 봉투를 발견하고 놀라서 전화를 했다. 어떻게 자기가 돈이 없는 것을 알았냐고.

한번은 얼굴에 심한 알레르기가 있어, 병원을 다니며 약을 써도 가라앉지 않고 계속 심하다며 기도 부탁을 했다. 이 학생의 형편을 알기에, 잘 먹고 건강해야 알레르기가 없어지니 식사를 거르지 말라고 한 뒤 병원비에 보태라고 용돈을 보내 주었다.

그런데 얼마 후 갑자기 신장에 염증이 생겨 의사가 2주 동안 약을 먹으며 입원을 하든지 쉬어야 한다고 했다며, 기도해달라고 연락이 왔다. 수업은 어떻게 하느냐고 물으니, 교수님들께는 말씀을 드렸다고 했다. 그러나 집에 가도 개척교회를 하는 부모님이 고아원에서 아기 둘을 입양해 와서 키우시기 때문에 자기가 편히 쉴 곳이 없다고 했다. 나는 학생에게, 입원하면 돈도 많이 드는데 우리 집에서 쉬며 병원에 다니면 어떻겠냐고 하고 얼른 오라고 했다.

내가 전도하느라 바빠 특별히 잘해준 것이 없었지만, 단지 자매를 가족처럼 사랑으로 섬긴 것만으로도 평안히 잘 쉬고 회복되었다. 자매는 학교로 돌아가며 편지를 남겼다.

'그동안 사모님의 모습에서 참 많은 것을 보고 깨달았어요. 예수님 모습을 닮은 사모님처럼 힘써 주님의 제자 될래요.'

주님을 닮으려면 아직도 멀었지만, 학생들의 눈에 조금이라도 주님을 닮은 모습으로 비추어졌다니 감사드릴 뿐이다. 또한 자매의 아버지이신 목사님이 사역하시던 교회가 어려움을 겪을 때, 나의 사랑하는 동역자들이 함께 힘써 도와드렸다. 얼마나 감사한 일인지!

한동대학교 대학교회 저녁예배 때 전도 간증집회를 인도한 후, 한 자매가 우울증으로 고생하는 친구를 도와달라며 전화를 했다. 만나서 식사를 대접하고 상황을 들으니, 여러 가지 문제와 우울증으로 고생하며 휴학을 했고, 복학을 했지만 힘들어서 또 휴학을 하려 한다고 했다.

"자매님. 무조건 휴학만 한다고 해서 해결될 문제가 아니에요. 일단 성경 말씀을 공부하고, 필요한 약도 복용하면서 지내요. 나와 친구들이 있으니 외롭지 않을 거예요. 공부하는 현장에서 자매가 주님을 의지해서 스스로 승리해야 해요."

자매는 형제가 없고, 엄마도 홀로 일하는 상황이라 집에 가서 혼자 지내면 더 우울증이 심해질 것 같았다. 나는 여러 마음 아픈 이야기를 들어주고, 상담해주었다. 그리고 언제든지 필요하면 무조건 전화를 하라고 했다. 자매를 할 수 있는 한 만나서 격려해주고, 자다가도 급한 문자를 받고 일어나 간절히 기도해주며 매주 말씀으로 양육했다. 그랬더니 신앙이 잘 성장해서 몇 차례 어려운 고비들을 말씀을 의지해 잘 이겨내었다.

낮에 집중이 안 되어 학업을 따라가기가 어려울 때에는 좋은 친구들이 계속 도와주었고, 나 역시 기도와 상담, 성경공부로 도우며 자매가 학업을 계속 할 수 있도록 했다. 여름방학 때 어느 교회 전도 집회를 다녀오던 시외버스 속에서 자매의 기쁜 소식을 들었다.

"사모님! 이번 학기 성적이 나왔는데 제 생각보다 잘 나왔어요. 너무 기쁘고 감사해요! 이제는 학업을 할 수 있는 용기와 힘을 얻게 되었어요. 주님의 은혜에 정말 감사드려요!"

그 후로 자매는 신앙이 견고해지면서 약을 먹지 않고도 우울증이 치유되었다. 그리고 학업을 잘 감당하고 자격증도 받았으며, 선교단체 간사로 헌신적으로 섬기다가 선교사로 헌신해 주님 제자의 길을 잘 걸어가고 있다!

미국과 싱가포르에서 성경을 가르쳤던 자매들의 자녀들이 대학에 갈 나이가 되자 한동대학교에 들어오기 시작했다. 그랬더니 자녀들도 성경을 가르쳐달라고 연락이 와서 가르치고 있었다.

어느 날 성경공부를 했던 남학생이 기침이 계속 심해서 감기인 줄 알았다가, 낫지 않아서 병원에 가보니 결핵이라고 했다. 며칠 동안은 휴학 절차를 밟아야 해서 학교에 있어야 하는데, 기숙사의 좁은 방에 4명이 살고 있어서 혹시라도 친구들에게 피해가 갈까 염려하고 있었다. 그 형제의 엄마는 내가 미국에서 성경을 가르쳤던 집사님이었다. 그래서 내게 어떻게 하면 좋을지 전화로 물어보았다. 나는 걱정 말고 우리 집에 보내라고 하고는, 학생이 잘 방과 집안을 깨끗이 대청소를 하고 이불도 깨끗이 빨아놓았다. 그리고 못하는 솜씨지만 음식도 정성껏 준비해, 형제가 와서 편안히 머물다 가게 했다. 나는 갑자기 당한 질병으로 인해 형제의 마음이 위축되지 않도록 사랑으로 격려하며 섬겼다. 잠깐이었지만 그래도 형제와 집사님이 얼마나 고마워하던지. 휴학 후 서울 집에 가서 잘 치료받고 깨끗이 치유된 형제는, 복학한 뒤에 학업을 잘 마치고 졸업했다.

또 불의의 교통사고로 장애를 입은 학생이 있다는 소리를 듣고, 몇 년 동안 받는 재활치료에 조금이라도 힘이 되어주고 싶었다. 안타까운 마음으로 학생이 입원한 서울의 병원들을 거리를 마다하지 않고 찾아다니며, 말씀으로 위로하고 예배로 섬겼다. 학생은 자신의 장애에도 불구하고 다른 어려운 사람들을 섬길 뿐 아니라, 선교사님들을 후원하며 선교에 동참하는 신앙으로 잘 성장해서 내게 큰 기쁨을 주고 있다.

이밖에도 해외에서 알던 선교사님들이 한동대학교에 다니고 있는 자녀들이 아프다고 연락을 주시면, 찾아다니며 섬기고 있다. 반대로 학생들의 부모인 선교사님들이 암으로 수술과 치료를 받게 되면, 할 수 있는 힘을 다해 기도와 물질로 섬기고 있다. 이처럼 많은 이들을 한 가족이라 생각하며, 이렇게 저렇게 섬길 기회를 주신 주님께 항상 감사드린다.

인성교육을 가르치다

하나님의 대학 한동대학교는 사랑, 겸손, 봉사의 참된 인성교육을 지표로 21세기 국제화, 정보화 시대에 대비해 설립된 순수 기독교대학이다. 또한 오직 하나님의 방법으로 이 땅과 세계를 변화시킬 인재들을 길러내는 곳이다.

그렇기 때문에 십계명을 삶에 적용하는 인성교육을 모든 신입생들이 필수 과목으로 배우고 있는데, 첫 시간은 총장님이 하시고 다음은 각 계명마다 탁월한 강사님들이 강의를 한다. 어느 날 그 과목을 담당하고 계신 유장춘 교수님이 제 8계명을 가르쳐달라고 부탁하셨다.

"교수님. 저는 석사 학위도 없는데 어떻게 학부 학생들을 가르칠 수 있겠어요?"

"사모님. 괜찮습니다. 저희 쪽에서 외부 강사로 초청하는 것이고, 제 아내로부터 사모님이 어떻게 사역을 해 오셨는지 다 들었습니다. 인성교육 과목이니만큼, 사모님의 삶으로 가르쳐주시면 됩니다."

교회나 선교단체의 초청으로 전도 집회를 많이 했었고, 한동대학교회에서도 간증 집회를 했었지만 신입생 전체가 필수로 듣는 과목이기에 어떻게 가르쳐야 하나 싶어서 두렵고 떨렸다. 그런데 순간, 제8계명은 "도둑질하지 말라"이므로 도둑질을 했다가 회개한 내가 적임자라서 주님께서 시키신다는 생각이 났다. 그래서 나는 교수님께 물었다.

"교수님은 제가 예전에 도둑질을 했던 것을 어떻게 알고 바로 그 계명을 부탁하십니까?"

내 말을 들으신 교수님은 크게 웃으셨다.

내게 맡겨진 것은 십계명 중 제8계명인 출애굽기 20장 15절, "도둑질하지 말라"는 말씀이었다. 다시 말해 물질과의 관계, 즉 "바르게 주고받기- Giving & Taking" 이었다.

"도둑질하는 자는 다시 도둑질하지 말고 돌이켜 가난한 자에게 구제할 수 있도록 자기 손으로 수고하여 선한 일을 하라."(엡 4:28)는 말씀이 생각났다. 그러니 소극적으로는 "도둑질하지 말라"이지만 적극적으로는 "선한 일을 하라"이므로, 예전에 도둑질을 했다가 회개한 후 주님의 은혜로 새사람이 되어 이제는 물질의 청지기로서 살아가는 내가 삶에 구체적으로 어떻게 적용하고 있는지를 가르치고 있다.

나는 물질에 대한 크리스천의 경제원칙을 성경을 통해 깨달았다.

1. 먼저 하나님의 나라와 의를 구하라!!
"그런즉 너희는 먼저 그의 나라와 그의 의를 구하라. 그리하면 이

모든 것을 너희에게 더하시리라."(마 6:33)

2. 베풀라!!

"주라 그리하면 너희에게 줄 것이니 곧 후히 되어 누르고 흔들어 넘치도록 하여 너희에게 안겨주리라. 너희가 헤아리는 그 헤아림으로 너희도 헤아림을 도로 받을 것이니라."(눅 6:38)

3. 자족하라!!

"그러나 자족하는 마음이 있으면 경건은 큰 이익이 되느니라. 우리가 세상에 아무것도 가지고 온 것이 없으매 또한 아무것도 가지고 가지 못하리니 우리가 먹을 것과 입을 것이 있은즉 족한 줄로 알 것이니."(딤전 6:6~8)

30년 가까이 위의 말씀대로 살아도 아무 부족함이 없는 삶을 살게 해주신 은혜를 나누며, 감사함으로 10년째 가르치고 있다. 강의를 듣고 써낸 학생들의 반응을 읽으면 참으로 재미있다.

"엄마 같은 모습으로 강단 위에 서신 사모님은⋯⋯"

"피피티 자료도 쓰지 않으시고, 옷차림도 차려입지 않으신 이웃집 아줌마 같으신데 엄청 유머 감각이 돋보이고⋯⋯"

"집에서 일하시다 방금 나오신 어머니의 모습처럼 수수한 옷차림으로 강단 위에 오르신 사모님. 하지만 그 말씀은 너무 강력하여⋯⋯"

"강의를 듣고 많이 찔렸고 충격을 받았다. 어쩌면 내가 하나님께서 그분의 방법대로 쓰라고 주신 물질들을 도둑질했구나 하는 생각이 들었다. 이 강의로 인해 나의 물질관을 올바른 방향으로 정립시켜야 되겠다."

"나는 물질의 축복을 달라고 기도하고 있었는데 기도의 방향을 바꾸기로 결심했다. 먼저 온전하고 바른 믿음을 정립해야겠다. 그래야만 물질관도 올바르게 자리 잡을 수 있을 것이다."

"내가 살아오면서 저질렀던 죄들에 무감각해지지 말고 온 맘을 다해 회개하고 하나님의 것을 도둑질하지 않는 정직한 삶을 살아야겠다. 나의 부족했던 생각을 바로 잡아준 잊지 못할 시간이었다."

"강의를 들으며 매번 이기적인 생각으로 나도 모르게 죄를 짓고 있구나 생각되어 회개했고, 앞으로 하나님께 감사히 돌려드리는 마음으로 헌금하고 친구들과 나눠 먹는 것부터 실천하고 믿지 않는 친구들에게 성경책을 선물해야겠다."

"나를 위한 강의였다. 가식적으로 살아왔고 이기적인 사람으로 살아왔다. 다른 어떤 일보다도 하나님을 더 알아가는 일을 제일 중요하게 여기는 사람으로 살아가고 싶다."

"수능이 끝나고 미디어를 통해 아프리카 어린이에게 월 2만 원을 기부하면 교육도 받고 희망을 갖고 살아갈 수 있다는 것을 알고 도우려 했는데 아까워서 지금까지 돕지 않고 있었다. 5월부터 꼭 도울 것이다. 이것은 하나님과 나의 약속이다. 이렇게 실천하게 하신 하나님께 너무 감사한다."

"내가 이때까지 생각한 제8계명에 대한 생각을 완전히 뒤집는 강의였다. 나에게 생기는 돈으로도 남을 생각하며 살아야 된다고 생각하게 되었다."

"나는 강의를 들으며 울 수밖에 없었다. 구원은 받았지만 성경의 기적을 체험하려면 행해야 한다는 것을 배웠다."

"나는 성경을 실생활에 잘 적용하지 못한다. 그런데 말씀을 붙잡고 저렇게 살 수도 있구나… 그것만 따라 살 수도 있구나… 사모님을 송두리째 바꾼 하나님의 존재가 대단한 것 같다."

"강의를 들으며 잠깐씩 충격에 빠졌다. 나의 죄를 돌아보며 반성의 시간을 갖고 기도를 많이 하게 되었다. 물질이 내 것이 아니라 하나님의 것임을 명심하며 살아가야겠다."

"나는 내가 살 생활비도 없는데, 나중에 돈 많이 벌면 기부해야지라고 생각해왔다. 강의를 듣고 내 생각을 고치고 잘못된 태도를 회개하고 실천했다. 마침 유니세프에서 기부하라는 전화가 왔는데 이 강의를 듣고 바로 기부했다."

"나는 기독교인이 아니지만 강의를 듣는 내내 공감하는 것이 많았고 지금 나에게 가장 필요한 것은 절대적인 기준, 즉 하나님이라는 것을 강의를 들으며 뼈저리게 느꼈다. 한동대학교에 오기 전에 하나님의 존재에 대해서 제대로 생각해본 적이 없는 나였지만 점점 내가 하나님의 사람이 되어 간다는 것을 느낀다. 사모님이 하신 것처럼 나의 잘못에 용서를 빌고 하나님만을 따르며 모든 것이 하나님의 것이라는 마인드를 가지고 살아야겠다. 이번 인성교육 강의에서 많은 것을 느꼈고 그것을 느끼게 해준 사모님께 감사하다는 말을 전하고 싶다."

지면에 다 담을 수 없어 안타까울 정도로, 이 부족한 자의 강의를 듣고 학생들이 삶에 적용하게 된 수많은 결단에 대해 주님께 감사를 드린다.

주님! 감사합니다! 주님을 믿지 않고 학교에 온 학생들이 있으면 강의를 듣고 주님 앞에 회개하고 돌아오게 해달라고, 또 이미 믿고 들

어온 학생들은 결단하고 주님의 제자의 길을 걸어가게 해달라고 기
도드렸는데, 참으로 부족한 자의 강의를 듣고 많은 학생들이 결단하
고 말씀대로 살겠다고 고백케 하시니 이것은 늘 함께 기도해주고 있
는 많은 기도 동역자들의 기도 덕택이라 생각됩니다! 다윗의 고백처
럼 모든 것이 주께로 말미암았사오니 주의 손에서 받은 것으로 주께
드리는 청지기로 복음에 합당한 삶을 평생 살게 하옵소서!

먼저 하나님의 나라와 의를 구하라!

베풀라!

자족하라!

PART 7

아직 남은 길을 걸으며

병든 자들의 이웃이 되어

가난한 자, 아픈 자들과 함께

우리 가정이 오기 전, 한동대학교가 어려움을 겪고 있을 때 지역교회들이 기도로 도왔다는 사실을 어느 교회 간증전도 집회를 인도하다가 알게 되었다. 그 은혜를 조금이라도 갚고 싶은 마음이 있었는데, 주님의 은혜로 포항과 인근 지역 등에 있는 50여 개 교회에서 간증 집회를 할 기회를 주셨다. 또 여러 교회들에서 제자훈련 1년 코스를 만들어 주셔서, 매년 두 교회씩을 최선을 다해 가르치며 무보수로 섬길 수 있었다.

그리고 제자훈련 사역과 동시에 병원전도가 특기인 나는 포항에 와 이삿짐을 정리한 뒤 114에 문의해 가까운 종합병원인 선린병원에 전화를 걸었다. 그런데 수화기 속에서 안내 음성이 나오는데,

'하나님은 치료, 우리는 봉사'라는 것이 아닌가! 서울과 경기 지역의 큰 병원들을 많이 찾아다녔지만, 그런 안내 음성은 처음이라 얼마나 감사했던지! 영과 육의 모든 치료는 하나님이 하시는 일이고, 우리 의료인은 다만 봉사할 뿐이라니 얼마나 옳은 말인가!

나는 주님께 감사기도를 드린 후에 "주님! 오늘부터 이 병원에서 전도하며 환자들을 섬기겠습니다." 하고는 병원이 어디 있는지 몰라 곧장 택시를 타고 찾아갔다.

병원에 도착해 원목실에 가서 전도사님께 그동안 해외와, 귀국 후 서울과 경기 지역에서 병원전도하고 지낸 것들을 나누자 반가워하며 원목실 소속으로 전도하라고 허락을 해주셨다. 그래서 지금까지 매주 꾸준히 병실마다 빵을 돌리며 전도를 하고 있다. 특별히 어려운 분들에게 항상 마음이 가기 때문에, 가능하면 그분들과 친해져 마음으로 사랑하며 물질로도 가능한 한 도왔다. 이렇게 사람들을 섬기면 하나님께서는 늘 복음의 확실한 열매들이 맺어지게 해주신다.

어느 날, 5층 병실에서 소개받은 장로님을 찾아가 조용히 예배를 드리고 나오는 길이었다. 입구 쪽에서 환자의 보호자인 할머니가 괜히 화를 내시며 투덜댔다. 나는 직감적으로 할머니가 자기에게도 관심을 가져달라는 표현을 하신 것을 알았다. 가정 형편도 어려우신 것 같은데, 그날은 화를 내시길래 공손히 인사만 드리고 나왔다. 집에 돌아와서도 계속 그 할머니가 마음에 걸려서 기도를 드리는데, 주님께서 어려운 형편이니 돌아보라는 마음을 주셨다.

며칠 후, 성경책 사이에 돈 봉투를 넣고 병실로 할머니를 찾아가 조용히 나오시라고 하고는 복도 끝으로 모시고 갔다. 그리고 주머니에 봉투를 넣어드렸다.

"나도 우리 친정아버지 간병하며 몸이 지쳤을 때 맛있는 것이라도 먹으면 조금은 힘이 났어요. 맛있는 거 잡수시면서 간병하세요."

할머니께서는 깜짝 놀라면서 고마워하시고, 눈물을 흘리셨다. 그 후, 주님을 영접하셨고 내가 그 병실에 들어가면 나를 따라다니며 예배를 드리셨다. 큰 글씨 찬송가를 선물하자 늘 즐겨 부르시며, 새 환자가 그 병실에 들어올 때마다 꼭 전도할 수 있도록 미리 사람들의 마음을 녹여 놓으셨다. 그 병실은 전도가 얼마나 잘 되었는지 모른다.

나는 조금밖에 섬기지 않았는데, 내 전도의 좋은 동역자가 되셨고 아픈 내 발을 위해 늘 기도해주셨다. 또 얼마나 지극정성을 다해 할아버지를 섬기시던지! 무려 8년이 넘도록 눈만 뜨고 조금도 움직이지 못하며 누워있는 남편을 돌보느라 한 번도 집에 못 가셨지만, 그렇게 사랑과 정성으로 섬기셨다.

병원에서는 할아버지를 더 이상 치료할 수 없다고 했다. 그러자 할머니께서는 매주 자신의 집으로 와서 예배를 드려 줄 수 있겠냐고 하셔서, 나는 기쁨으로 매주 찾아가 그 조그만 방에서 무더위에 땀을 흘리며 예배를 드렸다.

몇 달 후 마지막 예배를 드린 후에 할아버지께서는 평안히 천국에 가셨다. 장례식날 찾아갔더니 멀리서 온 하나뿐인 아들과 며느리에게 나를 소개하시며, 너무 고마웠다며 껴안고 우셨다. 그 후에도 혼자 외롭게 사는 할머니께 종종 먹을 것을 사서 찾아가면, 반가워서 어쩔 줄 몰라 하며 나를 꼭 껴안아 주신다.

할아버지와 같은 병실에 뇌졸중으로 오래 누워 계신 장로님도 매주 예배로 섬겼다. 간병하던 권사님이 큰 힘을 얻으셨는지 예배 때마다 눈물을 흘리며 감사해하셨는데, 장례식에 갔을 때 나를 껴안고 우셨다. 그리고 몇 년 동안 변함없이 매주 예배를 드려줘서, 힘들고 낙심이 될 때마다 견딜 수 있었다고 고마워하셨다.

같은 병실에서 전도한 형제님이 재활병원으로 옮겼어도, 몇 년째 매주 수요일에 찾아가 예배로 섬겼다. 그랬더니 아내까지 주님을 영접하고, 나의 전도 동역자가 되어서 그 병실에 새로 들어오는 환자와 보호자들의 마음을 녹여 놓고 복음이 들어가게 하고 있다. 얼마나 감사한 일인지! 명절이면 내가 그동안 매주 간식을 사다 주었다며 꼭 정성 어린 선물을 주는데, 사랑으로 하는 마음임을 알기에 할 수 없이 받아온다.

내가 병원 복도에 나타나기만 하면 제일 먼저 달려와, 꼭 자기 남편을 위해 먼저 예배를 드려야 직성이 풀리는 재미난 권 집사님도 있었다. 집사님은 장애를 가졌어도 항상 주님 때문에 마음은 천국인 분이셨다. 복음의 열정이 얼마나 뜨거운지, 만나면 기쁘고 감사하며 서로 힘이 되는 분이었다. 남편 분은 말기 암으로 입원해 몇 달 동안 치료를 받는 중에, 사랑하는 권 집사님의 끈질긴 섬김과 기도와 예배로 드디어 주님을 영접하셨다. 그 후 매주 예배를 감사함으로 드리고 있었는데, 하루는 권 집사님이 자기 남편보다 더 급한 사람이 있다며 내 손을 끌고 3층 중환자실 대기실로 가는 것이었다.

이 분은 집사님이 전도한 남 집사님이었다. 같은 장애를 갖고 계신 남 집사님의 남편 분 역시 장애로 누워 계셔서 어려운 가정이었다. 그런데 부모님에게 희망이었던 건강한 고등학생 아들이 바로 전날, 선배를 대신해서 우동을 배달하다가 교통사고를 당했다. 함께 가던 친구는 그 자리에서 죽었고, 아들은 뇌가 심하게 손상되고 온 몸을 다쳤다. 밤에 긴급으로 뇌수술을 먼저 했지만 살아날 가망이 10% 정도라고 해서, 남 집사님이 중환자실 대기실에 앉아 울고 계신 것이었다. 아들이 이 상황인데도 와볼 수조차 없는 아버지의 마음은 또 오죽하랴! 울고 있던 남 집사님은 차라리 내가 죽고 아들이 살았으면 좋겠다며 눈물을 흘리셨다.

내 마음도 얼마나 아프던지… 무슨 말로 위로를 해야 할지 몰라 마음으로 주님께 부르짖었다. 중환자실 복도에 혼자 들어가서 기도하는 작은 기도실이 있어서, 우리는 함께 들어가 무릎을 꿇고 기도를 드렸다. 나는 주님께서 주시는 말씀을 담대히 선포했다.

"그 후에 예수께서 나인이란 성으로 가실새
  제자와 많은 무리가 동행하더니
  성문에 가까이 이르실 때에
  사람들이 한 죽은 자를 메고 나오니
  이는 한 어머니의 독자요
  그의 어머니는 과부라
  그 성의 많은 사람도 그와 함께 나오거늘
  주께서 과부를 보시고 불쌍히 여기사
  울지 말라 하시고 가까이 가서

그 관에 손을 대시니 멘 자들이 서는지라.

예수께서 이르시되

청년아

내가 네게 말하노니 일어나라 하시매

죽었던 자가 일어나 앉고 말도 하거늘

예수께서 그를 어머니에게 주시니

모든 사람이 두려워하며

하나님께 영광을 돌려 이르되

큰 선지자가 우리 가운데 일어나셨다 하고

또 하나님께서 자기 백성을 돌아보셨다 하더라…."(눅 7:11~16)

"주님! 이 장애인 가정의 독자요, 유일한 희망인 아들이 지금 뇌수술 후 의식이 없어 어려운 상황에 있습니다. 더구나 아직 주님을 영접하지 않았다니 어찌하면 좋으리까? 긍휼이 풍성하신 하나님 아버지시여! 생사화복이 아버지의 손에 있음을 아옵니다. 나인성 과부의 죽은 아들도 살리신 주님께서 이 형제에게 말씀하여 주사, 또 의학적으로는 살아날 가망이 10%뿐이라고 했지만 우리들은 주님만 의지하고 간구하오니 긍휼과 자비를 베풀어 주사, 영과 육이 주님의 이름으로 소생케 하여 주옵소서!"

우리는 엉엉 울면서 기도드렸다. 그리고 30분의 면회 시간에 집사님과 함께 중환자실에 들어가, 비록 의식은 없지만 형제의 귀에 대고 복음을 전하며 찬송을 들려주었다. 눈물로 기도를 드리자 담당 의사가 나에게 혹시 지난주에 자기가 다니는 교회에 전도집회 오셨던 집사님이 아니냐고 물었다. 그렇다고 대답했더니, 환자를 위해 계속 예배를 드려달라고 하시는 것이었다. 의학적으로는 불가능해도 주님의 권능으로 살아날 수 있다면서.

나는 6주 동안 쉬지 않고 간곡하게 예배를 드리며, 병원비를 도왔다. 드디어 주님의 은혜로 형제는 6주 만에 깨어났고, 그동안 찬송과 기도드린 것을 어렴풋이 기억하며 눈물로 회개하고 주님을 영접했다. 할렐루야!!

그런데 다음 주에 찾아가니 남 집사님이 복도에서 또 울고 있었다. 다시 문제가 생긴 것이다. 뇌수술 후에 형제가 살아나야 다리 부러진 것을 수술할 수 있어, 6주 후에 다리 수술을 하려고 보니 이미 뼈가 엇갈린 채로 붙어버렸던 것이다. 한참 크고 있는 나이라, 다리의 길이가 몇 센치 차이가 날 수 있으니 대구나 다른 지방에 있는 큰 병원에 가서 수술을 해야 한다고 했단다. 부부가 다 장애인인데 아들까지 장애인으로 살게 되면 어떻게 하느냐며, 남 집사님은 낙심해서 울고 있었다. 나는 집사님을 위로하며, 주님께서 살아나게 해주셨는데 그 수술인들 어찌 잘 되지 않을 수 있겠냐면서 아무 염려 말라고 했다.

"아무것도 염려하지 말고 오직 모든 일에 기도와 간구로 너희 구할 것을 감사함으로 하나님께 아뢰라. 그리하면 모든 지각에 뛰어난 하나님의 평강이 그리스도 예수 안에서 너희 마음과 생각을 지키시리라."(빌 4:6~7)라는 말씀을 믿고 기도하면 된다고 한 후에, 그 자리에서 대구 영남대 정형외과 과장님의 아내이자 나의 동역자인 박 자매에게 전화를 했다.

남편인 서 교수님께 수술을 부탁했더니, 지금 장애인들을 위한 의료선교를 나갔는데 전화를 해보겠다고 했다. 그러더니 잠시 후에 전화가 왔다. 그동안 촬영한 것들을 가지고 응급실로 오라는 것이었다. 집사님은 얼른 수속을 밟고, 나는 급히 돈을 찾아 대구로 가는 경비와 병원비에 쓰라고 드렸다. 그리고 박 자매의 전화번호와 교수님의 성함을 가르쳐주었다.

집으로 돌아와 수많은 기도의 동역자들에게 간절히 기도를 부탁드렸다. 다리도 워낙 심하게 다쳤기에 대수술이었는데, 주님의 은혜로 수술은 성공했다. 박 자매에게 그 가정의 상황을 말했더니, 안타까워하며 헌금을 해주었다. 내가 대구로 찾아가 예배를 드렸을 때, 아들과 남 집사님은 고마워서 눈물을 흘렸다. 의사 선생님이 수술을 잘해주셨을 뿐 아니라, 이렇게 돈까지 주셨다며 너무나 감사해 했다. 형제는 몇 주 동안 치료를 잘 받고, 다시 포항에 와서 재활치료를 몇 달 받은 뒤 복학을 했다. 지금은 학업을 잘 감당하며, 신앙생활을 잘하고 있다. 주님! 감사합니다!

2007년 2월, 어려서부터 말을 못하는 분이 64세에 뇌를 다쳐서 입원을 하셨다. 그런데 그 보호자로 84세 모친이 간병을 하고 있었다. 모친분도 허리가 아프고 힘이 없는데, 가족이 없으니 어찌 할 수가 없었다. 거기다 아들이 말도 못하기 때문에, 모친이 그나마 알아듣고 의사나 간호사와 의사소통을 해야 해서 달리 방법이 없는 상황이었다.
나는 수화를 못하기 때문에 어떻게 복음을 전해야 할지 막막했다. 하지만 그 가정의 형편이 너무나 안타까워서 간절히 주님께 기도하며 지혜를 구하자, 주님께서 이분들을 겸손히 사랑하는 마음으로 섬기면 된다는 마음을 주셨다. 그래서 주님의 마음을 내게 부어달라고 기도드리며, 그야말로 손짓과 입모양으로 예수님을 전하고자 땀 흘리며 애를 썼는데 기적처럼 알아듣는 것이었다. 나는 너무나 감사해서 예수님을 전했고, 손을 잡고 눈물로 간절히 기도드렸다. 곁에 있던 모친께서도 글자는 잘 모르시지만, 내가 가사를 한절씩 불러드리며 찬송가 411장을 함께 불렀다.

1. 예수 사랑하심은 거룩하신 말일세. 우리들은 약하나 예수 권세 많도다.

2. 나를 사랑하시고 나의 죄를 다 씻어 하늘 문을 여시고 들어가게 하시네.

3. 내가 연약할수록 더욱 귀히 여기사 높은 보좌 위에서 낮은 나를 보시네.

4. 세상 사는 동안에 나와 함께하시고 세상 떠나가는 날 천국 가게 하소서.

후렴) 날 사랑하심 날 사랑하심 날 사랑하심 성경에 쓰였네.

모친 분께서는 찬송을 따라 부르며, 아들에게 복음을 전해준 것이 너무나 고마웠던지 계속해서 우셨다. 내 평생 처음으로 수화도 못하면서 복음을 전했고, 주님께서는 은혜로 열매를 맺게 해주셨다. 나는 그 날부터 그 가정을 섬기기로 작정하고, 필요한 곳에 쓰시라고 물질과 이것저것 요긴한 것들을 갖다드리며 매주 예배로 섬겼다.

"땅에는 언제든지 가난한 자가

 그치지 아니하겠으므로

 내가 네게 명하여 이르노니

 너는 반드시 네 경내 네 형제의

 곤란한 자와 궁핍한 자에게

 네 손을 펼지니라."(신 15:11)

　나중에는 모친까지 과로로 옆 병실에 입원을 하게 되어, 베개 밑에
돈 봉투를 넣어드렸다. 그리고 과로해서 그러신 것이니 염려 말고 푹
쉬시라고 위로해드리며 찬송을 불러드렸다.

　"예수님은 누구신가, 우는 자의 위로와, 없는 자의 풍성이며, 천한
자의 높음과, 잡힌 자의 놓임 되고 우리 기쁨 되시네. 예수님은 누구
신가, 약한 자의 강함과, 눈 먼 자의 빛이시며, 병든 자의 고침과, 죽은
자의 부활 되고 우리 생명 되시네. 예수님은 누구신가, 추한 자의 정
함과, 죽을 자의 생명이며, 죄인들의 중보와, 멸망자의 구원되고 우리
평화 되시네."(찬 94)

　또 하나님의 말씀으로도 위로해드렸다.
　"그 거룩한 처소에 계신 하나님은 고아의 아버지시며 과부의 재판
장이시라."(시 68:5).
　나는 누가복음 18장에 나오는 한 과부를 예를 들면서, 항상 기도하
고 낙망치 말아야 될 것을 전했다. 불의한 재판관도 늘 과부가 와서
원한을 풀어달라고 하니까 번거롭고 괴로워서라도 그 원한을 풀어줬

는데, 하물며 하나님께서 그 밤낮 부르짖는 택하신 자들의 원한을 풀어 주지 아니하시겠느냐며 기도하면 주님께서 반드시 도우신다고 말씀드렸다.

얼마 후, 할머니께서는 잘 회복되었고 오랜 병상에서 힘들었던 아들도 주님의 은혜로 많이 회복되었다. 퇴원을 할 때는 얼마나 기쁘고 감사했던지, 손을 꼭 잡고 감사기도와 예배를 드렸다.

어느 금요일에는 병원전도를 갔더니 전도사님께서 안타까운 조선족 자매를 소개해주셨다. 고층 건물 외벽 손질을 하다가 추락했는데, 다행히 10층쯤 걸려있던 그물망에 떨어져 목숨을 잃진 않았다. 그러나 사지가 부러져 팔과 다리에 전부 통 깁스를 했고, 자매의 남편은 사고 직후 불법체류임이 드러나 출국을 당해 아무도 돌봐줄 사람이 없다는 것이었다.

나는 당연히 내가 맡을 일임을 알았고, 병실로 찾아갔는데 기가 막혔다. 여름인데 머리를 감거나 씻지를 못해 냄새가 났고, 자매는 한국 기업과 한국 사람에 대한 분노로 가득 차 있었다. 복음을 전해도 들어갈 기미가 안 보여서 일단 먼저 씻어주고 싶은데, 발바닥을 다친 후에 힘을 쓰지 못하는 나로선 혼자 할 수가 없었다.

그래서 봉사 일을 잘하는 동역자인 정 권사님을 전화로 급히 불렀다. 권사님과 함께 자매를 휠체어에 태우고, 씻을 수 있는 곳으로 옮겨 자매의 머리를 뒤로 제쳐 몇 차례 감기고 손과 발을 씻겨 주었다. 때가 얼마나 밀려 나오던지… 자매는 엉엉 울면서 고마워했다.

병실로 돌아온 후, 자매로부터 사고 경위를 자세히 들었다. 나는 자매의 억울한 사정을 주님께 아뢰면 해결해주신다고 위로하고, 예배를 드렸더니 자매가 울면서 주님을 영접했다. 중국에 있는 나이 많은 친정어머니가 지하교회를 다니며 자매에게 믿으라고 권했었는데, 자녀들이 대학에 들어간 데다가 공산당원이라 종교를 가지면 안 돼서 지금까지 예수님을 안 믿고 살아왔다고 고백했다.

나는 자매에게 친정어머니의 기도로 그 위험한 상황에서 살아난 것임을 깨우쳐 주었다. 그리고 이제 회개하고 주님께 돌아왔으니, 주님의 이름으로 기도하면 부서진 뼈들도 잘 붙고 회복될 것이니 염려하지 말라고 격려했다. 그리고 사고로 인한 모든 문제가 순적하게 처리되고, 치유도 잘 되도록 간절히 기도해주었다. 또 좋은 성경책을 선물하며, 먹고 싶은 것이나 필요한 것이 있으면 무엇이든지 돕겠다고 약속했다.

그 후로 자매를 동생처럼 생각하며 이것저것 돌봐주고, 재활치료를 위해 옮겨가는 병원마다 따라가 예배를 드려주며 섬겼다. 시간이 지나 자매의 모든 일들이 잘 마무리되고, 혼자 잘 걸어 다닐 수 있게 되었다. 자매가 퇴원해 중국으로 돌아갈 때, 연로한 친정어머니께 드리라고 헌금을 주었다. 그랬더니 평생 동안 하나님의 은혜와 받은 사랑을 잊지 않고 주님만 믿고 살겠다며 눈물을 흘리며 돌아갔다. 중국에서 사용할 연락처를 주고 가서 간혹 안부 전화를 했는데, 돌아가서도 예수님을 잘 믿고 지내서 감사했다.

몇 달 후에 중국에 전화를 했더니 자꾸 어지럽고 토할 것 같다고 해서, 돈을 아끼지 말고 빨리 병원에 가보라고 했다. 검사 결과, 뇌에 종양이 생겼다는 진단을 받았다. 자매는 다시 하늘이 무너지듯 울며 말했다.

"종양 크기를 보니 한국에서 다쳤을 때 생긴 것 같아요. 그 때 제가 그렇게 어지럽다고 했는데 뇌 MRI 촬영을 안 해줬어요."

자매는 자신이 조선족이라 그런 것 같다며 억울해했다. 나는 지금은 누구도 원망하지 말고 하나님께 기도할 때임을 말하고, 사고 후에 한국의 회사와 병원에서 혹시라도 잘못해 억울했던 것이 있다면 내가 대신 사죄하는 마음으로 기도를 하겠다고 말했다. 그러니 자매도 주님께 용서를 받아 구원을 받은 자매답게 모든 사람을 용서해주고, 수술이 잘 되고 치유가 잘 되도록 전심으로 기도하자고 했다.

자매는 드디어 북경에 있는 큰 병원에서 수술을 했고, 회복이 되어 집으로 돌아갈 때까지 나는 계속 기도를 해주었다. 집으로 돌아와서도 몇 달 동안은 면역이 약해 밖에 나가지 못하고 지내다가, 몇 달 후 드디어 주님의 은혜로 온전히 치유가 되었다. 자매도 그동안 주님께 매달려서 기도를 했기에 더 좋은 믿음으로 성장했고, 쉬지 않고 기도해줘서 감사하다는 전화를 해왔다. 주님! 감사합니다!

한번은 함께 성경공부를 하는 현정 자매에게 연락이 왔다. 평생 불교를 믿고 살아오신 시어머니께서 갑자기 뇌출혈로 쓰러져 입원하셨는데, 며느리 말은 듣지 않으시니 전도를 좀 해달라는 부탁이었다. 마침 내가 전도하던 병원인지라 자주 찾아가 복음을 전했더니, 많은 사람들의 기도 덕분에 주님을 영접하셨다. 그러나 평생을 안 믿고 살아오신 데다, 함께 사는 큰아들네가 믿지를 않았다.

그래서 전도한 후에도 계속 매주 찾아뵙고 말씀을 전해 확신을 갖도록 해드렸다. 나중에는 한방병원으로 옮기셔서 침도 맞으며 재활치료를 하시길래, 그곳에도 찾아가 예배를 드렸다. 6인실 병실에 할머니들만 계시는데, 바로 건너편 침대에 30대 중반의 자매가 고개를 숙이고 앉아 있었다.

나는 병실전도를 할 때, 다른 환자들이나 안 믿는 사람들도 많으므로 가급적 작은 소리로 예배를 드렸다. 또 나이 많으신 분들과 예배를 드릴 때는 따라 부르시기 쉬운 찬송인 411장(새563장)을 불렀다.

"예수 사랑하심은 거룩하신 말일세. 우리들은 약하나 예수 권세 많도다. 날 사랑하심 날 사랑하심 날 사랑하심 성경에 쓰였네…"

그리고 말씀을 전한 뒤, 이곳 병실에 계신 모든 분들에게도 주님께서 긍휼과 자비를 베풀어 주셔서 영과 육을 치유해주십사고 간절히 기도를 드렸다. 그 후 평안히 계시라고 인사를 하고 나오는데, 그 날 고개를 숙이고 등을 돌리고 앉아있던 자매가 갑자기 "여보세요?" 하고 부르는 것이었다.

나는 놀라 자매에게 가까이 가서, 나를 불렀느냐고 물었다. 자매는 그렇다고 하면서, 자기를 위해서도 예배를 드려줄 수 있느냐고 물었다. 나는 감사해서 교회를 다니느냐고 물었다.

"교회는 전에 조금 다녔는데 지금은 안 다니고 있어요. 죽으려고 자살을 시도했다가, 응급실로 실려가 위세척을 하고 몸에 마비가 왔어요. 오늘 이곳에 왔는데, 아까 할머니와 함께 부르던 찬송가를 들으니 눈물이 났어요. 정말로 예수님께서 저도 용서해주시고 받아주시나요? 저는 매일 도박하고 술주정하며 때리는 남편이 미웠고, 아이가 둘인데 13살 아들은 자폐아예요."

자매의 사정을 듣고 나니, 얼마나 살 소망이 없었으면 자폐 아이를 둔 엄마가 자녀를 두고 목숨을 끊으려 했겠나 싶어서 가슴이 아파 손을 꼭 잡아 주었다.

"제가 기복신앙이었어요. 그래서 남편이 도박하고, 술 먹고, 가정을 하나도 돌보지 않아 어려워지니까 저도 하나님을 떠났어요. 술 먹고 세상으로 갔어요. 점쟁이도 찾아갔고요. 아이들까지 버리고 죽으려고 했던 저도 정말 구원을 받을 수 있나요?"

자매가 울면서 물었다.

나는 이 세상에 어떤 죄인도 구원받지 못할 사람은 없다고 하며, 예수님께서 십자가에 달리실 때 두 행악자도 사형을 받게 되어 예수님의 좌우편에 달린 이야기를 해주었다. 그리고 두 강도 중 한 명은 평생 죄를 지어 십자가형을 받고 죽게 되었지만, 마지막 순간에 예수님을 구세주로 믿어 구원이 선포되었음을 상기시켰다.

"가로되 예수여 당신의 나라에 임하실 때에
나를 생각하소서 하니
예수께서 이르시되 내가 진실로 네게 이르노니
오늘 네가 나와 함께
낙원에 있으리라 하시니라."(눅 23: 42~43)

주님은 우리가 지은 어떤 죄도 진실로 회개하면 용서해주시며, 주님을 마음에 영접하면 하나님의 자녀가 되는 것과 영생을 얻는 것-"영접하는 자 곧 그 이름을 믿는 자들에게는 하나님의 자녀가 되는 권세를 주셨으니"(요 1:12), "하나님이 세상을 이처럼 사랑하사 독생자를 주셨으니 이는 저를 믿는 자마다 멸망치 않고 영생을 얻게 하려하심이라"(요 3:16), "내가 진실로 진실로 너희에게 이르노니 내 말을 듣고 또 나 보내신 이를 믿는 자는 영생을 얻었고 심판에 이르지 아니하나니 사망에서 생명으로 옮겼느니라."(요 5:24) -, 그리고 하나님의 약속의 말씀을 신뢰하는 것이 믿음임을 말했다. 이야기를 들은 자매는 이제부터 주님을 믿고 살겠다고 눈물로 고백했다.

친정언니가 내일 와서 자기와 아이들을 울산에 있는 그녀의 집으로 데려가겠다고 했기에, 앞으로 만나지는 못하더라도 상담하고 싶을 때 전화하고 싶다고 했다. 언제든지 연락하라고 내 번호를 가르쳐주었더니, 밤에 문자가 왔다. '부정적으로 치닫던 맘과 생각에 전환점이 됨에 감사를 드립니다!' 라고.

그 날 그 시간에 마침 낙망하던 중에 있던 자매를 만날 수 있도록 발걸음을 인도해주신 주님의 은혜에 얼마나 감사하던지, 기쁨의 눈물이 흘렀다.

말기 암환자들을 섬기며

포항에 온 지 얼마 되지 않은 2003년 10월 중순, 한 사모님이 서울 큰 병원에서 유방암으로 치료를 받으시다가 만난 이순 자매를 부탁했다. 이순 자매 역시 유방암 환자였는데, 암이 재발해 말기에 이르렀었다. 그런데 복음이 전혀 들어가지 않아서, 사모님께서 내게 전도를 해달라고 요청하셨던 것이다. 암환자에게 좋은 식품을 구하면 함께 나누어 먹는 등 아무리 섬기고 복음을 전해도 조금도 안 들어가므로, 자기도 몸이 힘든데 스트레스가 되니 도와달라고 하셨다. 또 자기 집에 다른 유방암 환자까지 모을 테니까, 와서 말씀을 전해달라고 부탁하셨다.

며칠 기도를 드린 뒤, 약속한 날에 사모님 댁으로 갔다. 사모님과 암환자 2명이 모였기에, 내가 환란 중에 만난 살아계신 예수님을 2시간쯤 간절히 증거했다. 그러자 희은 자매는 마음의 문을 열었으나 (그 후에 희은 자매는 우리 집으로 전화를 해 성경을 가르쳐 달라고 했다. 그래서 매주 성경을 가르쳤고, 자매가 남편까지 전도를 해서 신앙생활을 잘 했다.), 염려했던 이순 자매는 조금도 마음 문을 열지 않았다. 마지막에 마무리 기도를 하고 마치는데, 그래도 '아멘!'이라고는 하기에 주님이 주시는 사인으로 받아들였다. 그래서 나중에 따로 찾아가려고 자매의 주소와 전화번호를 알아놓았다.

집에 와서 밤에 기도를 드리는데, 낮에 이순 자매가 했던 말이 떠올랐다.

"어차피 죽을 건데 뭐하러 돈 쓰며 치료를 받아요? 암이 이미 다 퍼졌는데. 차라리 애들에게 조금이라도 남겨주고 가는 것이 낫지."

그걸 생각하니 왜 그렇게 눈물이 흐르던지. 믿음이 조금도 없는 자매가 어찌 죽음을 두려워하지 않으랴. 그동안 투병하느라 없는 돈에 집까지 담보대출 받아 다 썼는데도 암이 재발해, 이제는 온 몸에 전이되었다고 하니까 낙심해서 더 이상 치료를 받지 않고 그냥 죽겠다는 것이었다. 이순 자매를 위해 주님의 자비와 긍휼하심을 구하며 기도를 마쳤다. 그리고 잠자리에 들려고 누웠는데, 갑자기 또 눈물이 쏟아졌다. 나는 다시 일어나서 주님께 기도했다.

"도대체 오늘 한 번 만난 자매인데 왜 이렇게 내 마음에 걸리고 아
픈지요? 주님! 무슨 일인가요? 제가 모르는 무슨 일이 있는지 가르쳐
주세요."

주님께서는 내 마음속에 이순 자매가 돈이 없어서 치료를 그만 둔
것이라고 가르쳐주셨다. 통장에 돈이 있다면 다 주고 싶었지만, 워낙
이 사람 저 사람 필요한 것 같으면 주님께서 마음에 말씀하시는 대로
다 주었으므로 돈이 조금밖에 없었다. 어떻게 하나 고민하다가 기도
동역자 4명이 생각나서, 기도를 드린 후에 전화를 했다. 첫 번째 전화
는 집사님의 아들이 받더니, 엄마가 미국에 가서 안 계시다고 했다.
나머지 3명은 집사님이 전도하느라 애를 쓰시는데, 조금이라도 돕겠
다며 송금을 해주겠다고 했다.

다음 날, 자매를 소개해주신 사모님께 서울 큰 병원에 가서 한번
치료를 받는 데 얼마나 돈이 드는지를 물어봤다. 그리고 오고가는 교
통비와 여관에서 하루 이틀을 기다리며 자야 하는 비용, 혼자 갈 수
없으니 남편과 함께 가는 것까지 염두에 두고 비용을 계산해보았다.
대충 70만 원은 필요할 것 같아서 은행에서 수표로 찾고, 암환자에게
좋다는 음식을 준비해서 택시를 타고 이순 자매의 조그만 아파트를
찾아갔다. 한 번 만난 사람이 음식까지 준비해 뜻하지 않게 찾아오자,
자매는 놀라면서 말없이 함께 예배를 드렸다. 말씀을 한 절씩 설명하
며 육신의 생명보다 더 중요한 영원한 생명을 얻어야 함을 전했더니,
놀랍게도 주님을 믿겠다고 했다. 얼마나 감사하던지!

예배를 마치고 복도로 나와 엘리베이터 문이 열린 후, 닫히기 바로
전에 얼른 봉투를 (봉투 겉에는 다니던 서울의 병원에 가서 꼭 치료를 받
으라고 썼다) 자매의 주머니에 넣어 주었다. 자매가 "이게 뭐예요?" 하

기에, "나도 몰라요. 예수님이 주신 거예요." 라고 대답했다. 그리고 엘리베이터 문이 닫혀서 1층에 도착하자, 마침 아파트로 들어오는 택시에서 손님이 내리길래 잡아타고 그곳을 도망치듯이 빠져나왔다.

이순 자매는 그렇게 해서 다시 치료를 받으러 서울에 올라갔다. 치료를 받고 내려온 후에는, 운전으로 섬겨주시는 정 권사님과 함께 일주일에 3번씩 자매를 방문해 성경을 가르쳤다. 그리고 성경공부하러 갈 때마다 어린 두 자녀가 먹을 음식을 준비해갔다. 또 자매에게 몸에 좋다고 하는 것들을 구해서 먹게 하고, 치료를 받으러 갈 때마다 최선을 다해 병원비를 도왔다.

자매가 몇 번 서울에서 치료를 받고 오더니, 처방전과 MRI 찍은 것을 CD로 가져와서는 똑같은 약을 포항에서 쓰면 오고가는 시간과 돈이 절약된다고 했다. 그리고 항암치료를 받으면 힘이 들어서 서울에 갈 힘도 없다고 해서, 그럼 좋은 대로 하라고 말해주었다. 마침 자매가 가게 된 병원이 내가 전도하러 다니는 병원이어서, 보호자처럼 따라다녔다.

며칠 후, 새로 찍은 사진을 보기 위해 담당 의사를 만나러 진료실에 들어가야 하는데 겁이 난다고 했다. 그래서 함께 의사를 만나러 들어가 찍은 사진을 보니, 의사가 아닌 내가 보아도 암이 척추와 폐, 그리고 머리에까지 다 전이가 되었다. 이순 자매가 얼마나 더 살 수 있느냐고 물으니, 의사가 안타까워서 대답을 잘 하지 못했다. 자매가 6개월도 더 못 살겠느냐고 물으니, 이 정도로 퍼졌으면 아마 쉽지 않을 것이라고 했다.

나는 이순 자매가 암이 이렇게 심하게 퍼진 것을 알고, 그동안 아예 치료를 안 받으려 했던 것임을 깨달았다. 그래도 자매의 아이들이 너무 어려서 가슴이 아팠다. 나는 진료실에서 나와 맥이 빠져있던 이순 자매에게 그날 아침에 묵상한 말씀을 나누며, 끝까지 기도하고 힘을 내자고 격려했다. 그리고 매주 3번씩 자매의 집을 방문해 예배를 드리며, 먹을 것을 한 보따리씩 사들고 갔고 수없이 병원비를 대주었다. 주님의 은혜로, 자매는 2년 동안 잘 견뎌주었다.

자매의 두 아들이 초등학교 3학년과 1학년이던 2005년 10월 5일, 내가 과로로 아파서 약을 먹고 누워 있는데, 자매가 하나님의 부르심을 받을 것 같다고 연락이 왔다. 병실에 달려가 보니 자매가 임종을 앞두고 있었다. 두 어린 자녀와 함께 이순 자매가 늘 부르던 찬송을 2시간쯤 불렀을 때, 자매는 평안히 주님 곁으로 갔다.

평안히 주님 곁으로 가는 것을 함께 목도한 자매의 남편에게, 나는 반드시 예수님을 믿어야 한다고 눈물로 호소했다. 그 남편은 그렇게 하겠다며 눈물을 흘렸고, 2년 전에 자매를 인도한 교회에서 모든 장례식을 잘 치러주었다. 장례를 치르는 동안, 자매의 아이들을 우리 집에 데리고 와서 3일간 돌보며 재웠다. 매일 하나님의 말씀을 가르치고 천국을 이야기해주며, 엄마가 그 곳에 계시니 이 땅에서 예수님을 잘 믿고 살아야 이 다음에 천국에 가서 엄마를 만날 수 있다고 했다. 그랬더니 둘 다 그렇게 하겠다고 대답했다. 아이들이 잠든 모습을 보니 마음이 쓰렸다.

이튿날에는 백화점에 데리고 가서 좋아하는 장난감을 사주고, 맛있는 점심을 먹였다. 그리고 장례식장에 잠깐씩 데리고 가서 친척들을 만나게 해주었다. 아무것도 모르는 아이들을 바라보며, 그 할머니는 내가 아이들을 키워주면 얼마나 좋을까 하며 35세의 나이로 먼저 간 며느리를 야속해했다. 마지막 하관예배를 드리고 장례를 다 마친 뒤, 아이들을 남겨놓고 돌아오는데 할머니가 앞으로 아이들을 계속 돌봐달라고 부탁했다. 나는 새엄마가 들어올 때까지 그렇게 하겠다고 약속하고는, 아이들에게 자주 들러 돌보았다. 또 때마다 옷과 운동화를 사주고, 책도 사주었다. 생일에는 미리 그 아빠에게 돈을 보내 친구들을 초대하라고 하고는, 선물과 케이크를 가지고 가서 생일을 축하해주었다.

어느 날은 내가 감기 몸살로 아이들을 찾아갈 수가 없어서, 다음 주에 간다고 할머님에게 전화를 했더니 학교에 갔다 온 두 아이에게서 문자가 왔다.

'집사님 안녕하세요? 저 성열이에요. 편찮으시다던데 빨리 회복하시라고 기도 많이 하고, 교회 많이 다니고, 전도 많이 할게요.'

'안녕하세요? 저 철수예요. 아프지 마세요. 기도할게요. 그리고 전도도 많이 하고 교회도 잘 다닐게요.'

문자를 받고 얼마나 주님께 감사하고 기쁘던지 눈물이 흘렀다. 이 아이들도 그동안 내가 매주 3번씩 찾아가며 엄마와 늘 예배드리는 것을 보고 자랐기에, 내 마음을 잘 알고 있었다. 또 내가 기뻐하는 것이 그들 가족이 교회를 잘 다니며 신앙생활 잘하는 것인지를 알고 있으니, 얼마나 감사한 일인가!

나는 그 문자들을 지금도 보관하고 있다. 그리고 이 아이들이 믿음 안에서 성장하고 교회를 잘 다니며, 신앙생활과 전도를 잘하는 주님의 제자가 되기를 기도하고 있다.

어느 날 암환자 병동을 돌며 한 분씩 예배를 드리다가, 유방암이 재발했으나 투병 중에도 씩씩하신 정 집사님(1년 전, 집사님이 다니던 교회에서 내가 제자훈련 과정으로 성경을 가르쳐드렸다)과 함께 예배를 드리며 찬송가 432장(새382장)을 불렀다.

1. 너 근심 걱정 말아라 주 너를 지키리. 주 날개 밑에 거하라 주 너를 지키리.

2. 어려워 낙심 될 때에 주 너를 지키리. 위험한 일을 당할 때 주 너를 지키리.

3. 너 쓸 것 미리 아시고 주 너를 지키리. 구하는 것을 주시며 주 너를 지키리.

후렴) 주 너를 지키리. 아무 때나 어디서나 주 너를 지키리. 늘 지켜 주시리.

3절을 부르는데 집사님의 눈에서 갑자기 눈물이 빗물처럼 흘러내렸다. 순간 성령님께서 내 마음속에 집사님이 병원비가 없다는 것을 가르쳐주셨다. 나는 집사님의 손을 꼭 잡고 기도를 해주며, 지금 부른 찬송과 성경 말씀이 집사님에게 이루어지게 해달라고 기도하고 나오는데 마음이 아파왔다.

남편 분께서 트럭 운전을 하시는데 요새 일감이 없어 힘들다는 소리를 듣고, 그동안 몸에 좋다는 것을 집사님께 사다 드렸었다. 하지만 이순 자매의 병원비를 돕느라 집사님의 병원비는 돕지 못했는데, 3절 가사를 부르며 흐르는 집사님의 눈물에 마음이 아팠다. 나는 그 병실을 나오며 주님께 즉시 기도했다.

"주님! 집사님을 돕고 싶어요. 그런데 제가 지금 돈이 없어요. 어떻게 하면 좋을까요? 집사님을 도와주세요! 조금 전에 부른 찬송의 가사를 간절히 믿음으로 불렀고 기도했사오니 공급해주시옵소서!"

기도를 드린 후에 다른 병실을 더 돌며 환자들을 전도하고 예배를 드렸다. 그리고 5시 30분쯤에 봉사를 마쳤다. 집으로 가기 위해 택시를 타고 2분쯤 가고 있는데, 서울에 있는 한 의사 자매에게서 문자가 왔다.

'집사님! 통장에 돈을 부쳤는데, 유방암 환자를 위해서 써주세요!'

눈물이 핑 돌았다. 아까 정 집사님이 흘린 눈물의 기도와 내 마음의 아픈 기도에 이렇게 정확히(유방암 환자라고까지 기록해서!), 그리고 빠르게 응답해주시다니! 집에 도착하자마자 확인을 했더니, 백만 원이었다. 얼른 병실에 전화를 해 집사님의 계좌로 송금했다. 집사님은 놀라서 울었다. 나는 내가 한 것이 아니라 서울에 있는 한 의사 자매가 한 것이라고 알려주었다. 그리고 의사 자매의 전화번호를 집사님께 드리고, 감사전화를 하라고 했다.

밤 10시 30분이 넘어서, 갑자기 한 번도 본 적이 없던 정 집사님의 남편에게서 전화를 받았다. 평생 처음 교회에 가서 수요예배를 드린 후에, 교회 입구에서 아내가 말한 단발머리에 운동화 신은 사람을 아무리 찾아도 없어서 전화를 했다고.

"저는 정 집사님이 다니는 교회가 아닌, 한동대학교회에 다니고 있어요. 그 돈은 제가 드린 것이 아니고, 서울에 사는 한 의사 자매의 헌금입니다."

내가 그렇게 말해도, 남편 분은 너무나 고맙다고 했다. 아내의 암이 재발해 몇 년 동안 투병생활을 했어도, 친척이나 누구에게도 이런 돈을 받아본 적이 없다고. 그러면서 자기도 이제는 예수님을 믿고 살겠다고 하는 것이 아닌가! 의사 자매의 헌금으로 그날 밤, 한 영혼이 주님께로 돌아오게 된 것이다. 할렐루야!! 주님! 감사합니다!

그 후 암이 다른 곳으로 전이되어 병이 악화된 정 집사님이 서울서 치료를 받던 중, 문자가 왔다. 정신이 혼미해지고 이상한 것이 보이니 기도해달라고. 나는 집사님을 위해 기도를 드린 뒤, 고속버스를 타고 집사님이 계신 병원에 찾아갔다.

내가 병원 가까이에 왔다는 전화를 받은 집사님은 링거 약병을 줄줄 매단 채로 병실 밖으로 마중을 나왔다. 얼마나 반가워하던지. 나는 간절히 예배를 드리고는, 집사님이 화장실에 간 틈을 타서 베게 밑에 돈 봉투를 넣은 뒤 작별 인사를 하고 나왔다.

다시 고속버스를 타고 포항으로 내려오며, 베게 밑에 봉투가 있으니 필요한 데 쓰라고 문자를 보냈다. 집사님은 그 먼 길을 찾아와 준 것만도 감사한데, 무슨 돈까지 주고 가느냐며 울었다. 그리고 자기도 나누고 사는 사람이 되겠다고 말했다. 어려운 투병생활 중에도 내내 밝고, 모든 일에 감사를 드리는 아름다운 모습을 보여준 사랑스런 집사님이었다. 지금은 천국에 가서, 주님 품안에서 영원한 안식을 누리고 있으리라.

2008년 어느 날, 병실에서 장애가 심하고 암환자인 혜은 자매와 예배를 드리고 있었다. 그런데 담당 의사가 예배 후에 밖에서 잠깐 만나자고 했다. 그리고 내가 예배를 마치고 복도로 나가자, 어렵게 이야기를 꺼냈다.

"어려운 부탁을 좀 드리고 싶어요. 혜은 자매를 잘 달래서 퇴원을 시켜주세요. 항암주사를 맞을 때만 입원해도 되는데, 자매가 무서운 시어머니와 때리는 남편이 사는 집으로 안 들어가고 싶어서 계속 퇴원을 하지 않네요. 그러니 퇴원을 일단 시킨 후에, 병원에서 하시듯이 자매의 집으로 찾아가 방문예배를 계속 드려주실 수 있나요?"

순간, 나는 그것이 주님의 음성으로 들렸다. 곧 내가 맡아서 해야 할 일임을 깨닫고는, 그렇게 하겠다고 했다. 자매에게 매주 먹고 싶은 것들을 많이 사서 집으로 찾아가 예배를 드려줄 테니, 이제는 퇴원을 하자고 약속했더니 좋다며 퇴원을 했다.

다음 날, 혜은 자매가 중 · 고등학교에 다니고 있는 아들 둘과 시부모와 함께 살고 있다고 해서 이것저것 필요한 것을 샀다. 그리고 운전으로 도와주시는 김 권사님과 함께 병원에서 준 주소를 들고 찾아갔다. 그런데 아무리 찾아도 집을 찾을 수가 없어서, 다시 병원에 전화를 했더니 그 주소가 맞다고 했다. 남편 분이 맹인인데 아픈 자매를 돌볼 수 없어서인지 다른 곳에 산다며, 남편의 전화번호와 주소를 알려주어서 그곳에 찾아갔다. 그러나 아무리 전화를 해도 받지 않고, 대문의 벨을 눌러도 아무 기척이 없었다. 나는 학생들을 저녁에 가르쳐야 했기 때문에, 할 수 없이 그냥 돌아왔다.

그 다음 날에는 가까스로 남편분과 연락이 되었다. 그래서 오천 시골에 있는 시어머니 집으로 찾아갔더니, 자매가 시어머니가 무섭다고 어눌하게라도 말한 대로 보통 분이 아니었다. 나를 조금도 반기지 않았고, 사가지고 간 물건도 받지 않았다. 게다가 무조건 필요 없으니 돌아가라고 소리까지 지르며 밀어내었다.

"죄송하지만, 담당 의사 선생님께서 환자를 꼭 돌보아주라고 해서 왔는데 환자를 보지도 못하고 가면 제가 내일 의사선생님을 만나서 뭐라고 말하겠습니까? 얼굴만이라도 잠깐 보고 가게 해주세요."

그렇게 사정을 했더니, 그제야 겨우 들어가게 해주었다. 안에 들어가 아무것도 못 먹은 사람처럼 힘이 없는 자매를 보니 마음이 아팠다. 가져간 음식을 열심히 먹으라고 하고는, 기도해주고 얼른 나왔다.

그 집에서 막 나오며 보니, 시동생도 장애인이고 시아버지께도 장애가 있었다. 나는 시어머니가 왜 그렇게 사람들을 싫어하는지 조금은 알 것 같았다. 남편과 두 아들도 장애인인데, 며느리까지 장애인이고 거기다 암까지 걸려 집안일도 못 하니. 가난한 형편에 돈만 드는 상황에서 무엇이 조금인들 좋을 리가 있을까. 참으로 기가 막힌 현실이었다. 주님께서 왜 의사 선생님을 통해 나를 그 집에 보내셨는지 알 것 같아서, 그 시어머니를 위해 집중적으로 기도를 드렸다.

그리고 또 먹을 것을 가득 사가지고 집에 찾아갔다. 그랬더니, 오지 말라고 하는데 왜 계속 오느냐고 야단이셨다. 나는 충청도 시골말로 병원 할머니들과도 이야기하며 금방 친해지므로, 자매의 시어머니에게도 "아이고~ 어머니 왜 그러셔유~" 하면서 밀고 들어갔다. 그리고는 사가지고 간 것을 마루에 놓고 말씀드렸다.

"암환자들도 투병하는 중에 잘 먹어야 견딘답니다. 병원에 있을 때 자매가 이것을 잘 먹어서, 사왔어요. 제가 잠깐만 며느리 분을 위해 예배를 드려도 될까요?"

시어머니는 빨리 하고 가라고 했다. 나는 기회를 주신 주님께 감사를 드리며, 함께 간 김 권사님과 함께 시어머니도 알아들을 수 있는 쉬운 찬송가를 부르며 얼른 예배를 드렸다. 예배를 마치고 나오는데, 다시는 이런 거 사오지도 말고 오지도 말라고 했지만 첫 날보다는 부드러운 말투였다.

며칠 후에 또 사들고 찾아갔더니, 시어머니도 이제는 나같이 질긴 사람한테 지치신 모양이었다. 말로는 왜 또 왔냐고 했지만, 그래도 문을 열어주면서 들어오라고 하셨다. 그리고 제발 이런 것 사오지 말고 그냥 오라고 하셨다. 드디어 주님의 은혜로, 그 집에 드나드는 일에 성공한 것이었다.

함께 예배를 드리는데 이번에는 시어머니가 마루에서 조용히 듣고 있었다. 나는 하나님의 말씀을 그분이 들으시도록 아주 쉽게 설명하며, 허락받은 예배이므로 찬송을 여러 곡 불렀다. 자매는 천국에 갈 것이 확실한데, 주님께서 왜 나를 병원도 아닌 이 집에까지 보내시겠는가? 나는 그 시어머니 때문이라고 생각이 되어, 비록 시어머니는 나를 하나도 반기지 않았지만 더 섬기는 마음으로 끈질기게 찾아다녔다.

계속 찾아갔더니 이제는 아예 포기를 하셨다. 나중에는 방에 들어와 함께 앉아서 예배를 드리시기까지 했다. 며느리는 글을 읽을 줄 모르므로, 아예 성경 찬송을 본인이 들고서는 또 몇 장을 부를 거냐고 하며 재미가 나서 찬송을 따라 부르셨다. 정말로 놀라운 하나님의 은혜였다. 나는 가까운 교회에 꼭 나가시라 했고, 할머니는 손자들이 공부를 잘한다고 자랑을 하면서 두 손자를 위해 기도해달라고 부탁까지 했다. 우리는 친해졌고, 감사함으로 예배를 잘 드렸다. 나는 자매가 하늘나라에 갈 때까지 자주 찾아가 그 가정을 섬겼다.

하루는 암환자 병동을 돌다가, 30대 초반의 젊은 엄마인 현주 자매(말기 암으로 오랫동안 투병 중이었다)를 만났다. 가족들은 모두 불교였고, 자매 역시 불교라 복음을 받아들이지 않았다. 하지만 안타까워서, 먹을 것을 계속 사다 주고 전복죽도 사다 주며 친하게 지냈다.

그러던 어느 날, 또 전복죽을 사서 찾아가니 자매가 병원에 너무 오래 있으니까 지루하고 심심하다며 나에게 재미있는 이야기를 해달라고 했다. 나는 이때다 싶어서 아주 재미있는 이야기를 해주겠다고 말했다. 그리고 예수님의 이야기를 동화처럼 들려주니까 한참을 듣더니 그거 교회에서 하는 말 아니냐고 물었다. 나는 그렇다고 하며, 그래도 내가 아는 이 세상에서 제일 재미난 이야기이니까 끝까지 들어보라고 했다. 자매는 심심하던 차이므로, 조용히 다 들어 주었다.

나는 자매에게 온 인류의 구세주인 예수님의 오심과 죽으심, 부활하심, 그리고 앞으로 다시 오실 것임을 말해주었다. 또한 내가 왜 이렇게 발을 다치고도 전도만 하고 사는데 감사하고 평안한지를 간증했다. 확실한 천국이 있기에 나는 그곳의 시민권자로 이 땅에 살고 있는 거라고 하면서. 그랬더니 자매가 정말로 천국이 있느냐고 물었다. 나는 내가 지금 아픈 사람에게 거짓말을 하겠느냐며, 너무도 확실히 천국이 있다는 것과 그동안 내가 체험한 것들을 이야기해주었다. 그러자 자매가 아주 진지하게 듣고 있더니, 그렇다면 자기도 예수님을 믿겠다고 하는 것이었다. 나는 얼마나 감사하고 기뻤던지 사랑스런 자매의 손을 꼭 쥐고 기도를 드렸다.

그 후에도 몇 달을 계속해서 같이 예배를 드렸고, 자매가 먹고 싶어 하는 것을 열심히 사다 주었다.

어느 날 병원 전도사님이 우리 집에 급하게 전화를 했다. 자매가 곧 임종할 것 같은데, 친정엄마와 사위가 전날 병원비로 싸우는 소리를 들었단다. 또 친정 식구들이 서울에서 다 내려왔는데, 모두 불교를 믿다 보니 불교식으로 빌고 있다고 했다. 일단, 어제 병원비 문제로 싸웠다기에 얼른 돈 봉투를 준비해 택시를 타고 달려갔다. 임종예배를 드릴 수 있게 해달라고 간절히 기도를 드리면서.

도착해보니 자매는 거의 의식이 없어져 가는데, 친정 식구들이 달라붙어서 불경을 외우고 있었다. 나는 간곡히 친정어머니와 언니들에게 자매가 그동안 예수님을 잘 믿었는데 고통 없이 평안히 천국에 가게 해야 된다고 하니까, 큰언니 되는 분이 그래도 내 말을 듣고는 그럼 예배를 드리라고 허락해주었다. 나는 찬송을 부르고 있는데, 그 어머니는 맞은편에서 불교식으로 기도하고 있으니, 정말로 영적 전쟁이었다.

나는 속으로 간절히 기도를 드리며 이 상황을 어떻게 하면 좋을지, 주님께 지혜를 달라고 간구했다. 그리고 그 가족들을 보았다. 다들 어젯밤부터 식사를 못해 지쳐 있었고, 임신 9개월 정도에 접어든 현주 자매의 막내 여동생도 있었다. 나는 자매의 어머니에게 말씀드렸다.

"어머님. 아직은 시간이 있고, 장례까지 치르려면 기운이 있어야 해요. 막내 따님도 임신부이신데, 식사를 못 하면 되겠어요. 제가 병실에 있는 동안에 식사라도 하고 오세요."

그랬더니 큰언니 분과 임신부인 막내딸이 어머니에게 그러자고 했다. 그래서 나는 그 어머니를 병실에서 밀어내다시피 하며, 얼른 그 어머니 주머니에 돈 봉투를 넣어드렸다. 그리고 맛있는 것을 잡수시고 오라고 했다. 어머니께서 딸의 임종을 못 보면 어떻게 하느냐고 하시기에, 어머니께서 식사하고 오실 때까지는 주님께서 돌봐주실 것이니 염려 말라고 했다. 그랬더니, 그럼 수고 좀 해달라고 하며 딸과 함께 모두 식사를 하러 나갔다.

나는 친한 정 권사님에게 빨리 오시라고 전화를 하고는, 열심히 찬양을 부르고 있었다. 정 권사님이 정말 번개처럼 빨리 와주셔서, 함께 예배를 힘있게 드리며 자매에게 계시록의 아름다운 천국을 이야기해 주었다. 또 자매는 주님을 영접했으므로 아무것도 염려할 것이 없다고 격려하고, 끝까지 예수님만 의지하고 붙들면 된다고 했다. 그리고 구원의 말씀을 들려주고, 찬송을 계속해서 불러주며 기도해주었다.

그렇게 주님께서 은혜를 베푸셔서, 가족들의 불경소리 없이 임종 예배를 잘 드릴 수 있게 해주셨다. 현주 자매는 가족들이 식사를 마치고 돌아왔을 때까지도 숨을 거두지 않았다. 도리어 평안히 숨을 쉬며, 고통이 하나도 없는 딸의 모습을 보고는 어머니께서 좋은 곳으로 가도록 계속해서 예배를 드려달라고 하셨다. 그리고 다시는 불경을 외우지 않고, 내게 모든 것을 맡겨 주었다.

뒤늦게 자매의 남편이 엄마의 마지막이라도 보여주려고 어린 두 아들을 데리고 왔다. 나는 자매가 숨을 거두고 주님의 품에 안길 때까지 찬송과 말씀을 계속해서 들려주었다. 자매는 평안히 주님의 품에 안기었고, 그 어머니는 어린 손자들을 껴안고 울면서 "엄마가 예수님 믿고 천국에 갔으니까, 너희들도 예수님 잘 믿고 커서 나중에 엄마 간 천국에 너희들도 가야 한다."고 말했다. 그러면서 나에게 집사님이 우리 손자들을 위해서 기도해달라고 하셨다. 얼마나 감사한 일인지!

한번은 다른 암환자의 집으로 심방을 하러 가고 있는데, 병원 전도 사님이 전화를 하셨다. 내가 전도한 암환자 아저씨가 대구에 있는 병원에서 치료를 받다가 다시 왔는데, 상태가 많이 악화되었다고 했다. 그런데 그 아저씨가 성경책을 사주고 전도해준 나를 보고 싶다고, 불러달라 했단다. 그러니 병원에 올 수 있겠느냐고 물어보셨다. 나는 지금 말기 암환자 분의 예배를 드리러 집으로 찾아가는 중이고, 저녁에는 학교에 가서 학생들에게 성경을 가르쳐야 하므로 내일 꼭 찾아가겠다고 약속드렸다.

다음 날 찾아가니 그 아저씨가 너무 반가워하면서, 아픈 몸을 일으켜 앉아 예배를 드리자고 했다. 얼마나 감사하며 눈물로 그 예배를 드렸는지 모른다! 거듭난 성도는 극심한 고통 중에도 주님의 구원에 감사해 이렇게 예배드릴 수 있는 것이다. "범사에 감사하라 이는 그리스도 예수 안에서 너희를 향하신 하나님의 뜻이니라."(살전 5:18)는 말씀처럼!

지금도 나는 계속해서 많은 말기 암환자들의 병실과 집을 방문하며, 말씀과 주님의 사랑으로 겸손히 섬긴다. 그러면 참으로 단단했던 마음들이 녹아져 주님을 영접하고 예배를 드리며, 남은 가족들에게도 복음이 증거되어 주님께 돌아오는 기쁨의 열매를 주신다. 그렇기 때문에 오늘도 나는 한 영혼이라도 주님께 인도하기 위해 찾아다니는 수고를 게을리하지 않고 있다.

"죽으려고 자살을 시도했다가,
응급실로 실려가 위세척을 하고 몸에 마비가 왔어요.
……정말로 예수님께서
저도 용서해주시고 받아주시나요?"

"내가 진실로 진실로 너희에게 이르로니
내 말을 듣고 또 나 보내신 이를 믿는 자는
영생을 얻었고 심판에 이르지 아니하나니
사망에서 생명으로 옮겼느니라."(요 5:24)

나는 말씀을 전했고,
말씀을 신뢰하는 것이 믿음임을 말했다.
이야기를 들은 자매는
이제부터 주님을 믿고 살겠다고 눈물로 고백했다.

내게 선물로 주신 암

전도하느라 수없이 병원을 다니면서도 정작 내 건강에는 신경을 쓸 시간이 없었다. 그러다가 2010년이 지나가기 전, 2년마다 나오는 종합건강검진을 해야 해서 12월 중순쯤에 검진을 받았다.

그런데 1차 건강검진에서 대장 검사를 다시 하라는 통보를 받았다. 그래서 잘 아는 병원에 가서 대장 내시경을 했는데, 수면에서 깨어나니 담당 선생님이 걱정하는 얼굴로 안 좋은 것이 발견되었다고 하며 혹시 암보험을 들어 놓은 것이 있냐고 물었다. 나는 암보험이 없다고 했다. (귀국했을 때 나는 46살이었는데, 남편이 50살 전에 보험을 1개는 들어두어야 한다고 생각해 가입했다가, 3개월쯤 지나 내가 통장정리를 하다 발견하고, 전도에 쓸 돈도 부족한데 무슨 보험을 들었냐고 하면서 그만 없애라고 했었다.)

내시경 사진을 보니 내가 봐도 울퉁불퉁하게 생긴 것이 암이 틀림없는 것 같았다. 크기가 이미 3cm나 되었다. 담당 선생님께서는 즉시 조직검사를 해봐야 한다며, 서울에 있는 큰 병원에 예약을 해주셨다. 나는 집에 돌아오는 길에 먼저 주님께 감사기도를 드렸다! 암이 건강검진에서 발견된 것이 얼마나 감사한 일인가!

그리고 내가 암보험이 없다고 하자, 다행히 그 해부터는 건강검진에서 암이 발견되면 환자는 치료비를 5%만 내도 된다고 하셨다. 나라를 위해 그동안 열심히 기도를 드렸더니 이런 혜택도 받게 되는구나, 하며 감사를 드렸다.

또한 참새 두 마리도 하나님의 허락이 없이는 떨어지지 않으므로, 이 상황도 하나님께서 나에게 무언가를 깨닫게 하시려고 허락하신 것임을 받아들였다. 어떤 어려운 상황이라도, 또 지금 당장은 이해가 안 되어도 "우리가 알거니와 하나님을 사랑하는 자 곧 그의 뜻대로 부르심을 입은 자들에게는 모든 것이 합력하여 선을 이루느니라."라는 로마서 8장 28절의 말씀을 나는 확신하기 때문에 감사를 드렸다.

아무리 사탄이 나를 참소하며 전도를 방해하려고 한다 해도(사탄은 우리가 하나님을 원망하게 하고 죄를 짓게 해서 사망으로 가도록 이끌며 늘 하나님의 백성들을 참소하지만) 그보다 더 높이 계시고 모든 것을 통치하시는 하나님이 계심을 확신하므로, '전도만 하고 살았는데 이게 무슨 일입니까?'라고 하지 않았다. 나는 하나님을 조금도 원망하지 않고 도리어 그동안 바쁘다고 운동도 하나 안 하고 식사도 아무렇게나 대충 먹고 살았던 것들, 싱가폴에서 8년을 전도하며 거의 점심을 중국 음식보다 몸에 더 안 좋은 햄버거와 콜라로 먹고 다닌 점 등을 회개했다. 사실 나는 햄버거와 콜라를 좋아하지 않았지만, 시간을 아끼기 위해 사먹은 것이었다. 모두 내가 잘못한 것이므로 내 허물과 실수를 주님께 고백했다.

남편에게 오늘 검진 결과를 말하고 '암보험이 없어서 수술하는 데 돈이 들게 되어서 미안해요' 라고 했다. 그랬더니 깜짝 놀라며, 암 진단을 받았는데 마음이 괜찮은지 묻고 위로해주었다. 또 그러니까 왜 암보험을 못 들게 했느냐며, 아무리 예수님을 믿어도 나이도 있으니까 사람이 예비는 해야 되지 않느냐고 했다. 아무튼 초기니까 기도드리며 잘 치료받고, 이제는 제발 본인 건강도 조금은 챙기라고 했다.

집에 도착했는데, 남편이 장롱 서랍을 뒤지더니 나 몰래 29,500원짜리 보험을 들어둔 것을 찾아내고는 돈 걱정은 말라고 했다. (내가 암보험을 못 들게 하니까 적은 액수로 전화요금 빠져나가듯이 가장 싼 것을 몰래 들어놓았던 것이다.)

밤에 가정예배를 드리며 주님께 또 감사를 드렸다. 사실 나는 벌써 죽을 인생이었다. 첫째 아들을 임신하고 9개월일 때, 밤 11시쯤 약국 문을 닫고 집에 가다가 강남 테헤란로에서 과속으로 오던 택시에 부딪쳐서 우리가 타고 가던 택시가 두 바퀴를 돌아 뒤집어지는 대형사고로 죽을 뻔했었다. 그 후 입원했다가, 출산 때에는 임신중독증이 너무 심해 지혈이 안 되어서 또 죽을 고비를 넘겼다. 수혈도 4병이나 맞고… 움직이지도 못 하다가 한 달 후에야 겨우 몸을 가누었다.

그 때 죽었으면 구원 받지도 못했으므로 지옥에 떨어질 인생이었는데, 긍휼이 풍성하신 하나님 아버지께서 구원해주셔서 지금까지 하나님의 자녀로 살게 해 주신 것만도 너무나 감사했다. 나는 지금 죽는다고 해도 감사하다고 고백했다. 내게 맡겨주신 사명이 끝나서 주님께서 오라고 하시면 가는 것이고, 아직도 사명이 남아 있어서 나를 통해 돌아와야 할 영혼들이 있다면 생명을 연장시켜 주실 것이기 때문이었다. 나는 생사화복을 주관하시는 하나님의 손에 모든 것을 맡겨놓고는 평안함을 유지했다.

남편은 우리의 몸도 성령이 거하시는 성전인데(너희는 너희가 하나
님의 성전인 것과 하나님의 성령이 너희 안에 계시는 것을 알지 못하느냐?
고린도전서 3장 16절), 약간의 유익이 있는 육체의 연습은 시간이 아
깝다고 하나도 안 하고 오로지 경건의 연습만 해서 그렇다며 내 잘못
을 지적해주었다. 남편의 말을 듣지 않고, 운동을 조금도 안 하고 바
쁘다며 대충 먹고 살아온 것이 내 잘못인 것을 알므로 주님께 용서를
구했다. (육체의 연단은 약간의 유익이 있으나 경건은 범사에 유익하니 금
생과 내생에 약속이 있느니라. 디모데전서 4장 8절)

또한 남편에게 그동안 전도한다고 바빠서 따뜻한 밥을 많이 못 해
준 것에 대해서도 미안하다고 하며 용서를 구했다. 남편은 미안한 것
을 알았으면 수술하고 건강해져서 따뜻한 밥을 많이 해주면 된다고
했다. 그렇게 나는 병원 조직검사에서 어떤 결과가 나오든지 주님께
온전히 맡기기로 결정하고 평안히 잠들었다.

며칠 후, 대장암이라고 확실하게 선고를 받았으나 마음에는 조금
도 요동함이 없었다. 도리어 인생을 정리하고 뒤돌아볼 시간을 주신
것에 감사를 드리며, 날마다 하던 대로 전도에 전념하며 하던 사역들
을 계속했다.

어느 날, 꿈에 말씀을 주셔서 놀라 깨었다. 이미 암송하고 있던 말
씀이었다.

"가난한 자를 보살피는 자에게 복이 있음이여! 재앙의 날에 여호
와께서 그를 건지시리로다! 여호와께서 그를 지키사 살게 하시리니
그가 이 세상에서 복을 받을 것이라. 주여! 그를 그 원수들의 뜻에 맡

기지 마소서! 여호와께서 그를 병상에서 붙드시고 그가 누워 있을 때마다 그의 병을 고쳐 주시나이다! (시편 41편 1~3절)"

아멘!! 할렐루야! 눈물이 빗물처럼 흘러내렸다. 내가 무엇이기에… 또 무엇을 했다고… 주님께서 이 여종에게 이런 은혜를 베풀어 주시나이까… 나는 감사해서 엉엉 울었다.

다음 날에도 나는 여전히 전도에 힘썼다. 환우들을 대하는 마음도 달라졌다.

"나도 대장암이래요. 얼마 후에 수술합니다. 대장을 내시경 칼로 파내거나 아니면 6~7cm 잘라야 된대요."

그렇게 말했더니 환우들이 나를 더 친근하게 느끼며 복음을 잘 받아들였다. 의사 선생님이 그동안 너무 과로했으니 수술 전에는 쉬라고 했지만, 쉴 수가 없었다. 건강이 허락되는 한 한 명이라도 더 전도하고 싶어서. 서울에 있는 병원에 수술하러 가기 전날까지 한 달 반을 쉬지 않고 전도했다.

드디어 수술하러 가기 전날 아침, 병원에서 문자가 왔다. 대장암 병동뿐 아니라 암센터 전체에 병실이 없으니 본관 2인실에 입원해야 된다고. 환자가 무슨 말을 하겠는가. 그러나 그동안 6인실을 주십사고 기도 드렸는데(돈이 별로 없으니 보험이 되는 6인실을 주시면 옆에 있는 환우들과 보호자들을 전도하겠습니다, 했는데), 우리 남편이 코를 너무 심하게 고니까 다른 사람들에게 피해를 주지 말라고 그러셨나? 아니면 내가 전도할 사람이 한 명밖에 없나 보다 하면서 5시간을 박수 치고 찬송을 부르며 병원에 도착했다. 데스크에서 암환자 카드를 제

출했더니, 갑자기 "지금 간암센터에 6인실 병실이 하나 났는데 들어 가실래요?" 하는 것이 아닌가! 할렐루야! 주님! 감사합니다!

병실에 올라가니 나를 제외하고는 모두 간암 환자들이었다. 환우들과 보호자들께 인사를 하고, 조용히 예배를 드린 뒤 잠들기 전까지 말씀 묵상과 기도에 전념했다. 다음 날 아침에 또 성경 묵상을 하고 나니, 건너편 보호자가 예수 믿는 사람이냐고 물으며 성경책을 그렇게 계속 읽고 있느냐고 말을 걸어왔다. 다들 식사를 하는데, 나는 대장내시경을 해야 해서 전날부터 아무것도 먹을 수 없었으므로 말씀만 먹고 있었다. 자연스럽게 서로 종교를 물어보니 한 분만 예전에 교회를 다녔고, 모두 불신자들이었다. '아, 주님께서 전도하라고 이 병실을 갑자기 주셨구나!' 하며 감사기도를 드린 후에 이 분들을 겸손히 잘 섬길 수 있게 해달라고 지혜를 구했다.

일단 내게 심방 오는 많은 분들이 사갖고 오는 것들을 다 나누어 드렸다. (어차피 나는 대장 수술이라 아무것도 먹을 수가 없으므로.) 그런데 바로 옆 병상의 나이 많은 할머니께서 너무 아프시고 죽음이 두려우시다 보니 두 달째 앉아서 주무시고 계셨다. 그래서 할머니를 간병하는 딸이 화를 내며 왜 누워서 못 자냐고 짜증을 냈다. 나는 그 이야기를 듣고 소리 없이 할머니를 위해서 기도하기 시작했다. 그리고 할머니께 예수님을 믿으면 죽음이 두렵지 않다고 간증을 했다.

그러자 딸이 제발 자기 어머니가 등을 붙이고 자도록 기도 좀 해달라고 부탁했다. 저녁에 교대하러 다른 딸이 와서도 불평하며, 제발 등을 좀 붙이고 자라고 해도 여전히 할머니는 앉아서 주무셨다. 그래서 왜 그러시냐고 물었더니, 한 번 등을 붙이고 자면 영원히 눈을 못 뜨고 저 세상으로 갈 것 같아서 두렵다고 하셨다. 나는 자다가도 일어나 계속 기도를 드렸다. 주님의 은혜로 할머니께서 죽음의 공포에서 벗어나고 평안히 등을 붙이고 주무시게 해달라고!

다음 날 아침, 딸이 소리를 지르며 좋아했다. 자기 엄마가 두 달 만에 등을 붙이고 주무셨다고. 내가 어젯밤에 계속 예수님께 기도를 드렸다고 했더니, 놀라며 아침에 다시 교대하러 온 자기 자매와 함께 예수님에 대해 이야기해달라는 것이었다. 할렐루야!

나는 내가 만난 예수님을 확실하게 간증했다. 또 암 선고를 받고 지금 6인실 병실까지 오게 된 것, 그러나 조금도 두려움이 없고 평안하다는 것까지……. 두 자매는 눈물을 흘리며 예수님을 믿겠다고 했다. 그리고 엄마에게도 예수님을 믿고 죽음을 두려워하지 말라고 했다. 나는 그동안 간병하느라 얼마나 수고가 많았느냐고 위로해주며, 나도 아버지께서 병상에 계실 때 간병했던 것을 나누었다. 우리는 너무나 친해졌고 할머니는 계속 잘 주무셨다.

건너편에는 예전에 교회를 다녔다가 지금은 안 다닌다는 환자 분이 수술실에 들어가기 바로 전에 두려워서 떨고 계셨다. 조용히 다가가서 '제가 기도를 해드릴까요?' 했더니 손을 꼭 쥐며 기도 좀 해달라고 했다. 나는 간절히 기도를 드리며 두려움이 없게 해주시고, 수술이 잘되게 해 주시며 다시 그분이 주님께 돌아오도록 기도드렸다. 눈물로 감사하다고 하며 수술실로 들어갈 때, 나오실 때까지 기도해드리겠다고 약속했다. 그리고 몇 시간 후에 수술을 마치고 병실로 들어오자마자 그 분은 나에게 기도를 해달라고 손짓을 했다. 나는 그분의 온 몸을 껴안고 간절히 기도를 드렸다.

이제 병실은 완전히 변했다. 다른 분들도 차례로 기도를 부탁했고,

나는 갑자기 병실 전도사가 되었다.

드디어 내가 수술실로 들어갈 차례가 되었다. 나는 잘 다녀오겠다고 인사를 하고 말씀 암송을 하며 수술실로 들어갔다. 수술이 예상보다 오래 걸려서 아직 마치지 않았는데 마취에서 깨어났다. 어렴풋이 아직도 수술중이어서, 하나님께서 의사 선생님의 손을 붙들어 주셔서 수술이 잘 마무리되게 해달라고 기도를 드렸다. 수술을 마치고 회복실로 옮겨져서도 커튼 사이로 어느 분이 마취가 풀린 후에 너무 아파서 신음하길래, 그 분에게 긍휼을 베풀어 달라고 기도를 드렸다.

병실로 올라오니 모두들 반겨주었다. 문병 온 모든 분들과 즐거운 시간을 보내며 수없이 기도를 받았다. 그런데 갑자기 두 시간쯤 지나자 숨쉬기도 어려울 정도로 심한 통증이 오면서 고개도 움직일 수가 없었다. 긴급하게 큰 산소통이 들어오고… 나는 말도 할 수가 없었다.

갑자기 위급 상황이 벌어진 것이다. 눈도 뜰 수 없었다. 통증이 얼마나 심한지…. 나는 즉시 주님께 기도를 드리며 '알 수 없는 상황이지만, 나는 이해할 수 없는 이 상황도 주님께서 허락하셨으면 받아들입니다.'라고 했다. 많은 분들이 기도하고 있음에도 이런 일이 생길 때에는 분명 무슨 뜻이 계시리라 믿고 마음속으로 기도를 드렸다.

그 즉시 환상이 보였다. 소복을 입은 한 사람의 모습이었다. 가만히 들여다보니 나였다. 깜짝 놀랐다. 그렇다. 나는 원래 죽을 사람이었다. 지금까지 살아있는 것은 다 주님의 은혜였다. 나는 감사해서 소리없이 울었다. 그때 또 다른 환상이 보였다. 자비로우신 눈빛으로 나를 바라보고 계신 주님의 모습이었다!

아! 주님! 감사합니다! 이 고통 중에 함께하시는 나의 주님이여!

주님을 뵙고 나니 너무 좋아서 감격의 눈물이 줄줄 흘렀다.

남편은 내가 말도 못 할 정도로 너무 아프니까 우는 줄 알고 눈물을 닦아주며 눈을 좀 떠보라며 흔들었다. 그래서 환상이 사라졌다. (후에 남편에게 왜 주님을 만나고 있는데 그때 나를 흔들어 눈을 뜨게 했느냐고 했다.)

그 후에도 몇 시간 동안 엄청난 통증이 있었지만 나는 감사를 드리며 고통 중에 있었던 수많은 암환자들을 생각했다. 그들이 이런 고통 중에 있었다는 것을 알았으니, 앞으로 내가 암환자들을 어떤 마음으로 섬겨야 하는지를 깨닫게 되었다.

링거만 맞고 5일쯤 되었을 때, 포항에서 한 사모님이 전화로 안부를 물으며 어떠냐고 해서 이제는 거의 회복이 되었다고 했다. 그랬더니 포항에서 어느 분이 갑자기 백혈병 진단을 받고 내가 입원한 병원 응급실에 왔는데, 입원실이 안 나서 계속 응급실에 있다며 예수님을 안 믿으니 급히 전도를 해줄 수 있느냐고 했다. 이름과 전화번호를 받고 기도하며 시누이의 부축을 받아 본관 응급실로 갔다. 만나서 아무도 없는 복도 끝에서 환자 분과 아내인 권사님, 아들과 함께 예배를 드리며 며칠 전에 암 수술을 받은 내가 얼마나 감사하고 평안한지를 간증했다. 그리고 진실로 회개하고 주님을 믿고 살아야 함을 말하며 찬송을 부르고 복음을 전했더니 믿겠다고 대답하셨다. 할렐루야! 그리고 30분쯤 예배를 드리자 전화벨이 울렸다. 암센터에 입원실이 나왔다는 전화였다.

주님! 감사합니다!

예배를 마치고 오려는데 권사님이 '여기 병원비가 비싸지요?'하고 걱정스러운 얼굴로 조용히 물었다. 그 순간 주님께서는 내 마음속에 네게 들어온 물질을 나누어 드리라고 하셨다. 나는 곧장 병실로 올라가 봉투를 준비했다. 그리고 그 분의 병실을 찾아가 얼른 아들 주머니에 넣어주며 필요한 데에 쓰라고 했다. 훗날 권사님의 말이, 아들이 그때 신학을 하려고 준비하고 있었는데 앞으로 어떻게 복음을 전하고 어떻게 섬겨야 하는지를 깨닫게 되었다고 고백했단다.

주님! 저는 그저 주님께서 말씀하실 때 즉각 순종하는 것밖에는 할 줄 아는 것이 없습니다. 가라! 하시면 가고, 주라! 하시면 주고.

남편이 신입생 MT를 마치고 토요일 오후에 서울에 올라와 나를 퇴원시켜주기로 했지만(수술 다음 날 남편은 학생들을 가르치러 포항에 갔고, 시누이가 나를 돌봐주고 있었다.), 나는 목요일 오전에 퇴원하고 혼자 고속버스에 올라 거의 누운 채로 내려왔다. 버스를 탄 후에 몇 시쯤 도착할 것이니 터미널로 나와 달라고 했더니, 아직 몸도 성하지 않은데 왜 벌써 퇴원을 했느냐고 난리였다. 나는 항상 그래왔듯이 새 학기에 우리 팀 학생들을 섬기고 싶어서라고 대답했다. 새 학기가 되면 팀 학생들을 위해 삼겹살을 먹고도 남을 만큼 사서 대접했는데, 꼭 MT에 따라가 고기를 구워주며 학생들의 이름을 외우려고 노력했다. 알아야 기도를 해줄 것이 아닌가. 그래서 몸도 성하지 않은데 혼자 내려간 것이다.

마중 나온 남편에게 동네 마트에 가자고 했다. 병원에서 당분간 장에 좋은 것을 먹으라고 해서 사러 들어갔는데, 갑자기 지금부터 10분간만 삼겹살을 반값에 판다는 안내방송이 나왔다. 나는 남편에게 빨리 가서 줄을 서라고 하고, 팀 전체가 먹고도 남을 만큼 삼겹살을 많이 샀다. 그 당시 돼지고기 값이 갑자기 폭등해서 삼겹살을 사기가 어려웠는데 학생들을 먹이고 싶어 하는 내 마음을 주님께서 아시고 넘치도록 풍성하게 먹일 수 있도록 하신 것이다. 주님! 너무 감사드립니다!

다음 날, MT를 따라갔다. 일주일 동안 음식을 못 먹은 속이라 고기 냄새를 못 맡으므로, 구석에 앉아 학생들의 이름을 외우기 시작했다. 마침 팀장이 모두에게 큰 명찰을 달도록 해줘서 외우기에 얼마나 좋았던지! 감사해서 딸기 7통을 배달시켜서 모두 즐겁게 먹게 했다.

담당 의사 선생님이 한 달은 안정하고 쉬라고 했지만, 나는 암을 조기에 발견해 수술하고 항암치료도 없이 퇴원하게 해주신 주님의 은혜가 너무나 감사해서, 일주일 정도만 쉬고는 환자들을 찾아다니며 전도하고 섬겼다. 특별히 암환자들이 얼마나 좋아하며 나와 가까워지던지. 주님께서 암환자들의 마음을 부드럽게 만져주셔서 복음이 잘 들어가게 해주셨다. 통증이 너무 심해서 예배조차 거부하던 환자에게 나도 암환자였다고 하면 다시 내 말에 귀를 기울이고 함께 예배를 드린다. 아! 이런 복을 주시려고 내게 암을 선물로 주셨구나!

매년 정기 검진을 다니지만 아무 이상이 없게 해주신 은혜에 감사드리며, 지금도 나는 계속 감사함으로 암환자들을 찾아다니며 심방하고 있다.

나는 암을 조기에 발견해 수술하고
항암치료도 없이 퇴원하게 해주신
주님의 은혜가 너무 감사해서,
일주일 정도만 쉬고는
환자들을 찾아다니며 전도하고 섬겼다.
특별히 암환자들이 얼마나 좋아하며 가까워지던지.

주님께서 암환자들의 마음을 부드럽게 만져주셔서
복음이 잘 들어가게 해주셨다.
통증이 너무 심해서 예배조차 거부하던 환자에게
나도 암환자였다고 하면
디시 내 말에 귀를 기울이고 함께 예배를 드린다.

아! 이런 복을 주시려고
내게 암을 선물로 주셨구나!

3

주님이 예비하신 깜짝 파티

하루는 선린병원에서 병실전도를 하며 각 병실을 돌고 있는데, 아는 의사가 한 사람을 부탁했다. 의사나 간호사 말을 잘 듣지 않고 상스러운 말도 잘하는 사람인데, 전도 좀 해달라는 것이다.

일을 하다가 넘어져서 다른 병원에서 뇌수술을 받았는데, 남동생이 포항에 살아서 이곳으로 옮겨온 40세쯤 되는 숙이라는 분이었다. 그런데 뇌를 다쳐서 그런지 성격이 특이해서 아무에게나 함부로 반말을 하고, 어떨 때는 욕도 했다. 또 복음을 전하면 비웃으며 건성으로 듣고, 자기가 먹고 싶은 것을 사달라고 해서 갈 때마다 사다 주고 섬겨도 복음을 받아들이지 않았다. 그러면서도 내가 그 병실에 들어가면서 혹시라도 입구에 있는 사람에게 먼저 인사를 하면 화를 내는, 도저히 감당하기 어려운 사람이었다.

뇌를 다쳤다가 회복되는 과정이라 그런가 보다 싶어 무슨 소리를 해도 참고 견디며 계속 찾아갔다. 어떤 때는 일부러 술집에서 부르던

유행가를 나무젓가락을 두드리며 불러, 달래가면서 겨우 말씀을 전하고 제발 예수님을 믿고 살아가야 함을 강조하며 기도해주곤 했다.

그날도 그 병실에서 제일 먼저 그 자매를 찾아가 사달라고 했던 것을 주고는, 예배드리며 기도해야 빨리 회복되어서 퇴원할 것이 아니냐고 했다. 전능하신 예수님을 믿고, 간절한 마음으로 기도를 드리면 주님께서 치유해주신다고 했더니 하는 말이, "당신 예수님을 잘 믿고 날마다 기도를 한다면서 왜 그렇게 못 생겼냐? 얼굴 좀 예쁘게 만들어 달라고 하나님께 기도 좀 해라."였다. 예배를 드리려고 둘러선 사람들 앞에서 자매는 그렇게 내 얼굴을 가리키며 깔깔 웃고, 이렇게 빈정댔다.

"기도해서 다시 얼굴 좀 예쁘게 만들어 달라고 해봐!"

자매는 계속 빈정대고 웃으며, 나를 놀리는 것을 아주 재미있어 했다. 함께 간 집사님에게는 얼굴이 예쁘니까 남자를 소개시켜 주겠다는 등 엉뚱한 소리도 했다. 자매는 그 병실에서 함께 예배를 드리려고 둘러서 있던 다른 환자들과 집사님들 앞에서 나를 조롱하며 계속 모욕을 준 것이었다. 그래도 병원전도를 오기 전, 주님께 성령으로 충만하게 해달라고 이미 기도를 드렸었다. 나는 이 순간에도 예배를 잘 드리게 해 달라고 마음속으로 기도를 한 뒤, 대답했다.

"자매님 말처럼 제가 못생겨서, 어렸을 때는 하나님께 원망도 했어요. 그런데 예수님을 만난 후부터는 모든 것에 감사해요. 안 그래도 교만했었는데 내가 만약 예쁘기까지 했다면 더 교만해져서 나만 잘난 줄 알았을 거예요. 그러면 이렇게 환자들을 돌보며 봉사하는 사람이 되지 않았을 거고요.

자매님 말처럼 예쁘게 해달라고 기도하지 않는 이유는, 하나님께서 나를 실수해서 잘못 만드신 것이 절대로 아니라고 생각하기 때문이에요. 저는 제 모습을 이대로 이렇게 만들어 주신 예수님께 감사드리고, 저를 더 못생기게 만들어 주셨다고 해도 주님의 은혜에 감사하며 살았을 거예요. '고운 것도 거짓되고 아름다운 것도 헛되나 오직 여호와를 경외하는 여자는 칭찬을 받을 것이라(잠31:30)'는 말씀처럼, 먼 훗날에는 하나님을 경외하는 것만 남는답니다."

나는 웃으면서 그렇게 말하고는, 자매가 몇 달 동안 주님을 받아들이지 않아도 이렇게 계속 찾아다니며 복음을 전하고 있는 사람으로 나를 변화시켜 주신 주님의 은혜에 항상 감사드리며 산다고 했다. 마음속으로는 자매의 빈정거림에 흔들리지 않을 수 있게, 나를 도와 달라고 속으로 기도드리며.

그러고 난 뒤 아침에 기도하며 준비해간 말씀을 전하고, 찬송을 부르고 손을 잡아 간절히 기도해주었다. 옆 병상에 허리를 다쳐 수술을 앞두고 누워계신 권사님을 위해서도 간절히 예배를 드리고 그 병실을 나왔다.

20년을 넘도록 전도하고 환우들을 섬기고 살면서, 그 날처럼 나를 둘러선 여러 사람들 앞에서 못생겼다고 조롱하는 말을 환자로부터 들은 것은 처음이었다. 그러나 주님의 은혜로 지혜롭게 잘 넘겼다. 마음은 편하지 않았지만, 계속 마음속으로 성령충만하게 해달라고 주님께 기도드리며 저녁 5시가 넘도록 각 병실을 다니며 병실전도를 마쳤다.

봉사를 마치고 집에 가려는데, 갑자기 학교에 있는 남편이 전화를
해 6시까지 학교에 들어와야 한다고 했다. 나는 그날은 전도를 마친
뒤 집에서 쉬고 싶어서, 그냥 집에 가겠다고 했다. 그랬더니 학생들이
꼭 당신과 함께 와야 된다고 했다며, 벌써 학교 레스토랑 예약실을 우
리 팀 학생들이 모두 빌려놓았기 때문에 안 된다는 것이었다. 나는 기
운도 없고 마음도 힘들었지만, 할 수 없이 학교에 들어가 남편과 함께
학생들이 준비한 예약실에 들어갔다.

그런데 그 순간, 깜짝 놀랐다. 학생들이 풍선을 가득 달아 놓고, '교
수님 사모님 감사합니다.'라고 크게 써서 붙여놓은 것이다. 거기다 큰
케이크를 준비하고, 바이올린 켜는 학생이 나를 위해 찬양을 준비했
다면서 연주하고, 30명이 넘는 우리 팀 학생들이 모두 모여서 우리
부부를 향해 손을 내밀고 찬양을 불러주었다. 바로 〈야곱의 축복〉이
라는 복음성가였다.

너는 담장 너머로 뻗은 나무~ 가지의 푸른 열매처럼~
하나님의 귀한 축복이 삶에~ 가득히 넘쳐날 거야~
너는 어떤 시련이 와도 능히~ 이겨낼 강한 팔이 있어~
전능하신 하나님께서 너와~ 언제나 함께하시니~
너는 하나님의 사람, 아름다운 하나님의 사람,
나는 널 위해 기도하며~ 네 길을 축복할 거야~
너는 하나님의 선물~ 사랑스런 하나님의 열매~
주의 품에 꽃피운~ 나무가 되어줘~~

세상에, 어찌 이런 일이 있단 말인가! 눈물이 빗물처럼 흘러내리

며, 학생들의 찬양을 통해 주님께서 위로와 격려를 해주시고 나를 사랑해주시는 것에 감격했다.

　낮에 내게 일어났던 사건을 남편과 학생들은 아무도 모르는데, 우리 주님께서 갑자기 이 자리를 만들어 주신 것이었다. 남편도 조금 전에야 학생들에게서 연락을 받고, 내게 전화한 거라고 했다. 학생들은 내가 왜 그렇게 감격해서 우는지 아무도 몰랐을 것이다.
　그리고 우리는 매년 팀 학생들에게 똑같이 잘해준다. 그때 그 팀에게만 잘해준 것이 아니었다. 거기다 그 날은 남편 생일도 아니고, 스승의 날도 아니고, 정말 아무 날도 아니었는데 학생들이 깜짝 파티를 준비한 것이었다. 아까 낮에 모욕을 참고 끝까지 전도한 나를 위해 주님께서 마련한 자리임을 내가 어찌 모르랴!
　'주님! 감사합니다! 주님! 사랑합니다! 제가 주님을 사랑하는 것을 주께서 아시나이다. 그러므로 이 전도자의 길을 멈추지 아니하고 끝까지 걸어가겠습니다!'
　나는 마음속으로 주님께 다시 한 번 다짐을 하며, 낮에 모욕을 준 자매를 끝까지 섬기겠다고 고백했다. 그리고 학생들과 함께 맛있는 케이크를 나누어 먹으며 식사를 하고 집에 돌아오는데, 까맣게 잊고 있었던 일이 생각났다. 미국에 있었을 때 주님께서 직접 깜짝 파티를 열어주신 사건이었다.

　어느 날, 내 생일인 것을(분명 그 전날까지 가족 모두가 기억하고 있었는데) 당사자인 나까지도 까맣게 잊어버리게 하셨다. 남편과 아이들은 아침을 먹은 뒤 모두 학교에 갔고, 나는 돌보는 아기가 올 때까지 한 시간쯤 시간이 남아 거실 식탁에서 말씀을 묵상하고 있었다.

갑자기 새떼가 몰려와서 거실 밖이 너무 시끄러워 거실 유리문을 열어보았다. 그런데 도대체 어디서 다 날아왔는지, 미국 동북부에 있는 새들이 다 모인 것처럼 수천 마리가 거실 밖 나뭇가지에 빽빽이 앉아 짹짹거리고 있었다. 도저히 성경을 읽을 수가 없었다. 그래서 새들을 향해 한국말로 소리를 지르며 쫓아보려고 했는데, 조금도 움직이지 않고 짹짹거려서 주님께 하소연을 했다.

"주님! 이 짧은 한 시간이라도 성경을 묵상하려는데, 갑자기 새떼들이 나타나서 방해를 하고 있으니 이게 어찌된 일입니까? 주님은 모든 것을 통치하시니 제발 새떼 좀 사라지게 하셔서 성경 좀 묵상할 수 있도록 평소처럼 조용하게 해주옵소서!"

그런데 갑자기 주님께서 마음속에 말씀하셨다.

"오늘 네 생일이잖니? 그래서 내가 새들을 불렀느니라."

나는 그 자리에서 꿇어 엎드려 주님께 감사드리며, 이 벌레만도 못한 인간을 구원해주시고 사랑해주심에 감격해 엉엉 울었다. 30분 동안 그렇게 새들의 생일축하노래 소리를 듣는 것은 평생 처음 있었던 일이었다. 나는 주님께 엎드려 간절히 기도드리며, 나도 주님을 사랑한다고 마음속 깊은 곳에서부터 울며 고백했다. 30분쯤 후, 새들은 다 날아갔다.

사실 그날 병원전도를 하다 들었던 말은 남편에게도 꺼내기 어려웠다. 만약 내가 예뻤으면 아무렇지도 않았겠지만, 그래도 나도 여자인데 혼자 있을 때 말한 것도 아니고 둘러선 사람들 앞에서 그렇게 빈정대며 놀리는 소리였기 때문에 조금은 마음이 불편했다. 그래서 속으로 계속 성령충만하게 해달라고 기도하며 각 병실전도를 겨우 마쳤던 참이었는데, 몇 시간도 안 되어서 주님이 학생들의 마음을 통치하시고 깜짝 파티를 열어주시다니! 이곳에서 학생들이 불러준 그 찬양의 가사와 사랑의 만찬을 내 평생 어찌 잊으랴!

마음이 눈 녹듯이 녹았으므로, 그 다음 주에도 자매가 좋아하는 것들과 떡을 사가지고 가서 전해주며 예배를 잘 드렸다. 그리고 계속해서 복음을 전했더니, 찬양을 잘 따라 부르고 말씀도 스스로 읽으며 조금씩 변해갔다.

어느 날, 그녀가 안 보여서 어찌된 일인가 물어보니 또 쓰러져서 원래 수술을 했던 대구의 병원으로 갔단다. 마음이 아팠다. 택시 운전을 하는 남동생이 가끔 올 뿐, 찾아오는 가족도 없는 불쌍한 자매인데… 수술이 잘 되고 회복되기를 기도하고 있었는데, 몇 달이 지난 후 전도하러 병실을 돌다가 같은 이름이 있기에 혹시나 하고 들어갔다. 병실 안에 있었던 자매가 나를 보더니 반가워하고 울면서, 그 병실에 있던 사람들에게 내가 자기를 전도한 전도사님이라고 광고를 하는 것이었다.

다른 환자들에게 얼마나 내 이야기를 많이 했던지, 그 병실에서 나는 갑자기 전도사님이 되어버렸다. 내 이름을 몰랐던 나머지, 단발머리에 빵과 떡을 사들고 다니며 환자들에게 나누어주고 전도하는 사람이 자기를 전도해 예수님을 믿고 새사람이 되었다고 간증한 것이었다. 비록 뇌수술을 두 번 해서 머리 한쪽이 푹 들어갔고, 걷기도 불편하며 손도 떨지만 주님께 감사드리며 박수를 쳤다. 또 찬양을 부르고, 울면서 예배를 드렸다. 참으로 놀라운 하나님의 구원의 은혜였다.

누구나 구원의 감격에 빠지면 다 저렇게 기쁘다. 비록 몸이 장애를 입었어도 말이다.

나는 그 후에도 자매를 사랑으로 열심히 섬기고, 계속 예배를 드리며 말씀 위에 견고히 서도록 도왔다. 자매가 병상 세례를 받는 날, 나는 한동대학교에서 1학년들에게 인성교육 강의를 하는 날이라 세례식에 참석하지는 못했다. 하지만 강의를 마치자마자 축하 케이크를 사들고 가서, 병실에 있는 모든 분들과 함께 나누어 먹도록 축하해주었다. 자매가 어린 아이처럼 손뼉을 치며 얼마나 좋아하던지… 나는 손을 꼭 잡고 감사 기도를 드려주었다. 세례를 받은 후에는 주님의 은혜로 자매의 신앙이 쑥쑥 자라갔다.

어느 날, 택시를 타고 집에 누워있는 말기 암환자 심방을 가는데 기사분이 혹시 자기 누나에게 전도하신 분이 아니냐고 했다. 얼굴을 보니, 가끔 찾아오던 자매의 남동생이었다. 남동생은 반가워하면서, 좋은 일하러 다니시는데 태워드리게 되었다며 끝까지 택시비를 안 받아 공짜로 택시를 타고 간 적도 있었다.

도대체 어디서 다 날아왔는지,
미국 동북부에 있는 새들이 다 모인 것처럼
수천 마리가 거실 밖 나뭇가지에 빽빽이 앉아
짹짹거리고 있었다. 주님께 하소연을 했다.

"제발 새떼 좀 사라지게 하셔서
성경 좀 묵상할 수 있도록
평소처럼 조용하게 해주옵소서!"

그런데 갑자기 주님께서 마음속에 말씀하셨다.

"오늘 네 생일이잖니?
그래서 내가 새들을 불렀느니라."

세상이 감당할 수 없는 자

어느 날, 선교단체 간사로 수고하던 희경 자매의 아버지가 위독하셔서 중환자실과 일반 병실을 오가며 입원해 계신다기에 심방을 갔다. 그 가정에서는 희경 자매를 제외하고 아무도 예수님을 믿지 않았다. 병원에 마침 어머니까지 함께 계셔서, 복음을 전하고 찬송을 불렀는데 전혀 반응이 없었다. 하지만 고통 중에 있던 아버지께서 복음을 받아들이셨다.

감사해서 다음 날도 또 찾아뵙고 예배를 드렸다. 계속해서 찾아가 예배를 드리며 말씀으로 위로해드렸는데, 병원비를 조금 준비해간 날 마침 자매의 아버지가 혼자 계셨다. 아버지와 둘이 예배를 마치고 나니, 병원비 계산서를 가져온 분이 내가 보호자인 줄 알고 나에게 계산서를 주었다. 며칠도 안 된 중간 계산서였는데, 의료보험을 제하고도 120만 원이나 나왔다. 나는 희경 자매의 가정 형편을 알고 있었고, 자매의 아버지가 액수를 보고 놀랄까 봐 조용히 서랍에 계산서를 넣었다. 그리고 그 아래에 내가 가져온 봉투를 놓고 병실을 나와 복도를 걸어가는데, 주님께서 마음에 "네가 반이라도 도우라"고 하셨다.

나는 곧장 병원 입구에 있는 은행 현금인출기로 갔다. 돈을 찾아서 봉투에 넣고 다시 병실로 올라가는 길에, 복도에서 자매의 어머니를 만났다. 어디 가시느냐고 물었더니 가게에 가려 하신다고 했다. 그리고 본인이 잠시 자리를 비웠을 때, 내가 와서 예배를 드려주어 고맙다고 하셨다.

나는 얼른 사람이 적은 구석으로 가서 그분이 들고 있던 가방에 돈 봉투를 넣어드렸다. 이 돈은 내가 드리는 것이 아니라 하나님께서 주시는 것이라고 이야기하며, 아까 계산서가 나왔길래 서랍에 넣어두었다고 했다. 그랬더니 본인은 계산서가 나온 줄도 몰랐다며, 돈을 안 받으려고 하셔서 얼른 드리고는 도망치듯 집으로 가는 택시를 탔다.

그날은 토요일이었는데, 다음 날인 주일에 어머니께서 처음으로 교회에 갔다며 자매가 기쁜 소식을 전해주었다. 어머니가 즉시 주님을 영접하지는 않으셨지만, 그래도 교회에 발을 들여놓으신 것만으로도 감사했다.

희경 자매와 나는 계속해서 몇 년간 선교사님들을 위한 선교 중보기도회로 함께 섬겼다. 또 나중에 그녀가 신학을 하러 서울로 올라간 후에도, 어려운 형편에 선교사로 헌신해 그 사역을 위해 공부하려는 것이므로 조금이라도 돕고자 용돈을 보내주었다. 자매는 서울에, 나는 포항에 있으면서 늘 서로 중보기도하며 지내고 있었다.

어느 날 희경 자매가 고등부에 가정형편이 아주 딱하고, 신경성 섬유종양이라는 어려운 질병 가운데 있는 학생이 있다면서 기도를 요청했다. 치료비와 수술비가 없다고 하기에, 잘 아는 병원의 의사를 소개해주었더니 검진 후에 큰 병원에 가야 한다고 했다. 결국은 큰 병원에서 수술을 하게 되었다. 자매가 그를 친동생처럼 돌보며 섬기는 것이 감사해서, 나의 동역자들과 함께 그 학생의 병원비를 대주었다.

어느 날 자매가 신학교에서 카드와 선물을 보내왔다.

"지난 주 학교에서 제자훈련을 받으며 '당신 주위에 세상이 감당할 수 없는 사람이 있습니까?' 라는 질문에 저는 과감히, 아니 주저 없이 집사님의 이름을 썼습니다. 집사님을 알게 되고 가까이에서 뵐 수 있었던 시간이 제게는 그 어느 때보다 축복의 시간이었습니다. 집사님 덕분에 힘든 시간들도 잘 이겨낼 수 있었습니다. 집사님, 늘 감사드립니다. 은혜와 사랑 늘 기억하겠습니다. 늘 건강하세요. 우리 주님의 이름으로 축복합니다."
2005년 10월 1일 김 희경 드림

나는 도리어 놀랐고, 격려가 되기도 하고 자매에게 고마워서 눈물이 흘렀다. 앞으로 세상이 감당할 수 없는 믿음의 사람이 되라며 희경 자매를 통해 주님께서 들려주신 격려의 음성으로 알고, 그 카드를 지금까지 잘 보관하고 있다.

후에 자매는 믿음 좋은 전도사님과 결혼을 하게 되었고, 지금은 예쁜 딸을 낳아 기르며 목회자 사모의 길을 걷고 있으며, 남편과 함께 선교사 훈련을 받고 있다. 몇 년 전에는 부부가 전도사로 섬기고 있는 교회에 초청을 받아, 전도 간증집회를 인도한 뒤 반갑게 만나고 돌아왔다.

요양병원 어르신들을 섬기며

요양병원에서 노환과 치매 등으로 소망 없이 살아가고 계신 어르신들을 위해 그곳도 계속해서 방문했다. 어르신들께서 잡수시기 좋은 바나나를 나눠드리며 친해지면, 나중에는 함께 예배도 드리신다. 손뼉을 치며 찬송을 따라 부르시는데, 어린아이들처럼 좋아하신다. 또 복음을 전한 뒤 손을 잡고 기도해드리면 기뻐하시고, 내가 자녀들보다도 더 자주 찾아온다며 먼저 손을 꼭 잡아주고 얼마나 좋아하시는지 모른다.

어느 할머니께서는 저녁에 예배를 드린 다음 새벽에 천국에 가셨다. 또 어느 할머니께서는 임종이 가까웠다고 가족들이 내게 연락을 해서, 병원으로 달려가 예배를 드린 지 몇 시간 후에 천국으로 떠나가시기도 했다. 평생 예수님을 모르고 사신 분들도, 고개를 저으면서 불교라서 안 된다고 하시는 분들도 계속해서 찾아뵈면 한 분 한 분씩 주님에게로 돌아오셨다.

그래서 나는 지금도 계속해서 요양병원에 다니고 있다. 때때로 40대 중반밖에 안 된 분들이 장애를 가졌는데 치매가 일찍 와서 노인병동에 있는 것을 보면, 가슴이 아프다. 그래서 그런 분들도 계속 심방하며 위로와 격려를 해주는데, 예배를 드릴 때마다 주님의 사랑에 울며 감사해 하신다.

내가 발이 아프기 때문에 무거운 바나나 박스를 들고 다닐 수가 없는 것을 잘 아시는 주님께서는, 운전을 잘하며 항상 전도도 잘하시는 김 권사님을 동역자로 붙여주셨다. 그래서 권사님과 함께 기쁨으로 동서남북을 언제 어디든지 가게 하시고, 또 함께 전도하며 어르신들을 섬기게 하시니 얼마나 감사한 예비하심인지!

시아버님께서 병원에 입원한 적도 없이 83세로 평안히 천국에 가셨을 때, 친정어머니께서는 내게 이렇게 말씀하셨다. 네가 어르신들을 찾아다니며 섬기니까 네 시아버지를 주님께서 돌봐 주셔서 고통 없이 평안히 천국에 가게 해주신 것 같다고.

정신병원 예배를 인도하며

2년 전 포항에 새로 생긴 한 정신병원의 사무장이라는 분(구미 어느 교회 집사님)이 어떻게 내 전화번호를 알고서, 혹시 시간이 되면 중증 입원 환우들을 위해 예배를 인도해줄 수 있는지 물었다. 병원장님이 예수님을 믿는 분이냐고 물었더니, 안 믿는 분이지만 본인이 이런 병원에서 일을 해보니 예배가 큰 도움이 되는 걸 알았다며, 내가 허락만 하면 된다고 했다. 한 달에 한 번이라도 좋으니 꼭 부탁드린다고 하셨다. 구미에 사시는 분이 어떻게 나를 알았냐고 물어보니 포항에 사시는 어느 분이 나를 추천하셨단다. 그때는 스케줄이 꽉 차 있어서,

기도를 해본 뒤 연락을 드리겠다고 하고는 기도하기 시작했다.

'지금 돌보고 있는 우울증, 조울증, 조현증(정신분열) 환우들도 여러 명이고, 수년 째 말씀과 식사 대접으로 쉴 날 없이 바쁜데, 정신병원까지 맡아야 되나요?'

나는 포항에 와서 지금까지 11년째 우울증과 정신질환을 가진 형제자매들을 돌보고 있었다. 그들 중에 여러 명이 치유되자, 정신질환 환우들을 부탁하는 요청들이 계속 들어와서 돌보는 중이었다. 주님께서는 내 마음속에 이렇게 말씀하셨다.

"내가 너에게 황금어장을 주었는데, 무슨 소리냐? 네가 이런 일을 오랫동안 불평 없이 하고 있으니까 맡기는 것이다."

나는 곧 주님의 음성에 순종하고, 전도 스케줄을 바꾸어 화요일 오후에 시간을 마련했다. 그리고 저녁에 학교에서 돌아온 남편에게 주님께서 새로운 전도의 길을 또 주셨다고 말했다.

"지금도 정신질환 환우들을 돌보느라 과로하는데, 그 많은 중증 환우들을 돌보는 일을 당신 체력으로 감당할 수 있겠어요? 아마도 당신이 환우들에게 빵과 바나나를 나눠주며 전도하는 것이 소문이 나서 부탁이 들어온 걸 거예요."

"아니에요. 나는 주님께서 내게 황금어장을 주신 것을 확신해요. 분명 이 일을 감당할 체력도 주시리라고 믿어요."

다음 날 사무장님에게 전화를 해서 매주 예배를 인도하겠다고 하니까, 사례도 못 하는데 미안하니 한 달에 한 번만 해주어도 된다고 했다. 나는 환우들이 매주 말씀을 듣고 예배를 드려야 그분들에게 도움이 되니, 어차피 맡아서 하려면 그렇게 하겠다고 했다. 사무장님은 너무 고마워했다.

그리고 나는 곧 빵집을 하는 최 집사님께 전화해 매주 그 병원으로 빵을 배달 주문했다. 그러자 내가 이 병원 저 병원에 빵으로 섬기는 것을 알기 때문에, 자신이 그냥 드리고 싶다고 했다. 안 그래도 싼값에 여러 병원으로 전도용 빵을 공급해주고 있어 항상 감사한 마음뿐이었는데, 한두 달도 아니고 앞으로 내가 포항에 사는 동안은 계속 될 일이었다. 순간 다윗의 고백이 생각났다.

"……값없이는 내 하나님 여호와께

번제를 드리지 아니하리라……"(삼하 24:24)

그래서 지금 공급해주는 가격으로만 해주어도 내겐 큰 도움이라 감사하다고 했다.

말씀과 찬양 드릴 찬송가를 크게 복사해서 도착한 첫 날, 모인 환우들의 상태가 심각했다. 약 기운에 거의 눈들이 감겨 있었고 자세도 엉망이었다. 20대부터 70대까지 모인 중증 알콜 중독자들, 심한 조울증과 정신분열 환우들이라 이분들을 모시고 첫 예배를 드리는데 혼신의 힘을 다하느라 땀이 줄줄 흘렀다. 그래도 1시간을 버텨준(?) 것만으로도 감사드리며 예배를 마친 뒤, 맛있는 빵을 나눠드렸다. 버스를 타고 돌아오는데 다리가 후들거렸다.

한 주간 더 기도를 드린 후에, 중보기도 동역자들에게 기도를 부탁하고 두 번째 예배를 드리러 갔다. 일찍 갔더니 예배 시작 전부터 많은 분들이 모여서 의자에 앉아있었다. 너무 감사해서 예배를 정성껏 힘을 다해 잘 드리고(물론 약에 취해서 눈을 감고 조시는 분들도 계셨지만), 넉넉히 준비해간 빵을 2개씩 드렸다.

그분들의 가슴속에 새겨지게 하고 싶어서 매주 말씀을 큰 목소리로 따라 읽게 하고, 중요한 수십 구절을 되새기고 있다. 또 설교를 알아듣기 쉽게 연극하듯이 온 몸으로 하고, 찬양 가사도 가슴속에 새겨지도록 여러 번에 걸쳐 부른다. 스스로 박수도 치며 찬양을 부르고, 아멘! 아멘! 하며 말씀을 잘 받아들이고 있어서 나도 그 시간이 매주 기다려진다. 이미 여러 분들이 회복되어 퇴원하셨고, 새로 입원하는 분들이 계속 있어 매주 부흥회를 하듯 온 힘을 다하고 있다.

할렐루야!!

"지금 돌보고 있는 환자들이 이렇게 많은데,
꼭 정신병원까지 맡아야 하나요?"

"내가 너에게 황금어장을 주었는데, 무슨 소리냐?
네가 이런 일을 오랫동안 불평 없이 하고 있으니까
맡기는 것이다."

쉬지 말고 기도하라

브리스길라 전도학교

2006년, 성남 지역에 있는 감리교 교회연합 전도집회를 두 차례 인도하고 2007년에 김환수 감리사 목사님이 시무하시는 교회에서 3일 동안 부흥 전도집회를 인도했다. 그 후, 교회연합으로 제자훈련 1년 코스인 〈브리스길라 전도학교〉를 만들어 성경 가르칠 기회를 주셔서, 주말마다 먼 길을 오고가야 했지만 기쁨과 감사함으로 섬겼다.

2008년에는 평택 아산 지역에서 감리교 연합 전도집회를 인도했는데, 이번에는 최인혁 감리사 목사님이 감리교 연합으로 제자훈련 1년 코스를 만들어 주셨다. 이 역시 매주 먼 길이었지만 감사함으로 다녔고, 열심히 전도하며 살고자 하는 분들로 구성된 팀이라 피곤한 줄 모르고 기쁨으로 섬겼다. 그분들과는 서로 기도의 동역자가 되어, 지금도 늘 기도 속에서 만나고 있다.

더욱 감사했던 것은, 곳곳에 집회를 다닐 때마다 홀로 계신 시어머니께 들러 하루를 함께 보낼 수 있던 것이었다. 제자훈련 코스가 생기고 나서는 2년 동안 주말마다 시어머니와 함께 자며 섬길 수 있어서 더욱 기뻤다.

어느 날, 함께 성경공부를 하던 권사님이 전화를 해서 기도를 부탁했다. 몇 주 전에 교회에 나온 중1 여학생인데, 가정형편이 어렵고 집에서 돌보는 사람이 없었다. 아버지는 딴 살림을 하고, 엄마는 술집을 나가는데 형제가 넷이라고 했다. 자기도 남처럼 무언가를 사며 뽐내고 싶은데 돈이 없으니까, 문고에 가서 조금씩 훔쳤단다. 그러다 들켜서 문고 직원이 같이 집에 가보니, 그동안 무려 70만 원 어치나 훔쳐둔 게 발각되었다는 것이다. 이걸 갚지 않으면 경찰에 신고해 소년원에 들어가게 하겠다고 하니, 그 엄마가 돈이 없다면서 무조건 권사님에게 연락을 한 모양이었다.

알고 보니 이 여학생은 좋은 언니처럼 보이고 싶어서 어린 초등학생들과 유치원생들에게 이미 많이 나누어 주었고, 자기도 이것저것 제 것인 양 쓰고 있었단다. 권사님은 내게 이 일이 잘 해결될 수 있도록 긴급 기도를 부탁했다. 그런데 통화하는 순간, "네가 갚아 주라"고 하시는 주님의 음성을 들었다. 내가 어렸을 때 시골에서 서리를 해먹은 것도 다 도둑질이었는데, 회개의 열매를 맺으라고 하신 주님 말씀이 순간적으로 생각난 것이다.

"그러므로 회개에 합당한 열매를 맺고"(마 3:8)

즉시 권사님께 계좌번호를 불러 달라고 했더니, 깜짝 놀라며 기도만 해달라고 하셨다. 나는 주님께서 말씀하시면 순종해야 하고, 이 일은 내가 책임을 져야 한다고 간곡히 부탁드렸다. 내가 어렸을 때 지은 죄에 대한 회개의 열매를 맺어야 한다니까 권사님께서 계좌번호를 불러주셨다. 나는 즉각 돈을 송금했고, 권사님은 그 여학생을 목욕탕에 데려가 머리를 다듬어 주고 딸처럼 돌보셨다. 또 성경을 가르쳐 새사람이 되도록 수고를 아끼지 않으셔서, 그 후에도 기도로 계속 도와드렸다.

또 한 자매는 전도학교 성경공부를 마치고 교제 시간에, 자신이 속해있는 선교단체 간사 언니의 아버님을 위한 기도를 부탁했다. 지금 말기 암으로 투병 중이신데, 아직 주님을 영접하지 않으셨고 치료비도 없다는 것이었다. 나는 고속버스로 포항 집에 도착해서는 기도를 드린 후에 치료비에 보태라고 즉시 송금했다. 후에는 그 간사에게 송금하며, 아버님이 천국에 가실 때까지 기도로 함께 도왔다.

함께 성경공부를 하던 사랑하는 진 집사님은 불치병을 앓고 있는 자매를 전도하기 위해, 자신도 넉넉지 않은데 서울의 큰 병원에 자매를 차로 태워 다녔다. 또 병원비를 도우며 수년간 희생하고 섬겨서 내가 감복을 하고 있다. 계속해서 들려오는 소식마다, 모든 분들이 내가 가르친 것보다 주님의 몸된 교회와 이웃을 더욱 잘 섬기며 전도를 잘하고 계셔서 주님께 감사를 드린다. 우리 모두는 지금도 기도로 함께 동역하고 있다.

중보기도회를 섬기며

2003년 8월 말에 포항에 온 뒤, 9월 중순에 있는 성경번역선교회 동역회 모임에 참석했다. 근데 이전에 전도집회로 섬긴 적이 있던 성안교회 정 목사님(그때는 동역회장으로 섬기시더니 지금은 X국에서 선교하고 계신다.)께서 선교사님들을 위한 중보기도회를 만들어 인도해달라고 부탁했다. 나는 어디를 가든지 동서남북 다니며 전도하고 환자들을 섬기느라 바빠서 어떻게 대답해야 하나 생각하다가, 주님께서 주시는 음성으로 알고 순종했다. 해외에서도 매주 기도회로 모였는데, 여기서도 그렇게 하라는 주님의 뜻으로 알고.

그래서 그 다음 주인 9월 24일부터 지금까지 11년 동안 수많은 선교사님들의 사역을 위해, 질병으로 고통 중에 계신 선교사님들을 위해, 갑자기 어려움을 당한 선교 사역들을 위해, 현지의 동역자들과 어린 자녀들, 그리고 자녀들을 선교사로 보내놓고 쓸쓸한 노후를 보내고 계신 선교사 부모님들을 위해 매주 선교 중보기도회를 인도하고 있다. 앞으로도 포항에 있는 동안은 계속 할 것이다.

또한 나라와 민족, 북한, 열방을 위해서도 애통하는 마음을 갖고 기도로 섬기고 있다. 계속해서 바쁜 중에도 참석해주는 사랑하는 동역자들의 각 가정을 위해서, 그리고 갑자기 어려움에 처한 선교사님들이나 암으로 투병 중인 선교사님들을 위해서 열심히 섬기고 있다. 주님께 기도를 드릴 때마다 그분들의 고통에 동참할 마음을 꼭 부어주신다. 매주 드리는 이 기도회를 통해 주님께서 그동안 얼마나 많은 응답을 주셨는지! 그 기쁨과 그 감사를 어찌 다 헤아릴 수 있으랴!

몇 년 전에는 포항 극동방송 어머니 중보기도회를 인도해달라는 부탁을 받고, 2010년 4월 29일부터 매주 목요일 2~3시간씩 중보기도회를 섬기고 있다. 그 전에도 부탁을 받았는데, 그때 주님의 뜻을 물으며 기도하고 있던 중 갑자기 서울에 살고 있던 시누이가 뇌혈관이 터져 대수술을 하게 되었다. 그래서 급히 상경해 밤낮을 중환자실 앞에서 기도해야 할 일이 생겨서 인도를 할 수 없었다. 다행히 시누이는 온 식구가 말씀에 의지해 간절히 기도하고, 주님께서 기적을 베풀어주셔서 12일 만에 의식이 돌아왔다. 그리고 재활치료 후 온전히 회복시켜주셔서 몇 달 후부터는 직장에도 다시 나가게 되었다. 그런데 다시 부탁을 하시기에 주님의 뜻으로 알고 순종했는데, 이미 열심히 기도해오던 헌신된 분들과 함께 기도하게 되어 얼마나 기쁘고 감사하며 힘이 나는지 모른다.

우리들은 나라 구석구석에 있는 죄를 용서해달라고 기도하며("내 이름으로 일컫는 내 백성이 그들의 악한 길에서 떠나 스스로 낮추고 기도하여 내 얼굴을 찾으면 내가 하늘에서 듣고 그들의 죄를 사하고 그들의 땅을 고칠지라."(대하 7:14)), 하나님을 경외하는 자들이 이 땅의 지도자들로 세워져서 모든 일을 하나님의 뜻대로 결정하고 행하도록 기도하며("너는 또 온 백성 가운데서 능력 있는 사람들 곧 하나님을 두려워하며 진실하며 불의한 이익을 미워하는 자를 살펴서 백성 위에 세워..."(출 18:21)), 또한 정치·경제·사회·교육 등이 대립을 벗어나 서로 이해하고 화해하도록, 앞으로 이 나라를 이끌어갈 이 땅의 청소년들과 젊은이들이 잘못된 문화에 휩쓸리지 않고 바른 가치관으로 자라도록, 조국이 성경말씀 위에 세워지도록 기도한다.

그리고 어려운 경제 상황을 타고 슬며시 침투해 들어오는 이슬람을 대적하기 위해, 굶어 죽어가는 북한 백성들을 위해, 핍박 중에 있는 남은 믿음의 그루터기들과 탈북자들을 위해("너희도 함께 갇힌 것 같이 갇힌 자를 생각하고 너희도 몸을 가졌은즉 학대 받는 자를 생각하라(히 13:3)"), 남한과 북한이 복음으로 통일되는 것을 위해, 이 땅에 살고자 찾아온 많은 외국인 노동자들과 농어촌에 결혼을 통해 오게 된 이주민들, 그리고 그 자녀들을 위해서도 기도하고 있다. 또한 열방의 이 나라 저 나라에서 터지고 있는 지진과 홍수, 내전으로 인한 분쟁들로 고통 당하는 백성들을 위해, 복음이 방송을 통해서도 이 땅의 구석구석과 세계 곳곳에 힘있게 전파되도록 힘을 다해서 기도하고 있다.

"나는 너희를 위하여 기도하기를 쉬는 죄를 여호와 앞에 결단코 범하지 아니하고…"(삼상 12:23)라고 말씀해주신 것처럼 내 평생에 기도하기를 쉬는 죄를 여호와 앞에 범하지 않기를 바랄 뿐이다.

"나는 너희를 위하여 기도하기를 쉬는 죄를
여호와 앞에 결단코 범하지 아니하고…"

　　지금까지 전도에만 전념하고 살 수 있도록 은혜를 베풀어주신 주님의 측량할 수 없는 은혜와, 특별한 외조로 말없이 힘껏 도와준 사랑하는 남편, 어려서부터 순종하고 월세에 살아도 조금도 불평 없이 따라와준 사랑하는 큰아들과 진주보다 귀한 큰며느리, 복음의 통로로 쓰임 받고자 최선을 다해 학업을 하는 둘째 아들과 지혜롭고 예쁜 둘째며느리, 기도와 물질로 동역해준 사랑하는 나의 동역자들에게 깊은 감사를 드린다. 또 평생 남기려 하지 않았던 부족한 자의 간증책을 쓰도록 권면하고 격려해주신 사랑하는 분들께 감사드린다.

　　찬송은 곡조 달린 기도문이라 다 좋지만, 내가 요즘 눈물을 흘리며 부르는 찬양이 있다. 바로 "하나님의 은혜"라는 복음성가다.

"나를 지으신 이가 하나님!

나를 부르신 이가 하나님!

나를 보내신 이도 하나님!

나의 나 된 것은 다 하나님 은혜라.

나의 달려갈 길 다 가도록

나의 마지막 호흡 다 하도록!

나로 그 십자가 품게 하시니

나의 나 된 것은 다 하나님 은혜라.

한량없는 은혜! 갚을 길 없는 은혜!

내 삶을 에워싸는 하나님의 은혜!

나 주저함 없이 그 땅을 밟음도

나를 붙드시는 하나님의 은혜!!" 아멘!!

주님! 감사합니다! 죄 아래 살던 저에게 "네가 나를 사랑하느냐?"며 찾아와 구원의 길로 인도해주시고, 지극히 작은 자보다 더 작은 저를 부르셔서 복음 전하는 자로 세워주시고, 전도에만 전념하고 살 수 있도록 지금까지 인도해주신 모든 은혜를 무엇으로 보답하오리까!

주님께서 부르시는 그 날까지 한 생명을 천하보다 귀히 여기며 주님께서 걸어가신 섬김의 길을 조용히 걸어갈 수 있게 도와주시고, 먼 훗날 사도 바울처럼 "내가 달려갈 길과 주 예수께 받은 사명 곧 하나님의 은혜의 복음을 증언하는 일을 마치려 함에는 나의 생명조차 조금도 귀한 것으로 여기지 아니하노라"(행 20:24)고 고백하며 주님 앞에 서게 하소서!!

IWELL means Isaac's well in the Bible.

IWELL은 성경 창세기 26장에 나오는 이삭의 샘(우물)을 상징하는 이름입니다. 당시는 물이 귀했는데 이삭은 우물을 팔 때마다 물이 터져 나왔다고 하여, 이삭의 샘은 복의 상징으로 여겨지고 있습니다. 이삭이 우물을 팔 때마다 물이 터져 나온 것처럼, 출간하는 책들마다 사회에 좋은 영향을 끼칠 수 있기를 희망하는 마음에서 지은 이름입니다.